Ensayos
512

JOSEF SEIFERT

Conocimiento de Dios
por las vías de la razón y del amor

Traducción de Pedro Jesús Teruel
Revisiones y añadidos de Josef Seifert

ENCUENTRO

Título original:
Erkenntnis des Vollkommenen. Wege der Vernunft zu Gott
(Lepanto-Verlag, Bonn 2010).
La presente edición recoge el título original concebido por el autor:
Gotteserkenntnis auf den Wegen der Vernunft und der Liebe

Versión corregida y aumentada del original alemán

Diseño de la cubierta: o3, s.l. - www.o3com.com

Para cualquier información sobre las obras publicadas o en programa
y para propuestas de nuevas publicaciones, dirigirse a:
Redacción de Ediciones Encuentro
Ramírez de Arellano, 17-10.ª - 28043 Madrid
Tel. 902 999 689
www.ediciones-encuentro.es

ÍNDICE GENERAL

PRÓLOGO DEL TRADUCTOR 13

Capítulo 1. CRISIS DE LAS PRUEBAS DE LA EXISTENCIA DE DIOS, SOCAVAMIENTO Y SUBJETIVIZACIÓN DEL CONCEPTO DE DIOS Y ATEÍSMO 15

1. La cuestión de Dios como pregunta de la filosofía y no sólo de la fe religiosa 15
2. La crisis de las pruebas de la existencia divina y la subjetivización de la idea de Dios 17
3. Agnosticismo y ateísmo 20

Capítulo 2. ARGUMENTOS A PARTIR DEL SER MÁS UNIVERSAL DE TODOS LOS SERES FINITOS (PRUEBAS DESDE LA CONTINGENCIA) 30

I. Introducción 30

1. La especificidad de la más universal de las pruebas metafísicas de la existencia de Dios 30
2. El principio de razón suficiente como fundamento de todas las pruebas de la existencia de Dios e incluso de la pregunta por Dios 33

II. Tres pruebas cosmológicas de la existencia de Dios y sus aspectos personalistas 37

1. La prueba desde la temporalidad (movimiento): una nueva interpretación de la *prima via* de Tomás de Aquino 37

2. El argumento desde las causas 42
3. La prueba de la contingencia (de un mundo no necesario a un Dios necesariamente existente) 43

Capítulo 3. LA PRUEBA DE LA EXISTENCIA DE DIOS MÁS CERCANA AL SER HUMANO: EL ARGUMENTO «TELEOLÓGICO» DESDE LA EXPERIENCIA EMPÍRICA DEL ORDEN CONCRETO DE LA NATURALEZA Y EL ABSURDO DE LA EXPLICACIÓN MATERIALISTA-ATEA DEL ORIGEN DE LA PLENITUD DEL SER Y DE LA ORDENACIÓN A FINES DE LA NATURALEZA A PARTIR DEL AZAR O DE UN «BIG BANG» 46

Capítulo 4. LA REALIDAD Y ESPIRITUALIDAD DEL ALMA HUMANA COMO FUNDAMENTO PERSONALISTA DE UNA PRUEBA CAUSAL-TELEOLÓGICA DE LA EXISTENCIA DE DIOS . 56
I. Breve exposición de las pruebas de la existencia del alma espiritual del ser humano 59
1. 'Argumento' desde los niveles de realidad y de valor ('grandeza') de la conciencia personal 59
2. Argumentos desde el modo de dación directa del sujeto consciente 60
A. Argumentos desde la conciencia como tal 60
B. Desde la presencia interior del 'yo' 60
C. Argumentos desde el 'yo' unitario, indivisible y experimentable como tal 61
D. El 'cuerpo vivido' presupone precisamente la distinción real del alma respecto del cuerpo 63
3. Argumentos a favor de la espiritualidad del alma desde el irrepetible ser individual de la persona, que resulta imposible dentro de los límites del ser material 64
4. Argumentos epistemológicos 65
A. Argumento desde la inaprehensibilidad del 'sujeto de la consciencia' (yo) por medio de los sentidos 65

B. Argumento desde la indudable certeza del conocimiento de sí mismo y desde la imposibilidad de conocer un cuerpo con este tipo de certeza indubitable 65
C. Argumento desde el modo del conocimiento................ 66
D. Argumento a partir de la imposibilidad de la reflexión en un sujeto material.. 67
E. Argumentos a partir de los elementos activos de la percepción sensorial.. 67
F. Argumentos a partir del conocimiento en cuanto tal...... 70
G. Argumentos a partir del conocimiento abstracto de cosas materiales 72
H. Argumentos a partir del conocimiento de objetos inmateriales... 72
I. Un argumento a favor de la espiritualidad del sujeto a partir del conocimiento de infinitudes matemáticas... 73
J. Un argumento a partir de la atención 74
K. Argumento a partir de la fantasía y el recuerdo 75
L. 'Distensio animae', retención y protensión, características esenciales del espíritu, imposibles en el cosmos material y en el cerebro.. 76
5. Argumentos a partir de la libertad y de la autodeterminación. 76
A. Un argumento desde la libertad en cuanto tal............... 76
B. Argumentos para la realidad del espíritu a partir del libre poder sobre el propio cuerpo.......................... 78
6. La más elevada naturaleza sustancial del sujeto personal como prueba de la espiritualidad del alma...................... 79
A. La persona es sustancia y posee las características específicas de la sustancia en un modo más perfecto de lo que sería pensable y posible en la materia............ 79
B. Forma más elevada del subsistir-en-sí-mismo (frente al 'adherir a otra cosa') 79
C. Superior individualidad 80

D. Duradera (y en cuanto tal experimentable) identidad como sujeto ... 81
E. La unidad interna de las características de la sustancia en la persona descuella incomparablemente por encima de cualquier cosa material ... 81
II. El argumento personalista como culmen de la prueba causal y teleológica de la existencia de Dios ... 83

Capítulo 5. PRUEBAS PERSONALISTAS A PARTIR DEL ORDEN MORAL. LA «SEXTA VÍA» DEL CONOCIMIENTO DE DIOS A PARTIR DEL MUNDO ... 87
I. Particularidades de la prueba teleológica específicamente personalista o «sexta vía»: prueba de la existencia de Dios, experiencia de Dios, revelación natural de Dios ... 87
II. Las pruebas morales de la existencia de Dios ... 99
1. Argumento a partir de la responsabilidad moral ... 99
2. Los valores y los disvalores morales se hallan esencialmente conectados con la alabanza y la reprobación, pero también con el premio y el castigo gracias sólo a los cuales puede ser restablecido el orden de la justicia: pero sólo Dios, el único que posee las tres perfecciones personales puras de la omnisciencia, la omnipotencia y la más pura santidad, puede satisfacer esta exigencia esencial de justicia 100
3. El deber incondicionado (categórico) y sin par, propio de la moralidad, no sólo permite colegir la existencia de Dios, sino que contiene una inmediata manifestación suya 101
4. La voz de la conciencia da testimonio directo de un Señor absoluto y sumamente santo. Newman llama por ello a la conciencia el «principio creativo de la religión»; en ella se encuentra un tipo completamente nuevo de revelación natural de Dios como Señor santo ... 103
5. Dios se da de nuevo por otra vía como objeto del más elevado anhelo presente en la moral ... 104

6. El deber absoluto va más allá de lo que las personas finitas pueden, en principio, llevar a cabo, en cuanto objetivo deber metafísico-moral que sólo puede ser realizado en Dios 105
7. Otro argumento moral para la existencia de Dios se articula sobre la exigencia moral implícita en el deber, que solicita de nosotros una talmente perfecta realización del bien ético, una tal santidad, que sin la existencia y ayuda de Dios resulta imposible 107
8. El más elevado acto moralmente bueno del ser humano es posible precisamente sólo como respuesta a Dios (al amor de Dios); por tanto, la moral sin Dios no puede arribar a sí misma, a su esencia más profunda, y da por ello noticia de Dios y prueba su existencia 110
9. La suprema perfección de los valores morales requiere en definitiva su unidad última, que sólo puede residir en Dios 111
10. El argumento moral a partir del bien supremo........ 113

Capítulo 6. PRUEBAS DE LA EXISTENCIA DE DIOS A PARTIR DE LA GRATITUD Y DEL AMOR 119
I. ***Una fenomenología de la gratitud como vía personalista a Dios*** 119
1. El sujeto personal y el destinatario de la gratitud........ 123
2. Objeto y esencia de la gratitud 128
3. Un análisis más profundo del objeto y del destinatario de la gratitud 129
4. Gratitud y alabanza como respuestas puras al valor intrínseco: gratitud por bienes objetivos para mí y gratitud por bienes objetivos para la persona querida........ 133
5. La enseñanza de la gratitud sobre el ser absoluto divino 135
A. Algunas dudas sobre los presupuestos de la gratitud y sobre la dirección de la gratitud hacia otra persona. La «gratitud anónima»........ 136

B. Hacia una resolución de las dudas. Acerca de la explicación última de la «gratitud anónima» y del secreto de toda gratitud 138
II. Pruebas a partir del amor 146
1. Pruebas a partir del amor humano 146
2. Pruebas a partir del amor a Dios 150
A. Amor a Dios como mandamiento supremo, como acto moral más sublime y como parte de la ética natural 150
B. Lo que el amor y el amor a Dios no son: no sólo una pasión orientada a la propia satisfacción, no sólo el elevado amor hacia una idea abstracta o un ser impersonal 154
C. Las notas esenciales del amor personal en general y su decisiva variación en el amor a Dios 156
a. La variación y el perfeccionamiento fundamental del principio personalista *persona est affirmanda (amanda) propter seipsam* en el amor a Dios 156
b. Cuatro criterios del *ordo amoris* como argumentos sobre por qué hemos de amar a Dios por encima de todo 160
c. La completamente nueva donación de sí en el amor adorante a Dios 163
d. El amor a Dios y la belleza divina 165
e. El amor a Dios y la afectividad 166
f. El amor a Dios y la alabanza: otra metamorfosis de una característica esencial del amor en el amor a Dios 167
g. El amor a Dios y el triple regalo del amado, del ser querido y del amor 168
h. Regalo y libertad en el amor a Dios 169
i. El papel del salto y de la 'prolongación de las líneas' en la fe y en la esperanza, fundamentalmente distintos en el amor humano y en el amor a Dios 169
j. La *intentio benevolentiae* en el amor a Dios 175
k. La consumación y la en principio nueva forma de la *intentio unionis* en el amor a Dios 176

l. La forma nueva fundamental en la relación entre felicidad y amor a Dios 177
D. El amor a Dios como fundamento del amor al prójimo 178
E. ¿El amor a Dios, prueba de la existencia de Dios? 178

Capítulo 7. EL MAYOR PROBLEMA PARA EL CONOCIMIENTO RACIONAL DE DIOS Y EN PARTICULAR PARA LOS ARGUMENTOS TELEOLÓGICOS Y PERSONALISTAS: LA PREGUNTA DE LA TEODICEA SOBRE CÓMO SE COMPADECE LA INFINITA PERFECCIÓN Y BONDAD MORAL DE DIOS CON LA EXISTENCIA DE INCONTABLES MALES 180

Capítulo 8. LA ASCENSIÓN DESDE UN MUNDO LIMITADO E IMPERFECTO HASTA UN DIOS PERFECTO: LA «SÉPTIMA VÍA» Y EL CONOCIMIENTO DE LAS PERFECCIONES PURAS COMO FUNDAMENTO DE TODO EL CONOCIMIENTO FILOSÓFICO DE DIOS 186
I. La séptima vía («cuarta vía» de Tomás de Aquino) como prueba cosmológica y metafísica más perfecta, que demuestra la perfección y bondad del primer principio y es por ello una prueba de la existencia de Dios 186
II. La pregunta, fundamental para todo conocimiento de Dios, acerca de las perfecciones puras y de las consecuencias éticas y metafísicas de la negación de su cognoscibilidad: trascendentales y perfecciones puras como condición para toda prueba de la existencia de Dios y para todo discurso legítimo sobre Dios 189
1. Las perfecciones puras como lo que es absolutamente mejor que todo aquello que resulta incompatible con ellas 190
2. Las perfecciones puras pueden ser infinitas 192
3. Compatibilidad y suprema unidad de todas las perfecciones puras 196
4. La irreductibilidad y el carácter «simpliciter simplex» de las perfecciones puras 198

5. La «comunicabilidad» de todas las perfecciones puras........ 200
La prueba de la existencia de Dios a partir del amor como perfección pura 202
6. Observaciones críticas sobre dos críticos de las perfecciones puras: Jean-Luc Marion y Josef Fuchs S. J........ 213
A. Algunas observaciones sobre el rechazo de las perfecciones puras en Jean-Luc Marion........ 213
B. La repercusión de las imágenes clásicas y modernas de Dios en la asunción de una ética pura de ponderación de bienes (consecuencialismo) y el reproche de antropomorfismo dirigido por Josef Fuchs contra las perfecciones puras como atributos divinos........ 215
C. ¿Qué quiere decir 'antropomorfismo'? Criterios para la distinción entre imágenes de Dios antropomórficas y no antropomórficas........ 221
D. La tesis de que toda afirmación sobre Dios sea antropomórfica como agnosticismo........ 223
E. Revisión crítica de la tesis de que la imagen del Dios-legislador, del Dios-soberano y del Dios-creador sea antropomórfica........ 226
F. Observaciones conclusivas: ¿eran todos nuestros razonamientos metafísicos y morales sobre Dios antropomórficos y humanos, demasiado humanos?....... 231

Capítulo 9. DIOS COMO PRUEBA DE SU EXISTENCIA. UNA PRUEBA DE LA EXISTENCIA DE DIOS A PARTIR DE LA ESENCIA DIVINA: EL ARGUMENTO ONTOLÓGICO COMO «OCTAVA VÍA» DEL CONOCIMIENTO FILOSÓFICO DE DIOS, PRESUPUESTA A TODAS LAS DEMÁS Y MÁS PERFECTA 234

ÍNDICE ANALÍTICO 254

ÍNDICE ONOMÁSTICO........ 257

PRÓLOGO DEL TRADUCTOR

Cuando el niño era niño,
era el tiempo de las siguientes preguntas:
¿Por qué yo soy yo y no tú?
¿Por qué estoy aquí y no allí?
¿Cuándo empezó el tiempo y dónde acaba el espacio?
¿Acaso la vida bajo el sol es sólo un sueño?

(Peter Handke: *Lied vom Kindsein*)

En 1948, gran parte de Europa se hallaba postrada en una depresión profunda. A la alegría de la liberación tras la caída del régimen nazi había seguido la inmediata toma de conciencia de la terrorífica corrupción moral que había conducido a los horrores inauditos de la guerra y el exterminio. En ese año, un joven sueco llamado Ingmar Bergman dirigía un film titulado *Prisión* (*Fängelse*). La narración se abría con la visita de un viejo profesor, que acababa de abandonar el manicomio, a un antiguo alumno convertido en director de cine. El anciano le proponía rodar una historia. En su relato, Satanás tomaba el mando del planeta para hacer –*more lampedusiano*– que nada cambiase. A renglón seguido, el film desgranaba la historia de una joven (Birgitta Carolina) engañada por las eternas promesas de matrimonio de un novio que la obligaba a prostituirse; tras dejar que éste asesinara al bebé recién nacido de la relación, se sumía en un declive psíquico que la empujaba al suicidio. La historia concluía con un epílogo en cuyo transcurso el director de cine explicaba al anciano que consideraba imposible filmar su guión. El motivo: todo concluiría con una gran pregunta –en torno a Birgitta Carolina, en torno a ellos mismos y al propio espectador– que un no creyente no tiene a quién plantear. Sólo un creyente podría formular esa pregunta, esa gran enmienda a la totalidad.

El libro que tienes, lector, entre las manos atañe a ese gran signo de interrogación y a esa gran enmienda a la totalidad. No se trata de una obra sobre el sentido de la vida, ni de un escrito de espiritualidad, ni de un tratado de teología, aunque de las reflexiones aquí expuestas brotan una decidida apuesta a favor de la vida y su sentido, una valoración sin ambages de la espiritualidad humana desde su específico trasfondo filosófico y la fundamentación de una teología natural con pretensiones de validez objetiva. Se trata de una obra filosófica que prolonga la tradición clásica y moderna sobre la consideración metafísico-objetiva de la existencia extramental de Dios. Y lo hace empleando múltiples registros: desde la interpretación del legado de la filosofía antigua hasta el diálogo con autores actuales, pasando por el tratamiento sistemático de relevantes cuestiones ligadas al análisis lingüístico, las estructuras lógicas o el problema mente-cerebro.

El autor muestra así un coraje inusitado: la evolución del pensamiento moderno ha relegado este preciso abordaje de la cuestión de Dios al museo de la arqueología filosófica o bien al ámbito, de límites metodológica y materialmente difusos, de una hermenéutica en clave simbólica que a menudo se disuelve en consideraciones de índole panteísta. Pero Josef Seifert pretende más. Plantea las cuestiones seculares con el vigor y la frescura del niño que, como el joven príncipe de Saint-Exupéry, jamás abandona una pregunta una vez que la ha formulado. Y con ello, desde una espléndida madurez intelectual, el filósofo austríaco brinda una importante contribución al pensamiento contemporáneo.

Pedro Jesús Teruel
Doctor Europeo en Filosofía
Universitat de València
Departamento de filosofía

Capítulo 1
CRISIS DE LAS PRUEBAS DE LA EXISTENCIA DE DIOS, SOCAVAMIENTO Y SUBJETIVIZACIÓN DEL CONCEPTO DE DIOS Y ATEÍSMO

1. La cuestión de Dios como pregunta de la filosofía y no sólo de la fe religiosa

La pregunta por Dios, por «aquello, por encima de lo cual nada mayor puede ser pensado»[1], no es una cuestión marginal, sino que pertenece al núcleo de la lucha humana por la verdad y, por lo tanto, de la filosofía, que se denomina amor por la sabiduría y que como tal es, ante todo, búsqueda amorosa de la verdad más alta. Por ello, la búsqueda del conocimiento de Dios no es sólo un asunto de la religión y de la fe. Todos saben –y los creyentes profesan– que la razón natural, la filosofía, posee considerables límites relativos a su capacidad para el conocimiento de Dios y que las preguntas más profundas que conciernen a Dios –sobre todo, las relativas a su ser personal y trino o único, cuya respuesta divide al Islam del Cristianismo, pero también la pregunta decisiva sobre su intervención en la Historia y, más que cualquier otra cosa, la contemplación directa de Dios– se encuentran más allá de las fronteras del conocimiento meramente racional-filosófico de Dios. El conocimiento filosófico y la razón puramente humana no pueden poner a prueba el valor veritativo

[1] Esta caracterización de la esencia divina se encuentra ya en Platón; San Anselmo de Canterbury la empleó en la fundamentación de su prueba (ontológica) de la existencia de Dios. Cf. *infra*, cap. 8.

de la noticia de que Dios haya hablado con Moisés o con un profeta –aunque la razón pueda encontrar fundamentos a favor o en contra de esta creencia– y no podemos reconocer la verdad de tales asertos sobre Dios sin dar el paso de la fe. Y cuando como cristiano creo en la encarnación de Dios –y, por lo tanto, que el Dios eterno, cuya naturaleza divina jamás puede cambiar, ha tomado naturaleza humana en el tiempo– o en la redención por Jesucristo, así como en los caminos –determinados por Dios– de la participación del hombre en la salvación por medio del bautismo y de los otros sacramentos, todos estos contenidos de fe quedan más allá de las fronteras del mero conocimiento racional-filosófico. Los misterios específicos del Cristianismo, como la encarnación de Dios y la Santísima Trinidad (o su rechazo en otras religiones), se encuentran más lejos del conocimiento natural-filosófico de Dios que otros atributos de Dios, en los que los judíos o los musulmanes creen conjuntamente con los cristianos. En efecto, ni judíos ni musulmanes creen en misterios que impongan contenidos tan profundamente incomprensibles como los cristianos: en la Santísima Trinidad y la verdadera encarnación del unigénito de Dios, que en su única persona aúna su naturaleza divina y eterna con una naturaleza humana, psicofísica y temporal –en ese misterio que, usando el concepto de sustancia de Aristóteles, los teólogos han denominado 'unión hipostática'–, por no hablar de los misterios abismales de la pasión y crucifixión del hijo de Dios, que son para muchos filósofos una necedad y para los creyentes de otras religiones monoteístas un escándalo.[2]

Con todo, y aun cuando los misterios de la fe cristiana se elevan por encima de los límites de toda razón humana, sería completamente errado deducir de ello que los cristianos deberían creer que

[2] Cf. Josef Seifert: *Gott als Gottesbeweis*, Universitätsverlag C. Winter, Heidelberg 20002, apéndice: Prólogo para los lectores de la traducción árabe del libro, pp. 683-711; *Berührung der Kulturen. Die Rolle der realistischen Phänomenologie im Dialog zwischen Religionen und Zivilisationen*, en árabe, Rabat 2004.

no podemos lograr conocimiento alguno de Dios con ayuda de la razón, o que los conocimientos racionales sobre Dios serían irrelevantes para la fe religiosa (al menos, para la cristiana). Muy al contrario, la estrecha trabazón entre razón y fe aparece en la cuestión de Dios con una claridad tal que no se alcanza prácticamente en ningún otro asunto.[3]

2. *La crisis de las pruebas de la existencia divina y la subjetivización de la idea de Dios*

Durante centurias –desde los presocráticos, Platón y Aristóteles hasta Leibniz y Wolff– la filosofía encontró en la metafísica y la

[3] Desde la carta a los Romanos del apóstol Pablo (1, 20ss.) nos acompaña, y no casualmente, la afirmación que casi dos milenios después el concilio Vaticano I ha empleado para explicar uno de los pocos dogmas de la fe católica que tiene un *puro contenido filosófico*: que el ser humano, con su razón y partiendo de las cosas visibles, puede conocer la existencia de un Dios invisible con certeza. «Porque lo invisible de Dios, desde la creación del mundo, se deja ver a la inteligencia a través de sus obras» (Rom 1, 20). Así escribe Pablo, que de ello colige incluso que los paganos «son inexcusables» (Rom. 1, 20) por no haber reconocido la verdad sobre Dios y no haber vivido según ella: «Porque, habiendo conocido a Dios, no le glorificaron como a Dios ni le dieron gracias» (Rom 1, 21) y cayeron en idolatrías de toda índole. [N. del T., nota del traductor: traducción de los pasajes de San Pablo a cargo de S. Lyonnet / A. Mª Artola: *Biblia de Jerusalén*, Descleé de Brouwer, Bilbao 1984, pp. 1610-1611.]

Esta verdad del conocimiento racional –y por lo tanto filosófico– de Dios ha sido defendida desde entonces por muchos filósofos musulmanes y judíos y, dentro de las comunidades cristianas, en primera instancia por la Iglesia católica. Tan importante le resultaba a la Iglesia católica que la elevó al rango de dogma en el primer concilio vaticano. Sólo por ello, la filosofía y la teología católica son mutuamente inseparables. También el Papa Juan Pablo II pone de relieve esta extraordinaria implicación de la Iglesia en el ámbito de la filosofía en *Fides et Ratio*, 52. Pero la trabazón inseparable del conocimiento de Dios (racional o filosófico) y la fe religiosa posee una validez mucho más general y no se halla restringida a la religión católica. Una fe religiosa sin razón no tiene fundamento. Cf. sobre esto Josef Seifert: «Person, religiöser Glaube und Wahrheit. Philosophische Analysen und kritische Reflexionen über Ludwig Wittgensteins Religionsphilosophie», en Wilhelm Lütterfelds / Thomas Mohrs (eds.): *Globales Ethos. Wittgensteins Sprachspiele interkultureller Moral und Religion*, Königshausen & Neumann, Würzburg 2000, pp. 176-204; *San Pablo y santo Tomás sobre* Fides et Ratio. *¿Fue San Pablo el crítico más severo o, con santo Tomás, el defensor más grande de la filosofía?*, Publicaciones de la Facultad de Teología «San Dámaso», Madrid 2009.

filosofía en torno a Dios su cúspide; los filósofos ofrecían pruebas y argumentos sobre la existencia de Dios y entre ellos se contaba tan sólo unos pocos de rango y nombre que fuesen ateos o agnósticos. Desde hace mucho, sin embargo, la principal corriente filosófica se ha apartado de la presentación de pruebas racionales de la existencia de Dios o de una «defensa» de su bondad y sabiduría frente al mal en el mundo, como aún el gran Leibniz (1646-1716) las planteó a principios del siglo XVIII en su *Teodicea* (1710).

En particular, a partir de David Hume y de Immanuel Kant se llevó a cabo en el siglo XVIII[4] una radical subjetivización de la idea de Dios y ganó terreno una concepción de Dios como desconocida X. Así han tenido lugar enormes transformaciones históricas referidas a la concepción filosófica de Dios, que se han propagado entre los pensadores más influyentes hasta abrir camino a la postura opuesta al antes prácticamente general reconocimiento de las pruebas de su existencia, es decir, al rechazo de toda prueba e incluso a un ateísmo cada vez más difundido (o, al menos, a un agnosticismo que niega toda cognoscibilidad racional de Dios).

Por supuesto, esta transición no tuvo lugar de forma repentina. Durante mucho tiempo después de Kant ningún profesor hubiera podido negar la existencia de Dios en las Universidades alemanas sin que sobre él pesase la amenaza de ser despedido. Lo prueba quizá la conocida disputa sobre el ateísmo (*Atheismusstreit*). En su transcurso se acusó a Fichte de ateísmo, a pesar de su doctrina filosófica sobre Dios, a causa de su idealismo trascendental e immanentismo, según el cual Dios sólo existiría como una posición del yo, esto es, como incoación en el yo idéntica a éste. Dicha disputa casi le costó a Fichte su cátedra. Esto sería hoy impensable en una Facultad de Filosofía de una Universidad estatal europea.

[4] 1739/40 fue el año de publicación del *Treatise of Human Nature* de Hume; 1781, el de la *Kritik der reinen Vernunft* de Kant.

Aunque no fuese de manera inmediata, la situación cambió después de Kant de modo tan radical, que en el margen temporal que transcurre entre los siglos XVIII y XX prácticamente se invirtió: hablar de un Dios que no sea inmanente, relativo al mundo y a la Historia, o de un Dios que sea algo más que objeto o postulado de la conciencia humana, viene hoy considerado a menudo como algo acientífico o como mera expresión de una fe privada, que no posee justificación filosófica alguna, aun cuando hubo y hay excepciones a este desarrollo – de modo señalado, la filosofía aristotélico-tomista, que se ha mantenido hasta el siglo XX, pero también el pensamiento de muchos filósofos (en parte olvidados, en parte altamente originales y conocidos)[5], cuyas exposiciones positivas en torno a la cuestión de Dios son desalojadas con frecuencia de las historias generales de la Filosofía.

La idea de Kant de que el conocer, por lo que respecta a su contenido, no depende del objeto del conocimiento sino de que éste, como lo experimentamos y pensamos, estaría, al contrario, determinado por parte del sujeto y de su conocer, condujo a la concepción revolucionaria de que Dios no podría ser encontrado previamente al espíritu y conocido como ser absoluto, de que no podríamos llegar a conocer si el origen de todas las cosas es un ser pensante, infinitamente perfecto, omnisciente y bondadoso, sino que la idea de Dios sería *producida* por la razón humana – si bien, según leyes necesarias.

Aun cuando ya sólo la idea básica del viraje calificado por Kant como «copernicano» –según la cual, todos los objetos de conocimiento que no se hallan dados en la experiencia serían *producidos* por el sujeto y resultarían en sí mismos incognoscibles– hubiese bastado para derribar las pruebas de la existencia de Dios, Kant criticó además por extenso e individualmente los argumentos clásicos a favor de la existencia de Dios en la «Dialéctica trascendental» de la *Crítica de la razón pura*. Esta crítica kantiana a todas las pruebas de

[5] Cf. Franz Brentano: *Vom Dasein Gottes*, edición de A. Kastil, F. Meiner, Hamburgo 1980.

la existencia divina, y en particular al argumento ontológico –cuya validez consideraba (y sostengo que con razón) como presupuesto de toda prueba de la existencia de Dios– , argumento que él rechazó, son en su mayor parte independientes del planteamiento gnoseológico básico de Kant y, en cualquier caso, han contribuido bastante a la demolición, hoy generalmente observable y prácticamente irrestricta, de la confianza en la capacidad de la Filosofía a la hora de probar la existencia de Dios. Y esto, a pesar de la reintroducción de Dios como objeto de un postulado subjetivo-moral llevada a cabo por Kant (quien, en efecto, quiso demoler el saber sobre Dios para dejar espacio a la fe –tal y como él se expresó–, lo que sin embargo se ha revelado como insostenible tras una «demolición del saber» sobre Dios).

La impresión de que ninguna prueba racional de la existencia de Dios puede aportar ya nada se ha difundido, desde Kant, entre muchos pensadores que la consideran la crítica conclusiva de todas las pruebas tradicionales, y también entre muchas personas que de esta crítica y de otras objeciones a las pruebas de la existencia de Dios conocen poco menos que nada. Como consecuencia de todo ello, aún sirve hoy lo que Hegel afirmaba en el siglo XIX sobre las pruebas de la existencia de Dios:

> ... que no esta o aquella prueba, no esta o aquella forma y versión suya ha perdido su peso, sino que las demostraciones asociadas a verdades religiosas han perdido hasta tal punto el crédito en cuanto tales en el pensamiento de la época que la imposibilidad de tales pruebas se ha convertido ya en un prejuicio generalizado... [6]

3. Agnosticismo y ateísmo

La crisis y la precaria situación de las pruebas de la existencia de Dios que Hegel describió y que él mismo se esforzó por modificar –sin efectivo éxito histórico y, sobre todo, sin un resistente fundamento

[6] Cf. G. W. F. Hegel: *Vorlesungen über Beweise vom Dasein Gottes*, pp. 3ss.

realista de la teoría del conocimiento y de la metafísica, que hubiera podido sacar de quicio la crítica kantiana de toda prueba de la existencia divina– no ha hecho más que agudizarse tras la muerte de Hegel. Así, Feuerbach y otros herederos de Kant y Hegel –aún más decididos que sus «padres»– enseñaban que la Teología sólo podría ser Antropología y la idea de Dios únicamente una expresión de la interioridad del ser humano mismo, una proyección de experiencias humanas, necesidades, anhelos o, incluso, de relaciones y estructuras económicas, psíquicas y sociales, en un imaginario más allá. Feuerbach y Marx, junto con otros numerosos pensadores, han convencido a la mayor parte de la humanidad civilizada de que en cualquier caso –y aun cuando no sea necesario declararse ateo– la metafísica resulta insostenible, sobre todo cuando aspira a un conocimiento racional y filosófico del ser divino absoluto.

En un paso ulterior, aún más dramático, ha anunciado Nietzsche –extrayendo así, de modo enérgico y coherente, las últimas consecuencias del «viraje copernicano-antropológico» de Kant– la «muerte de Dios». No frivolizaba en absoluto sobre el alcance de este acontecimiento de la historia humana que consiste en el enflaquecimiento de la fuerza de las pruebas de la existencia divina, en la formal disolución especulativa de una fe en Dios racionalmente fundamentada; muy al contrario, reconocía así –en su consecuencia última– que de la vivencia de la muerte de Dios debía derivarse una sacudida de la Humanidad entera, tal y como Nietzsche la ilustró en *Así habló Zaratustra* como reacción del «hombre necio» ante la muerte de Dios. Ningún teísta ha expresado con mayor claridad las amplias y espantosas consecuencias finales de la versión atea del «viraje antropológico»[7] que el ateo Nietzsche – quien decía que los asesinos de Dios, de lo más santo que la Humanidad haya poseído jamás, habían arrojado la Tierra

[7] Existe también un sentido teísta y cristiano del Humanismo y del «viraje antropológico», como en De Lubac y en el personalismo polaco.

lejos de todos los Soles y que la Humanidad vaga ahora a través de una infinita Nada.

Partiendo de este trasfondo histórico, aquí sólo esbozado, podemos entender la opinión reinante: si la cuestión de Dios se dejase resolver en modo racional, lo sería entonces, a lo sumo, en el sentido de la «muerte de Dios» anunciada por Nietzsche o de un «ateísmo científico» o incluso –en el mejor de los casos– en el sentido de un agnosticismo que abandona la cuestión de Dios a la fe religiosa o moral y a postulados existenciales. En el contexto de una Filosofía científica y sistemática a la altura de los tiempos, y aun cuando ésta quisiera ser más que un mero análisis lógico o lingüístico del discurso sobre Dios (*God talks*) o una «cosmovisión filosófica»[8], Dios no tendría ya nada que hacer en las Facultades de Filosofía.

De este modo, tanto el empirismo y el kantismo como otras corrientes intelectuales han provocado que los fenómenos de la idea de Dios y de la religión vengan explicados por factores subjetivos. Por medio del viraje hacia el lenguaje y la Historia, así como hacia las exigencias empírico-psíquicas en cuanto fuentes subjetivas de todas las formas de sentido (y, en particular, de la idea de Dios), las misteriosas alusiones de Kant a un «sujeto trascendental» han sido sustituidas por fenómenos experimentables y por lo tanto aferrables, y el viraje antropológico ha quedado completado y concretado. Según Kant, no sólo las ideas del mundo como totalidad y del alma sino también la idea de Dios habían de ser consideradas como producto de la razón trascendental, cuya aceptación como realidades

---

[8] Cf. Edmund Husserl, *Philosophie als strenge Wissenschaft*, en Edmund Husserl: *Aufsätze und Vorträge (1911-1921)*, ed. por Thomas Nenon y Hans Rainer Sepp, *Husserliana*, vol. XXV (Martinus Nijhoff, Dordrecht / Boston / Lancaster 1987) pp. 3-62; Josef Seifert: «Phänomenologie und Philosophie als strenge Wissenschaft. Zur Grundlegung einer realistischen phänomenologischen Methode – in kritischem Dialog mit Edmund Husserls *Ideen über die Philosophie als strenge Wissenschaft*», en *Filosofie, Pravda, Nesmrtlenost / Philosophie, Wahrheit, Unsterblichkeit. Drei Prager Vorlesungen / Philosophy, Truth, Immortality. Three Prague Lectures* (texto checo-alemán), introducción, traducción y edición de Martin Cajthaml (Verlag Studium, Praga 1998), pp. 14-50.

trascendentes (independientes del espíritu humano) conduciría a un inevitable «espejismo trascendental»[9]; algo que sólo serviría a los fines inmanentes de la razón vendría a ser afirmado así como realidad autónoma e hipostasiado ilícitamente. En cambio, en la estela de diversas formas de empirismo es el hombre –en cuanto ser concreto, corporal y psíquico, cultural e histórico– el creador de la idea de Dios. Tuvieran razón el kantismo o las formas radicales de empirismo, en ambos casos la pretensión de una idea de Dios como existencia independiente del espíritu humano no podría ser fundamentada teoréticamente.

Precisamente en la versión más accesible y banalizada –en la que el empirismo, a diferencia de la explicación trascendental kantiana, ubica en el sujeto el origen de las ideas de Dios, alma y mundo–, el subjetivismo ha ejercido una enorme influencia. En el actual panorama filosófico y político –incluso teológico– parece haberse finalmente realizado el sueño de Augusto Comte del ser humano como ser supremo (*Grand être*) y de la cancelación definitiva de Dios, con enormes efectos prácticos en los ámbitos de la ética y la bioética, de la eutanasia y de los experimentos genéticos. Habríamos llegado

[9] N. del T.: El término alemán *Schein* ha sido traducido usualmente como 'ilusión' en el contexto de las versiones castellanas de la obra de Kant. Así sucede, por ejemplo, en la traducción de la *Crítica de la razón pura* llevada a cabo por Pedro Ribas, en la que también se opta por las lecturas de *Schein* como 'apariencia' o 'verosimilitud' (Alfaguara, Madrid 2000[17]); en una versión ya clásica, Manuel García Morente recurre a dos términos que refiere de forma conjunta: 'apariencia o ilusión' (edición de Juan José García Norro y Rogelio Rovira de la traducción de Manuel García Morente, Tecnos, Madrid 2002). Por su parte, Mario Caimi ha traducido *Schein* recientemente como 'apariencia ilusoria' (Fondo de Cultura Económica, México 2009[2]). Sin embargo, el término 'ilusión' tiene en su contra, en este contexto, dos objeciones fundamentales: por un lado, en lengua española se halla lastrado por su equivocidad; por otro, no recoge plenamente el sentido original alemán. Por estos motivos he propuesto la traducción de *Schein* como 'espejismo' en el contexto de los estudios kantianos. El sustantivo 'espejismo' posee una doble relación semántica con el concepto implícito en el vocablo alemán: por un lado, alude a una engañosa referencia a algo que, en realidad, carece de entidad propia; por otro, el espejismo es el fruto de un dolo no exento de atractivo (*Schein* significa también 'brillo'). Opto por esta lectura en la traducción de *transzendentaler Schein* en el presente texto de Josef Seifert.

así al final de la metafísica de Dios en el sentido clásico y de la ética edificada sobre ella.

La Historia parece confirmar un tal discurso, ya que en las Universidades y Academias de nuestro tiempo un filósofo que defienda las pruebas de la existencia de Dios y no las trate como meros fenómenos históricos debe ser buscado con la famosa linterna de Diógenes. En esto no se trata ya del explícito y polémico ateísmo de tiempos pasados, sino de una subliminal interpretación atea de la idea de Dios y de la religión, que sólo en una apreciación más detallada se da a conocer como ateísmo.

Entre tanto, muchos teólogos reformados e incluso católicos han sido influidos por esta convicción y se consideran a sí mismos de forma tácita –o incluso se definen abiertamente– como feuerbachianos que hubiesen aprendido que los atributos de Dios, tal y como los piensa el hombre, serían sólo proyecciones humanas y que todo hablar de Dios sólo podría ser antropomórfico. Cuando menos, Dios mismo –la trascendencia absoluta– sería desconocido para nosotros.

Incluso la Teología debería contentarse hoy –después de la muerte de Dios o, al menos, tras la caída de toda pretensión de fundamentación metafísica de una idea de Dios con contenido– con una alternativa poco atrayente. La primera posibilidad consistiría en que la religión y la homilética apostasen, por motivos pastorales (puesto que ante el pueblo habría que silenciar la dura verdad: que Dios y los restantes objetos de la fe religiosa serían sólo mitos), por una imagen meramente mítica y un lenguaje de imágenes puramente bíblicas. Un lenguaje desacralizado sobre Dios podría ser exigido por ilustrados teólogos o predicadores del siglo XX sólo bajo el presupuesto subjetivista de un «iniciado» y vendría a establecer una «existencia ilusoria» que estaría justificada por motivos sociales, psicológicos y morales únicamente en orden a sus importantes funciones políticas, sociales y psicológicas.[10] En efecto, atribuir

[10] Cf. Sigmund Freud: *Die Zukunft einer Illusion* (1927).

propiedades *en serio* en el sentido de la Teología tradicional, a una «trascendencia absoluta» radicalmente desconocida desde el punto de vista objetivo, no podría ser considerado hoy otra cosa que un antropomorfismo ingenuo.

Otra posibilidad consistiría en extraer una consecuencia más sincera y radical, a saber: desacralizar la Biblia e incluso la idea de Dios de los filósofos, y despedirse así del Dios trascendente, de la omnipotencia, de los milagros o de un más allá que fuesen algo más que interesantes objetos de la conciencia humana.[11] La exigencia de acabar con desfasados objetos del más allá sería doblemente vigente allí donde la razón no pudiera descubrir ninguna función positiva de las representaciones trascendentes y tuviese que considerar éstas –como, por ejemplo, el demonio o el infierno– como meros engendros y a la vez como causa de angustia o de perjuicio para la vida social y política.

En su despedida de toda trascendencia determinada en cuanto a sus contenidos, los filósofos y también muchos teólogos se han visto apoyados decisivamente por el evolucionismo de Darwin, por un materialismo que venía incoado desde la ciencia natural pero que era en realidad filosófico y por las escuelas de la psicología profunda de un Sigmund Freud y de un C. G. Jung, que veían en la idea de Dios o bien –con Freud– una gran ilusión, que habría de ser desenmascarada pero resultaría inmortal, o bien una idea que debería ser explicada desde la psique y desde sus estructuras (arquetípicas o culturalmente determinadas), idea que después de la Ilustración –citando a Hermann Lübbe– a lo sumo podría desarrollar una importante función a la hora de soportar la propia contingencia pero debería abandonar toda pretensión de verdad objetiva y sistemática.[12]

---

[11] Cf. Friedrich Heer: *Abschied von Höllen und Himmeln. Vom Ende des religiösen Tertiär. Eine Kulturgeschichte des Abendlandes aus religionsgeschichtlicher Sicht* (Múnich 1968), Ullstein, Fráncfort / Berlín 1990.

[12] Cf. Hermann Lübbe: *Religion nach der Aufklärung*, Styria, Graz 1986. Un nuevo libro sobre las pruebas filosóficas de la existencia de Dios trata detalladamente, entre otros, el argumento ontológico. Se trata de la obra de Bernard

También las ciencias históricas y las ciencias de la religión comparada –cuyas interpretaciones más difundidas aseveran que todas las pruebas conocidas de la existencia de Dios e incluso la misma idea de Dios en ellas implícita estarían ancladas a un modo de pensar relativo sólo a Occidente– han contribuido a enraizar aún más profundamente la desconfianza respecto de las pruebas de la existencia divina y a hacer aparecer todo esfuerzo por obtener conocimiento objetivo y verdad sobre Dios como una meta filosófica inaceptable. A la vista de las originarias y manifiestamente diversas experiencias concretas de amor, matrimonio, paternidad, etc. se pone en tela de juicio la existencia de una experiencia genérica que estaría en la raíz de la reflexión filosófica y se considera que conceptualizar contenidos de experiencia cultural-, histórica- e individualmente distintos proporcionaría diferentes (y contradictorias) imágenes de Dios y del mundo, que a causa de la ausencia de una dimensión global de la experiencia humana ya no podrían ser juzgadas y puestas a prueba respecto de su valor veritativo.[13]

Desde Kant y el empirismo anglosajón, pero aún más radicalmente desde el neopositivismo del Círculo de Viena y el rol dominante de la filosofía analítica del siglo XX, se ha generalizado el hablar

---

Sève *La question philosophique de l'existence de Dieu*. En el libro –como muestran en particular las reflexiones finales, ligadas a las *Geschichten von Herrn Keuner* de Bertolt Brecht (Cf. pp. 282ss.)– el autor adopta una posición pragmático-existencialista similar a la de Lübbe, según la cual la pregunta por Dios sólo tiene significado en la medida en la que la vida del ser humano emprende un nuevo rumbo gracias a la correspondiente respuesta.

[13] Observo también una tendencia similar en el artículo de John R. White «Illuminating Seifert's Theory of *a priori* Knowledge. On What –and how– We Learn from Bonaventure's Illumination Theory», en Carlos A. Casanova (ed.): *El amor a la verdad, toda la verdad y en todas las cosas. Ensayos en honor de Josef Seifert – The love of truth, every truth and in every thing. Essays in honor of Josef Seifert* (Ediciones UC, Santiago 2010), pp. 113-156, en particular pp. 126-135. Y esto a pesar de que el autor, que postula una tal inevitable dependencia de la filosofía respecto de «experiencias funcionalizadas» y «juegos del lenguaje» distintos en cada caso, aspira a la «construcción» de una especie de meta-experiencia en la que presumiblemente estarían de nuevo disponibles ciertas dimensiones y objetos de índole universalmente humana y transcultural.

del «final de la metafísica» como de un destino inapelable. Frases como «después de Kant no podemos dar vuelta atrás» o «después del discurso lingüístico y consensualista de la filosofía analítica no podemos volver sobre nuestros pasos» se imponen. Hoy muchos filósofos –sobre todo en el ámbito de lengua germánica, incluso si no se trata de pensadores kantianos– consideran la filosofía de Kant, autodenominada «crítica» y superadora de un realismo presuntamente «dogmático», un destino inapelable, del que a lo sumo se podría criticar el procedimiento y no el principio (y, con ello, tampoco el subsiguiente final de la metafísica o, al menos, de una metafísica conocedora de las cosas y de la existencia y atributos de Dios considerados en sí). De este modo, innumerables corrientes filosóficas –que, en conexión con el neohegelianismo y el marxismo, pretenden validar únicamente argumentos histórico-consensuales y una ética del discurso– han conducido no sólo a la desconfianza en la metafísica descrita por Hegel, sino a su práctica eliminación del discurso filosófico del presente, o bien a la restricción de los argumentos metafísicos a un análisis lingüístico, a una mera historia de la filosofía o a una hermenéutica en cada caso históricamente determinada (y, por ello, siempre cambiante en sus contenidos).

Con todo, el rechazo e incluso la formal desaparición de la metafísica parece superado últimamente en los círculos de la filosofía analítica. La metafísica está de nuevo «de moda»[14], en tanto que desde hace algunas décadas se puede hablar de «ontología y lenguaje» o incluso de «metafísica y lenguaje» sin que el autor de tales expresiones o trabajos sea juzgado negativamente. Sin embargo, en el contexto de la filosofía analítica falta una base filosófica sólida sobre la cual la metafísica pueda ser defendida en su sentido clásico y en un modo a la altura de los tiempos. Si se pretende aplicar estrictamente los principios de una tal filosofía –al menos, cuando

---

14 Más o menos en este sentido fue dedicado a la metafísica en 1994 un congreso fuertemente orientado por filósofos analíticos en Salzburgo.

ésta se comprende a sí misma como hija del abandono empirista y neopositivista de algo necesario y de un ser en sí mismo, y cuando se restringe en su «viraje lingüístico» al análisis del lenguaje–, por fuerza se ha de permanecer, a fin de cuentas, en los límites de un análisis meramente lingüístico, que quizá nos permita jugar a determinados juegos del lenguaje (metafísico o religioso) o desarrollar lógicas teológicas pero no, en cambio, conocer las realidades y esencialidades subyacentes a dichos juegos; esto, a menos que no se rompa –abierta o calladamente– con los principios de la filosofía analítica y del neopositivismo implícito en ella.

A pesar de esta reciente y amigable disposición relativa a los vocablos metafísicos, y por todos los motivos presentados, en lugar del prejuicio contra toda prueba de la existencia de Dios indicado por Hegel ha subentrado ampliamente el intento de un total abandono de la metafísica. Dicho abandono es, en sí, contradictorio (ya que no se puede descartar la metafísica sin emitir juicios metafísicos) y además está empezando a relajarse. Sin embargo, no se llega a superar aún la tendencia reinante, a saber: la desconfianza respecto de toda metafísica en el sentido de las pruebas de la existencia de Dios de la gran tradición occidental, desde Platón hasta Leibniz.[15]

Un desarrollo aún más radical –según el cual no sólo las pruebas de la existencia de Dios, que permiten argumentar sobre un Dios existente en sí, junto con todos los juicios sintéticos *a priori* carecerían de fundamento, sino incluso el concepto mismo de Dios no tendría significado, puesto que no resulta empíricamente verificable ni falsable–, acaeció en el siglo XX, no en último lugar bajo el influjo del empirismo británico y del neopositivismo del Círculo de Viena, y se halla *mutatis mutandis* en Wittgenstein, cuando éste

---

[15] Semejantes consideraciones históricas, necesariamente sintéticas, se refieren por supuesto sólo a una cierta mayoría dominante en la vida académica y a su influencia, y no a aquellos filósofos que se resisten a dicho *Zeitgeist*. Cf. Josef Seifert: *Der Streit um die Wahrheit. Wahrheit und Wahrheitstheorien. De Veritate – Über die Wahrheit*, vol. II / *The Fight about Truth. Truth and Truth Theories*, Fráncfort / París / New Brunswick, 2009.

afirma que todas las proposiciones sobre Dios, la religión y la ética carecerían de sentido.[16]

Estos desarrollos de la idea de Dios en las últimas centurias también han influido de modo profundo en la teología del siglo XX, no sólo en la paradójicamente atea «Teología sin Dios» sino también en concepciones de Dios en teología moral que se hallan en estrecha sinergia con la así llamada fundamentación puramente teleológica de las normas éticas. En lo que sigue articularemos las líneas de fuerza de las pruebas puramente racionales de «algo por encima de lo cual nada mayor puede ser pensado»; sólo brevemente descenderemos ya al trasfondo de esta tremenda crisis del concepto de Dios, que también ha afectado de modo grave a la teología.

¿Es posible –a pesar de todos los críticos de una tal empresa–, desde una consideración de la realidad con ayuda de la razón pura, conocer la existencia de un Dios infinitamente bueno, sabio y poderoso? ¿Se puede fundamentar con solidez –de modo puramente filosófico y, en principio, abierto a todo el mundo– las pruebas de un Dios en sí existente e independiente de opiniones humanas e ideas subjetivas? Ésta es, pues, nuestra pregunta. A ella damos una respuesta afirmativa, que nos aprestamos a fundamentar.[17]

---

[16] Cf. Josef Seifert: «Person, Religiöser Glaube und Wahrheit. Philosophische Analysen und kritische Reflexionen über Ludwig Wittgensteins Religionsphilosophie», en Wilhelm Lütterfelds / Thomas Mohrs (eds.): *Globales Ethos. Wittgensteins Sprachspiele interkultureller Moral und Religion* (Königshausen & Neumann, Würzburg 2000), pp. 176-204.

[17] Por descontado, una plena fundamentación requeriría también indagaciones epistemológicas que muchos pensadores y yo mismo hemos publicado en otros lugares. Cf. Dietrich von Hildebrand: *What is Philosophy?*, con un nuevo ensayo introductorio de Josef Seifert (Routlegde, Londres 1991[3]); Josef Seifert: *Erkenntnis objektiver Wahrheit. Die Transzendenz des Menschen in der Erkenntnis* (A. Pustet, Salzburgo 1976[2]); id.: *Back to Things in Themselves. A Phenomenological Foundation for Classical Realism* (Routlegde, Londres 1987); id.: *Discurso sobre los métodos. Filosofía y fenomenología realista* (Encuentro, Madrid 2008); *Discours des Méthodes. The Methods of Philosophy and Realist Phenomenology* (Ontos-Verlag, Fráncfort / París / Ebikon / Lancaster / New Brunswick, 2009).

Capítulo 2
ARGUMENTOS A PARTIR DEL SER MÁS UNIVERSAL DE TODOS LOS SERES FINITOS (PRUEBAS DESDE LA CONTINGENCIA)

I. Introducción

1. La especificidad de las más universales pruebas metafísicas de la existencia de Dios

La mayoría de las pruebas de la existencia de Dios arrancan de una reflexión sobre el mundo y obtienen de su conocimiento al menos una de sus premisas. Desde la Antigüedad, muchos filósofos han indicado distintos «caminos» para un tal conocimiento, ganado por medio de la razón a partir de lo creado. Algunos de éstos fueron sintetizados por santo Tomás de Aquino en el siglo XIII, de forma admirablemente sucinta, en las conocidas «cinco vías», que en este capítulo y en algunos de los que siguen interpretamos de forma novedosa (como vías cosmológicas y a la vez personalistas para el conocimiento de Dios), reordenamos y completamos por medio de otros dos «caminos» específicamente personalistas para el conocimiento de Dios desde el mundo. Con ello no pretendemos en absoluto una cierta exhaustividad, puesto que no tratamos aquí grupos enteros de otras pruebas – como las que proceden desde la verdad y desde el mundo ideal, así como las que parten de la Historia.[18] Mientras que mantenemos la numeración de las primeras «tres

[18] Cf. Agustín de Hipona: *Soliloquia*, así como Josef Seifert: «Is the Existence of Truth dependent upon Man?», en *Review of Metaphysics* (marzo 1982) 461-481;

vías» de Tomás de Aquino, consideraremos su «quinta vía» –que distinguimos de las tres primeras a causa de la índole fundamentalmente diversa de sus premisas y de su entera estructura– como nuestro «cuarto camino» en un capítulo aparte; finalmente, y tras haber presentado dos vías específicamente personalistas, desarrollaremos la «cuarta vía» de Tomás de Aquino, que él articuló de forma muy sintética y poco satisfactoria (y que, por eso mismo, ha sido generalmente tenida poco en cuenta)[19], como el séptimo y más profundo camino para el conocimiento racional de Dios desde el mundo, prueba a la vez cosmológica, metafísica y personalista de la existencia de Dios; en el último capítulo defenderemos la que a nuestro juicio es la prueba más profunda –el argumento ontológico– como «octava vía» y coronación de todo conocimiento de Dios a través de los caminos de la razón.[20]

Los primeros tres «caminos» de santo Tomás de Aquino para demostrar la existencia de Dios partiendo del mundo se distinguen radicalmente de su *quinta via*, la prueba teleológica. Esta prueba desde el sentido y el entramado de fines y medios en el cosmos arranca, en efecto, de la concreta plenitud creativa del mundo y toma, pues, como punto de partida algo así como una experiencia de Dios o incluso una revelación natural de Dios a través de sus obras, que no sólo no necesariamente son como son sino que anuncian además la inmensa sabiduría y bondad de su creador; por ambas razones hacen aparecer y hasta parecen evidenciar la libre voluntad creadora y la plenitud y riqueza de sabiduría de su artífice. Con mayor razón se diferencian los tres primeros «caminos» de las

---

id.: *Wahrheit und Person. Vom Wesen der Seinswahrheit, Erkenntniswahrheit und Urteilswahrheit. De veritate – Über die Wahrheit*, vol. I (Ontos-Verlag, Fráncfort / París / Ebikon / Lancaster / New Brunswick, 2009), caps. 4 y 5.

[19] Cornelio Fabro proporciona una excepción a esa pobre acogida en su *Le prove dell'esistenza di Dio* (Editrice La Scuola, Brescia 1989).

[20] Cf. Tomás de Aquino: *Summa Theologica* I, I, Q. 2, Art. 3, en *Opera Omnia (ut sunt in indice thomistico additis 61 scriptis ex aliis medii aevi auctoribus)*, 7 vol., ed. de Roberto Busa S. J. (Stuttgart / Bad Cannstatt 1980), vol. III.

pruebas personalistas y «existenciales», que parten de la esencia y del ser específicos de la persona y de sus actos y que aún hemos de explicar minuciosamente.

Las pruebas de la existencia de Dios que parten del mundo, que nos aprestamos a tratar y que podemos denominar de forma más precisa 'pruebas desde la contingencia' o aún mejor 'pruebas metafísicas generales', fundadas en la naturaleza universal del ser del mundo como tal, hallan, en cambio, su punto de partida en los atributos universales y necesarios de *todos* los seres mundanos y parecen abstraer de cuán hermoso o triste sea este mundo, o de si se trata del mejor mundo de los posibles o del peor – como Sartre sostiene en su obra *Nausée* o en su conmovedora pieza navideña *Bariona*, escrita en el campo de concentración alemán, en la que pone en boca del personaje protagonista que lo encarna (Bariona) un abominable texto:

> Este hijo, mujer, cuyo nacimiento tú deseas, es como si fuera una nueva edición del mundo. A través de él empezarán a existir una vez más las nubes y el agua y el sol y las casas y el sufrimiento de los hombres. Tú crearás de nuevo el mundo, éste se formará como una costra compacta y oscura en un pequeño y sobrecogido ser consciente, que allí, en medio de la costra, permanecerá cautivo como una lágrima. Entiende la enorme injuria, la monstruosa falta de tacto, de quien deseara traer nuevos ejemplares al mundo, a un mundo fallido. Tener un hijo significa aprobar la creación del mundo desde lo más profundo del corazón, decir a nuestro Dios-verdugo: «Oh Señor, todo es justo y te doy gracias por haber creado el Universo». ¿Realmente querrías cantar este himno de alabanza? (...) La existencia es una espantosa lepra, que nos devora a todos y de la cual son culpables nuestros padres.[21]

Que las tres primeras vías de las pruebas cosmológicas abstraigan de la pregunta por el valor del mundo y la infinita plenitud del ser divino indica que dichas pruebas sólo se convierten realmente en

---

[21] Jean-Paul Sartre: *Bariona, ou le Fils du tonnerre* (París 1970). Cf. también J.-P. Sartre: *Les mots* (París 1964).

pruebas de la existencia de Dios (en lugar de meras pruebas de un primer motor inmóvil, de una primera causa o de un ser necesario) por medio de una comprensión de la esencialidad divina –que no se halla implícita en sus premisas ni explícita en su conclusión– así como a través de su conexión tanto con los argumentos axiológicos de las dos últimas vías tomasianas como con las pruebas personalistas (desde el ámbito de la moral) y el argumento ontológico.

Todas las pruebas que parten del mundo y el argumento ontológico se hallan fundadas sobre uno de los primeros principios del ser, cuya formulación debemos a Leibniz – quien, sin embargo, la formuló por desgracia en modo equívoco y en parte falso. Dado que tal error acerca de este principio absolutamente fundamental influye de forma muy negativa en la cuestión de Dios, es nuestra intención explicarlo al menos brevemente.

2. *El principio de razón suficiente como fundamento de todas las pruebas de la existencia de Dios e incluso de la pregunta por Dios*

El principio ontológico que subyace a todas las pruebas filosóficas de la existencia de Dios puede ser formulado como sigue:

> Todo ser debe poseer un fundamento, o sea una razón suficiente, tanto para su ser (existencia) como para su ser así (esencia) y cualquier otra determinación (relación, etc.), que explique por qué un ente es en lugar de no ser y por qué es tal y como es en lugar de ser de otra forma. Este fundamento o sea razón suficiente puede hallarse tanto *en* el ser en cuestión como también *fuera* de éste.[22]

[22] Esta formulación constituye mi tentativa de presentar, del modo más general posible, el principio de razón suficiente como principio metafísico – del cual distinguimos el principio de razón suficiente en su sentido lógico, que proporciona el fundamento para la verdad de un juicio. Cf. sobre esto también Alexander Pfänder: *Logik* (Ambrosius Barth / M. Niemeyer, Tubinga 1963^3); id.: *Logik*, ed. de Mariano Crespo (Universitätsverlag Carl Winter, Heidelberg 2000^4); Josef Seifert: *Wahrheit und Person. Vom Wesen der Seinswahrheit, Erkenntniswahrheit und Urteilswahrheit. De veritate – Über die Wahrheit*, vol. I (Ontos-Verlag, Fráncfort / París / Ebikon / Lancaster / New Brunswick 2009); id.: *Der Streit um die Wahrheit. Wahrheit und Wahrheitstheorien. De veritate – Über die Wahrheit*, vol. II / *The*

Este «primer principio del ser» universal se aplica a todos los seres y significa que para la pregunta de por qué algo sea –en lugar más bien de no ser nada– o de por qué sea tal y como es –en lugar de ser distinto– debe haber siempre una respuesta, también allí donde no conocemos esa respuesta e incluso cuando esa respuesta no siempre puede apuntar a un fundamento necesario, sino que debe reconocer como parte de la «razón suficiente» a una decisión voluntaria libre y no necesaria (o, en muchos casos, bastante irracional incluso).

En la formulación del principio de razón suficiente presentada más arriba queda abierto hasta qué punto este fundamento suficiente –como opinan (a mi entender, con toda justicia) Aristóteles y Leibniz– en última instancia deba ser siempre una *buena* razón (cosa que, por otra parte, presupone el conocimiento de Dios), un «último principio, que sigue a una metafísica sobre Dios» y no un primer principio, el resultado de la articulación exitosa de las pruebas de la existencia de Dios y no algo que pueda ser presupuesto con antelación. Ya que sólo si existe un Dios infinitamente bueno y libre, creador de todo, puede ser de hecho bueno el último fundamento de la creación, así como las concesiones divinas al mal uso de la libertad de los hombres o de los ángeles y todos los demás males. Ciertamente, esta tesis de que el último fundamento suficiente de todo haya de ser bueno –posición que así mismo ha sido caracterizada a menudo, y de modo desorientador, como «optimismo metafísico»– sigue al conocimiento de la existencia de un Dios infinitamente bueno, incluso cuando la bondad de esas concesiones

Fight about Truth. Truth and Truth Theories (Fráncfort / París / New Brunswick 2009). Estoy preparando un trabajo sobre el principio de razón suficiente en el que es mi intención enjuiciar crítica y detalladamente los distintos textos de Leibniz así como los de otros autores – entre ellos, Arthur Schopenhauer: *Ueber die vierfache Wurzel des Satzes vom zureichenden Grunde. Eine philosophische Abhandlung von Arthur Schopenhauer, Doctor der Philosophie*, in Commission der Hof- Buch- und Kunsthandlung, Rudolstadt 1813; Joh. Christ. Hermann'sche Buchhandlung, F. G. Suchsland, Fráncfort del Meno 1847[2]); Martin Heidegger: *Der Satz vom Grund* (*Gesammelte Ausgabe*, vol. 10, Klostermann, Fráncfort 1997); id.: *Vom Wesen des Grundes* (1929, 1956).

divinas (como en el caso de las crueldades infligidas a los niños) está oculta a nuestra limitada perspectiva.

Con nuestra formulación del principio de razón suficiente nos mantenemos a distancia de la tesis leibniziana de que la razón suficiente debe ser en última instancia necesaria, de modo que Dios sólo habría podido crear el «mejor mundo posible» – una tesis que consideramos triplemente errónea:

En primer lugar, Leibniz pasa por alto la imposibilidad de un «*mejor* mundo posible» –y, por lo tanto, de un máximo absoluto del valor de los seres finitos–, puesta de relieve por Buenaventura en el contexto de su discusión sobre la problemática del mejor mundo posible. Ya que sólo el Dios infinitamente bueno o la solución de un problema delimitado de forma completamente clara y estrechamente demarcado (como una tarea geométrica o una jugada de ajedrez) pueden ser «el mejor posible»; la finitud del mundo y de todos los bienes contenidos en él permite siempre la creación de criaturas aún mejores, más hermosas, más perfectas. El «ser el mejor de los seres posibles» es, en última instancia, un atributo exclusivamente divino.

En segundo lugar, en sus interpretaciones del principio de razón suficiente Leibniz pasa por alto las últimas implicaciones de la libertad finita (de los hombres y de los ángeles). Para que el mundo llegue a ser el «relativamente mejor posible», la libre cooperación de la libertad finita constituye una condición. El dato de hecho de que también para la concesión del mal uso de la libertad deba existir una *buena* razón no implica que un mundo en el cual todos los pecados y las crueldades de la Humanidad no hubiesen sucedido y en el que hubiese sido conservado el Paraíso fuese peor que nuestro mundo real. En este sentido se le puede dar la razón a Voltaire en su *Candide* cuando dice: «¡Si éste es el mejor de todos los mundos posibles, entonces me gustaría echar un vistazo a los demás!». Ya que si nosotros, los seres humanos, a los que ha sido confiada una gran responsabilidad como custodios y pastores del mundo, flaqueamos, el mundo entero será entonces menos bueno de lo que hubiera sido sin nuestra dejadez y maldad[23], incluso si con Leibniz y Agustín se puede tener la certeza de que como respuesta al mayor de los males Dios mismo puede suscitar un bien superior al que

[23] Esto mismo resulta también válido –según la fe judía, musulmana y cristiana– cuando los ángeles, a los que corresponde una responsabilidad en la realización del buen plan de la salvación aún mayor que a los hombres, se convierten en demonios.

antes existía, tal y como los cristianos creen *mutatis mutandis* respecto de la redención. No obstante, Cándido acierta al preguntar en polémica con Leibniz: si este mundo (en el que, en tiempos de Voltaire, tuvo lugar el terremoto de Lisboa y junto a todos los demás crímenes y otras infamias la terrible Guerra de los siete años, que estalló en Europa y las colonias, destruyó un millón cuatrocientas mil vidas humanas, etc.) ha de ser considerado el mejor posible, ¿cómo se ha de concebir los otros mundos? No: en la medida en que su situación depende también decisivamente del uso de la libertad finita, este mundo no es, en definitiva, el mejor mundo real (limitado) posible, sino un mundo tan acuciado por tantos males que se puede entender porqué Dios –tal y como nos relata la Biblia– haya lamentado haber creado a los hombres y querido varias veces destruir ciudades enteras e incluso, en una ocasión, a toda la Humanidad, y que se haya abstenido de hacerlo sólo a causa de unos pocos justos. Esto no hubiera tenido motivo racional alguno si este mundo hubiese sido el mejor de los posibles.

En tercer lugar, Leibniz pasa por alto la proporción de la libertad divina. En efecto, el valor de la Creación y la «buena razón» para todos los actos y omisiones divinas no implica que Dios haya creado el mundo, sobre la base de una especie de necesidad matemática, como el mejor posible, o que hubiese de crear en absoluto un mundo. Al contrario, parece pertenecer a la esencia misma del acto de la Creación el hecho de que proceda no de una ideal necesidad esencial, sino de una elección libre que podría haber sido omitida.

A pesar de esta coincidencia parcial con la crítica de Voltaire a Leibniz y de los que considero notables errores del así llamado «optimismo metafísico» de éste último –planteamiento racionalista por encima de toda medida–, no sólo pensamos que Voltaire haya caricaturizado y malinterpretado el relativamente más profundo pensamiento de Leibniz –cuyo núcleo consiste en que Dios siempre quiere lo mejor– sino que coincidimos también en algunas formulaciones del principio de razón suficiente, que debemos a Leibniz y cuyas últimas implicaciones en relación con la existencia de Dios y con el conocimiento humano de Dios –radicalmente ninguneadas por el agnosticismo o ateísmo implícito de Voltaire– tomaremos aún en consideración:

> ... Ahora debemos elevarnos a la metafísica, en cuanto nos servimos del gran principio –que en general halla escasa aplicación– según el cual nada acontece sin una razón suficiente, es decir, nada sucede sin que a aquél que conocería las cosas suficientemente le resultase posible indicar un fundamento que bastase para justificar porqué ello es así y no de otro modo. *Este principio, establecido de una vez por todas, constituye la primera pregunta para cuya formulación se está legitimado: ¿Por qué hay algo en absoluto y no más bien nada? Puesto que es más fácil y sencillo [explicar] la nada que algo.*[24]

A la luz de la verdad de este principio se muestra que ningún ser-en-el-tiempo, ningún existente contigente y no necesario y ningún ser finito puede sustentar jamás en sí mismo la razón suficiente de su existencia y que, de este modo, Dios ha de existir como único ser que posee en sí mismo la razón suficiente de sí y de los otros seres, cosa que puede ser mostrada de diversas maneras:

II. Tres pruebas cosmológicas de la existencia de Dios y sus aspectos personalistas

1. La prueba desde la temporalidad (movimiento): una nueva interpretación de la **prima via** *de Tomás de Aquino*

Se puede extraer un primer argumento desde la consideración abstracta de la constitución más general del mundo, consideración en la que no se tiene en cuenta su belleza, plenitud de ser y de sentido concretos. Para ello se puede partir del movimiento y –tal y como pretendo exponer esta *prima via* de Tomás de Aquino– de la

[24] Texto original: «... maintenant il faut s'elever à la Metaphysique, en nous servant du Grand principe, peu employé communement, qui porte que rien ne se fait sans raison suffisante, c'est à dire que rien n'arrive, sans qu'il soit possible à celuy qui connoitroit assés les choses, de rendre une Raison qui suffise pour determiner, pourquoy il en est ainsi, et non pas autrement. *Ce principe posé, la premiere question qu'on a droit de faire, sera, Pourquoy il y a plustôt quelque chose que rien? Car le rien est plus simple et plus facile que quelque chose.*» G. W. Leibniz.: *Principes de la Nature et de la Grace, fondés en raison* (1702-1716), *Philosophische Abhandlungen* VIII, VI 602.

más profunda forma metafísica del «movimiento», la temporalidad.[25]

Esta prueba parte del conocimiento de que todo móvil presupone un motor inmóvil. Tanto Tomás como Platón y Aristóteles, de quienes arranca este argumento[26], tienen a la vista sobre todo el movimiento físico en el espacio por una parte, y por otra el muy diferente movimiento que tiene lugar en cada transición de la potencia al acto. Con todo, querría considerar aquí como punto de partida de este argumento sobre todo aquel movimiento interno de todas las cosas en el mundo que caracteriza a todo ser-en-el-tiempo y al que Agustín ha apuntado de modo tan agudo: todas las cosas del mundo fluyen, tal y como ya dijo Heráclito; se mueven de año en año, de hora en hora, de segundo en segundo de su ser actual presente, único en el que son plenamente reales; y los seres humanos desarrollan una vida, actos y vivencias, que en el momento siguiente serán ya pasado. En este fluir constante son prácticamente despojados de su correspondiente ser actual y se mueven, por una parte, hacia el no-ser-aún del futuro y, por otra, en el no-ser-ya del pasado – de modo que Agustín, en audaz planteamiento, puede decir que todas las cosas del mundo son sólo en la medida en que se mueven hacia la nada:

---

25 He expuesto los argumentos subyacentes a la así llamada *prima via* de Tomás de Aquino en Josef Seifert: *Essere e persona. Verso una fondazione fenomenologica di una metafisica classica e personalistica* (Vita e Pensiero, Milán 1989), cap. 10. Lo he llevado a cabo en forma novedosa, como pienso haber hecho también con la tercera vía (cap. 11) y con la cuarta (cap. 12), en modo de poder conducir a una evidencia más plena las profundas verdades implícitas en esos argumentos.

26 Cf. Platón: *Fedro*, así como Aristóteles: *Metafísica*, en *Aristotle*, Loeb Edition (texto griego y traducción inglesa), vols. XVII y XVIII, traducido por Hugh Tredennick (Harvard University Press / William Heinemann Ltd., Cambridge, Mass. / Londres 1968, 1976); id.: *Metafísica*, edición crítica, editada y comentada por Giovanni Reale: *Aristotele. La Metafisica*, 2 vol. (Loffredo, Nápoles 1993[3]). Cf. también Giovanni Reale: *Verso una nuova interpretazione di Platone* (Jaca Book, Milán 1997[20]); id.: *Zu einer neuen Interpretation Platons. Eine Auslegung der Metaphysik der großen Dialoge im Lichte der «ungeschriebenen Lehren»*, trad. de L. Hölscher, con una introducción de H. Krämer, ed. y epílogo de J. Seifert (Schöningh, Paderborn 1993).

> Si el presente fuese siempre actual y no transcurriese hacia el pasado no sería ya tiempo, sino eternidad. Ahora bien, si el presente, para ser tiempo, necesita transcurrir hacia el pasado, ¿cómo llamaremos entonces a tal ser, cuya causa de ser reside en que ya no será, de manera que ya no podemos decir verazmente que el tiempo sea sino sólo en la medida en que se mueve hacia el no-ser? [27]

Ahora bien: un ser temporalmente movido, siempre en transformación, siempre en transición desde la potencialidad del ser futuro al acto de ser presente y de nuevo desde esta huidiza actualidad hacia la inactualidad del pasado, siempre fluyendo, no puede hallar una explicación satisfactoria o una razón suficiente en el correspondiente ser en movimiento.

Nuestra temporalidad es –tal y como aprehendemos a la luz de la comprensión agustiniana del tiempo– una fabulosa carencia de realidad, una fuga constante hacia la nada y un venir de la nada, un ser que sólo es en la medida en que se mueve hacia la nada. Un ente de ser talmente débil no puede explicar jamás su propio ser desde sí mismo, como hemos visto a la luz del principio de razón suficiente. Cuando reflexionamos sobre este palmario principio de razón suficiente, que subyace a todas las pruebas de la existencia de Dios, conocemos con evidencia que ningún ser que se mueve sin tregua en el tiempo puede tener en sí mismo la razón suficiente de su ser y de su movimiento. En efecto, ni nuestra realidad actual, que huye hacia el no-ser-ya del pasado, puede explicar porqué somos aún en el momento siguiente, ni el haber-sido del pasado o la inactualidad

[27] En relación con esto, así reza el texto latino de las *Confessiones* de Agustín (XI, 17): «Quid est ergo tempus? Si nemo ex me quaerat, scio; si quaerenti explicare uelim, nescio: fidenter tamen dico scire me, quod, si nihil praeteriret, non esset praeteritum tempus, et si nihil adueniret, non esset futurum tempus, et si nihil esset, non esset praesens tempus. Duo ergo illa tempora, praeteritum et futurum, quomodo sunt, quando et praeteritum iam non est et futurum nondum est? Praesens autem si semper esset praesens nec in praeteritum transiret, non iam esset tempus, sed aeternitas. Si ergo praesens, ut tempus sit, ideo fit, quia in praeteritum transit, quomodo et hoc esse dicimus, cui causa, ut sit, illa est, quia non erit, ut scilicet non uere dicamus tempus esse, nisi quia tendit non esse?» (*Corpus Augustinianum Gissense a C. Mayer editum* [CCL 27, p. 203/19]).

del futuro pueden explicar la fuente de la cual mana para nosotros la siempre renovada realidad del ser y de la vida actual, realidad que no puede coincidir ni con el dúplice no-ser del pasado y del futuro ni con nuestro fugaz ser presente.

Esta prueba de la existencia de Dios no descansa únicamente sobre la inexplicabilidad del ser dinámico y temporal desde sí mismo, sino también sobre un segundo fundamento (una segunda premisa): el conocimiento obtenido en el espejo de la imperfección del mundo de que, del mismo modo que lo temporal no se puede mantener a sí mismo en el ser (ya que sólo existe en la medida en que se dirige hacia la nada), sólo un Dios eterno que poseyera su ser y su vida –sólo un Dios que ES por excelencia en una posesión plena, perpetuamente actual, del ser y de la vida, en el que no existe un extinguirse del instante y tampoco un ser aún no efectivo que haya de ser realizado en el futuro– puede ser infinitamente perfecto y tener en sí mismo la fuente de su ser y de su vida.

Al mismo tiempo resulta evidente –y en esto reside un aspecto personalista de este argumento cosmológico– que ni un ser material, existente en el espacio y actual o potencialmente semoviente, ni un organismo, sino sólo un ser plenamente vivo y puramente espiritual (no sólo biológico) puede ser eterno. En este sentido debemos coincidir con Boecio cuando define la eternidad como «posesión toda simultánea y perfecta de una vida interminable» (*interminabilis vitae tota simul et perfecta possessio*), en lo cual la posesión perfecta de la vida presupone una vida espiritual y *eo ipso* personal, ya que cualquier otro ser vivo e incluso la persona humana posee la vida en modo sumamente imperfecto, tal y como Aristóteles y Plotino han expuesto.[28]

[28] Cf. Aristóteles: *Metafísica*, en *Aristoteles. Die Lehrschriften*, edición, traducción y comentario aclaratorio sobre su formación a cargo de Paul Gohlke (Ferdinand Schöningh, Paderborn 1961²), xii.7; Plotino: *Enéadas*, tercera Enéada, 7 (traducción, introducción y comentario alemán de W. Beierwaltes: *Über Ewigkeit und Zeit, Enneade III*, Fráncfort del Meno, 1967).

De ambas premisas y sobre la base de pasos ulteriores se sigue, pues, que sólo un ser divino que posee su ser en una eterna actualidad puede constituir también la última razón suficiente del mundo de las cosas temporales y semovientes.

El argumento desde la temporalidad conoce también otra versión, que San Buenaventura ha desarrollado penetrantemente: un ser-en-el-tiempo recorre siempre partes finitas de su duración – horas, años, milenios, millones de años, etc. Una tal duración, compuesta secuencialmente en forma de una serie de partes temporales (un año tras otro, etc.) no puede alcanzar, sin embargo, una *infinitud realmente actual*. Quizá podemos captarlo más fácilmente si pensamos en el futuro: a nuestra vida futura se le podría añadir millones y millones de años; a lo largo de la potencialidad del futuro podría durar sin fin, eternamente; ahora bien, como seres temporales no podríamos alcanzar jamás el final de la eternidad, jamás podríamos haber vivido *actualmente una duración infinita*. En el ser temporal, la duración infinita puede ser por ello únicamente un futuro o un pasado *potencialmente* infinito, pero nunca una realidad plena.

No obstante, todo el pasado –a diferencia del futuro, atravesado por la potencialidad del aún-no– ha sido una vez actual, de manera que sólo un ser de duración actualmente infinita podría carecer de comienzo. Sobre la base de la esencia de la sucesión temporal, existir con una duración *actualmente* infinita resulta imposible al ser-en-el-tiempo. Así pues, es esencialmente imposible que el ser temporal –el mundo o cualquier ente existente en él– pueda ser eterno y carecer de comienzo, cosa que presupone una infinita duración real. Ahora bien, dado que todo ser real en el tiempo tiene un inicio y debe provenir de una nada que no es capaz de explicar su ser, sólo un ser divino, eternamente presente y a la vez carente de comienzo, puede ser el creador del mundo.[29] Aquellos filósofos que, como Aristóteles, asumieron la eternidad del mundo, así como aquellos

[29] Cf. a este respecto Josef Seifert: *Essere e persona*, cap. 10.

otros que, como Tomás de Aquino, opinaron que sólo la revelación y la fe nos podrían proporcionar conocimiento sobre el inicio temporal del mundo, pueden ser confutados, a mi parecer, por la metafísica del tiempo –tal y como aparece en la argumentación de Agustín y Buenaventura y como se difundió ya antes en la tradición Kalam de la filosofía islámica–, en la medida en que se examina los argumentos relativos a la imposibilidad metafísica de la eternidad del mundo y se comprende su exactitud.[30]

2. El argumento desde las causas

Un argumento muy similar (la *secunda via* de Tomás de Aquino) se articula sobre el orden de las cosas causadas y de las causas y se eleva hasta una «causa incausada», la causa última de todas las cosas o *causa prima*. Por medio de diferentes premisas y pasos lógicos resulta evidente que todas las cosas dependientes de causas eficientes sólo pueden existir, en última instancia, si como causa primera existe un ser incausado, absoluto y a la vez libre. En efecto, ninguna causa que produce algo pero que en ello viene determinada y producida por una causa precedente puede ser la fuente última de la causalidad. Dado que este argumento, por una parte, presupone una más amplia discusión en torno a la causalidad y a la tesis kantiana de que existe una antinomia en la relación entre causalidad y libertad (que he expuesto en otro lugar), y que, por otra parte, será traído a colación en los restantes argumentos cosmológicos, no lo tomo en consideración aquí más detalladamente.[31]

---

[30] Cf. William L. Craig: *The Kalam Cosmological Argument* (Londres 1979); id.: discusión «The Finitude of the Past», *Aletheia. An International Journal of Philosophy* II (1981) 235-242; Cf. también Josef Seifert y Fritz Wenisch: contribuciones a la misma discusión, así como Fritz Wenisch: «In Defense of the Finitess of the Past – A Belated Response to a Reply», en Carlos A. Casanova (ed.): *El amor a la verdad, toda la verdad y en todas las cosas. Ensayos en honor de Josef Seifert – The love of truth, every truth and in every thing. Essays in honor of Josef Seifert* (Ediciones UC, Santiago 2010), pp. 211-236.

[31] Cf. Josef Seifert: *Überwindung des Skandals der reinen Vernunft. Die Widerspruchsfreiheit der Wirklichkeit – trotz Kant* (Karl Alber, Friburgo / Múnich 2001); *Superación del escándalo de la razón pura. La ausencia de contradicción*

3. La prueba de la contingencia (de un mundo no necesario a un Dios necesariamente existente)

De modo análogo procede otra prueba de la existencia de Dios (la *tertia via* de Tomás de Aquino) que halla su punto de partida en la afirmación de que la existencia del mundo no es necesaria, sino «no-necesaria», contingente. Todo lo que en el mundo vive y se mueve, todo lo que hay en él, *podría también no ser*. A menudo lo reconocemos en el hecho de que los seres del mundo una vez no han existido, de lo cual se sigue que no existen necesariamente. En efecto, partiendo de los datos de hecho se puede deducir su correspondiente posibilidad, puesto que nada imposible puede ser de hecho el caso (*ab esse ad posse valet illatio*). Del fáctico no ser pasado del ser de los entes del mundo se sigue la posibilidad de su no-ser y el carácter contingente de su existencia. Con todo, reconocemos la contingencia del ser de las cosas del mundo aún más profundamente en su carácter efímero y corruptible, en la finitud de todos los seres vivos que conocemos, en la experiencia de nuestra propia finitud y de la proyección anticipada de nuestra muerte –en la que la contingencia de nuestra consciencia y de nuestro ser se nos ofrece de modo existencial, en una particular angustia ante la muerte, y experimentamos el abismo de nuestro posible no-ser– y, sobre todo, la reconocemos en nuestra imperfección, que –en la medida en que de modo constante permite un mayor o menor ser y ser bueno– muestra también un ser absolutamente inexistente como posible, tal y como Anselmo ha visto de modo penetrante en el ejemplo de los límites temporales. Un ente que no existía en un cierto momento o parte del tiempo podría nunca haber sido.[32]

---

de la realidad, a pesar de Kant, traducción de Rogelio Rovira para la Biblioteca filosófica «El carro alado» (Ediciones Cristiandad, Madrid 2007).

[32] «Nam et si nulla quae sunt possint intelligi non esse, omnia tamen possunt cogitari non esse, praeter id quod summe est. Illa quippe omnia et sola possunt cogitari non esse, quae initium aut finem aut partium habent coniunctionem, et sicut iam dixi, quidquid alicubi aut aliquando totum non est. Illud vero solum non

Finalmente, reconocemos también esta no-necesidad de nuestro ser y del de todas las cosas terrenas en la comprensión, aún más profunda, de que en todos los tipos de cosas y de seres humanos siempre pueden existir otros individuos de la misma naturaleza que, de hecho, no existen. De ello se sigue que la existencia real y el poseer la naturaleza humana o cualquier otra naturaleza de seres mundanos no se hallan conectados necesariamente.[33]

Dado que todos los seres del mundo y éste mismo podrían también no ser, es imposible que el mundo pueda existir desde sí mismo y por sí mismo. En efecto, es evidente que algo que puede también no ser no puede tener en sí mismo la razón suficiente de su existencia. Puesto que yo podría haber seguido siendo nada (ya que existo contingentemente), no puedo jamás responder en última instancia a la pregunta: ¿por qué soy en absoluto en lugar de no ser? ¿Por qué no soy más bien nada, en lugar de ser?

En este punto obtenemos un ulterior y revolucionario conocimiento, una intuición racional metafísica que señala radicalmente más allá del mundo: sólo un ser que por sí mismo (*a se*) y en sí mismo es necesariamente real puede explicar su propio ser de modo ya incuestionable y, con ello, puede proporcionar también la respuesta última a la pregunta por el fundamento del ser del mundo. Si seguimos esta pista, se nos desvela aún algo más: sólo si este ser necesariamente existente es personal y libre puede un mundo no-

---

potest cogitari non esse, in quo nec initium nec finem nec partium coniunctionem, et quod non nisi semper et ubique totum ulla invenit cogitatio (…) et quidquid est praeter id quo maius cogitari nequit, etiam cum scitur esse, posse non esse cogitari. Sic igitur et proprium est deo non posse cogitari non esse (…)» *Proslogion* y *Ad Proslogion,* en Anselmo de Canterbury (de Aosta): *S. Anselmi Opera Omnia*, ed. de Franciscus Salesius Schmitt, 2 vol. (Friedrich Frommann / Günter Holzboog, Stuttgart / Bad Cannstatt 1968), vol. I, pp. 89-139; id.: «Quid ad haec respondeat editor ipsius libelli», en *Opera omnia*, vol. I, pp. 130-139, iv, pp. 133-134.

[33] Cf. al respecto Tomás de Aquino: *De Ente et Essentia*, en *Opera Omnia (ut sunt in indice thomistico additis 61 scriptis ex aliis medii aevi auctoribus)*, 7 vol., ed. de Roberto Busa S. J. (Stuttgart / Bad Cannstatt 1980), vol. 3, pp. 583-587; Cf. también Josef Seifert: *Essere e persona. Verso una fondazione fenomenologica di una metafisica classica e personalistica* (Vita e Pensiero, Milán 1989), cap. 11.

necesario proceder de él; ya que en caso contrario, si el mundo procediese de modo necesario de un ser eterno y necesariamente existente debería ser él mismo necesario y existir desde la eternidad – lo cual es manifiestamente falso y ha sido ya refutado.

Así pues, en esta prueba desde la contingencia y junto a la dimensión cosmológica hallamos también una personalista, que reside en la interna correspondencia entre libertad y espontaneidad de las causas y libre determinación, por una parte, y en la análoga contingencia de la existencia no necesaria, por otra. Si así no fuera, si Dios hubiese creado el mundo desde la necesidad de su propia naturaleza, deberíamos con Parménides negar el mundo o bien considerarlo tan necesario como su causa – lo cual contradice la segura aprehensión de su contingencia.[34]

Llegados a este punto preferimos omitir la «cuarta vía» de Tomás de Aquino, ya que la consideramos la prueba más profunda de la existencia de Dios desde el mundo (tanto desde el punto de vista cosmológico como desde el personalista), motivo por el cual nos proponemos tratarla y fundamentarla en el penúltimo capítulo junto con el problema de las «perfecciones puras» –decisivo para todo conocimiento de Dios– y como transición hacia una sucinta discusión de la prueba ontológica; todo ello, a pesar de que dicha prueba se halla conectada del modo más estrecho con las tres primeras, sobre todo con la «tercera vía» que parte de la existencia contingente, no-necesaria, del mundo.

[34] Cf. al respecto Josef Seifert: *Essere e persona*, cap. 11; íd.: *Gott als Gottesbeweis* (Universitätsverlag C. Winter, Heidelberg 2000^2), «Prolegomena»; íd.: «To Be a Person – To Be Free», en Zofia J. Vzdybicka et al. (eds.): *Freedom in Contemporary Culture. Acts of the V World Congress of Christian Philosophy (Catholic University of Lublin 20-25 August 1996)*, vol. I (The University Press of the Catholic University of Lublin, Lublin 1998), pp. 145-185.

Capítulo 3
LA PRUEBA DE LA EXISTENCIA DE DIOS MÁS CERCANA AL SER HUMANO: EL ARGUMENTO «TELEOLÓGICO» DESDE LA EXPERIENCIA EMPÍRICA DEL ORDEN CONCRETO DE LA NATURALEZA Y EL ABSURDO DE LA EXPLICACIÓN MATERIALISTA-ATEA DEL ORIGEN DE LA PLENITUD DEL SER Y DE LA ORDENACIÓN A FINES DE LA NATURALEZA A PARTIR DEL AZAR O DE UN «BIG BANG»

La prueba de la existencia de Dios más cercana a nosotros, la así denominada «teleológica» (nuestra «cuarta vía», quinta para Tomás de Aquino), posee una especial fuerza de convicción (si bien, considerada aisladamente, no constituye el argumento más apremiante al respecto). Esta prueba desde la plenitud del ser, de su riquísimo sentido y valor, desde la belleza y la ordenación a fines de muchísimas partes y órganos, expresa cómo tanto significado, tanto orden, tan admirablemente constituidos seres naturales y sobre todo seres humanos –tal y como los encontramos en el mundo, por su propia existencia contingentes y, por ello, necesitados de una causa fuera de sí mismos– no pueden haber sido creados a partir de un ciego azar o a través de las fuerzas productoras del mundo sensible y de una evolución desde una materia carente de espíritu, sino única y exclusivamente por un ser inteligente, que sobrepasa en una medida infinita toda inteligencia humana, un ser todopoderoso-espiritual y sumamente perfecto.

Si ya las más simples líneas sobre una hoja de papel o un par de objetos encontrados sobre una tumba o en su interior prueban a los arqueólogos que se trata del producto de seres inteligentes y humanos y no del azar, y nadie asume que el ensayo de un profesor ateo pueda ser sólo el producto casual de la lluvia, el fango y el viento en su jardín, ¿cuánto más no revelan a su artífice, inteligente en grado sumo, el formidablemente complejo mundo, el fantástico «lenguaje de los genes» en los cuales se halla «prefigurado» el plan de articulación y desarrollo de nuestro cuerpo, la fuerza vital que implementa de hecho este genoma, el sistema circulatorio y las venas, artísticamente ordenadas, o los pulmones, o todas las restantes maravillas de la Creación, que mucho más que una piedra –o, por lo que a mí respecta, incluso que una reja inútil o un libro abstruso y extravagante o un ensayo repleto de ambigüedades y errores lógicos– llevan consigo las huellas del espíritu que las creó?

El conocido científico Jakob von Uexküll, que investigó no sólo la abrumadora finalidad presente ya en un ser vivo sino también la plenitud del ser y la ordenación a fines en la relación de un organismo con su entorno –por él señalada como problema fundamental de la Biología– ha ilustrado esto por medio de un experimento mental y de una impactante imagen, con la que pone nítidamente en claro el absurdo por antonomasia de un evolucionismo ateo. La reproduzco aquí libremente.

Supongamos –dice– que por casualidad se caliente una piedra que contiene metal y que produzca hierro, que casualmente se separa en un gran grumo. De forma azarosa son lanzadas piedras sobre el metal durante tanto tiempo que aparecen distintas configuraciones de aquél, carrocería y quincalla, como un bastidor y tornillos. Por otras casualidades, de este metal se forman el motor y otras partes de un auto. De nuevo un azar hace que los tornillos se atornillen a sí mismos en el lugar adecuado y que todas las partes del automóvil se fijen, que de surtidores subterráneos de petróleo se forme gasolina y que ésta fluya hacia este lugar correcto, allí donde el coche se ha formado por azar, y en el depósito de aquél. De nuevo casualmente se aprestan, a partir de otros materiales, llantas y neumáticos que se atornillan por azar al lugar justo del automóvil, después de haberse alzado por sí mismos del suelo y de haberse inflado de aire – todo lo cual sucede sin mecánico, sin fábrica, sin razón, de modo puramente azaroso. De nuevo por azar aparece una llave que encaja a la perfección y se introduce en la cerradura de arranque. Esta llave –la única adecuada entre millardos– se gira, de manera casual otra vez, mientras simultáneamente un objeto pesado presiona por casualidad sobre el pedal de aceleración, otro acciona las marchas y el coche empieza de este modo a moverse.

A continuación –y una vez que ha tenido lugar, por pura casualidad, todo lo que el automóvil precisaba para desplazarse– nótese lo siguiente: de repente, y de modo casual, se encuentra allí una carretera (en lugar de oquedades o lagos que obstaculicen la marcha del coche). La carretera en el entorno del automóvil –sin la cual éste carecería de valor y en cualquier caso no podría desplazarse con sentido, al menos no sin chocar o sin precipitarse en un abismo– y tal y como resulta apropiada para su desplazamiento se halla disponible de nuevo por puro azar, sin empresa de construcción viaria, sin mente, sin planificación, sin personas que hubieran probado el coche y creado para él el contexto apropiado (o sea, las carreteras).

Sobre esta carretera marcha ahora nuestro Volkswagen y se gira correctamente –también por azar– en cada curva, de modo que no se accidenta. Todo ello tiene lugar por casualidad. Finalmente, después de que algunas piedras (lanzadas casualmente a través de la ventanilla) hayan girado azarosa y correctamente el volante y tras tomar así algunas curvas, el auto se estrella, va en pasto a las llamas y se despedaza en miles de fragmentos ocultos. ¿Es éste el final...? ¡De ninguna manera! En efecto: en el primer accidente de este automóvil con ocasión de su salida de la carretera, o posiblemente incluso ya antes, y de igual modo por azar –como todo lo acontecido hasta aquí–, de sus restos se forma toda una serie de pequeños coches, que azarosamente prosiguen la marcha... Y todo esto sucede por azar no ya una vez en billones de años, después de que millardos de trillones de configuraciones sin sentido o de fragmentos de automóvil hayan contaminado y degradado el medioambiente quedando inútiles para la marcha. No: todas estas casualidades acontecen de forma regular, en el mismo mundo, a diario, sin intervención de ningún ser dotado de razón.

Presuponer todo ello, es decir, creer que un puro «azar» sin espíritu creador explique la formación del Volkswagen –añade von Uexküll– es absurdo. Pero es mucho menos absurdo, prosigue, que pretender explicar por medio del azar la estructura interna incluso de la más pequeña ameba unicelular así como su reproducción y sus enormemente diferenciadas condiciones medioambientales, en comparación con las cuales una carretera y un automóvil resultan bastante primitivos. En efecto, una sola molécula de un ser orgánico viviente –cuánto más la construcción de la ameba completa, su configuración, su estructura celular, su desplegarse vital, su crecimiento y su reproducción, así como su relación con numerosos factores medioambientales– es millardos de veces más compleja y significativa que el Volkswagen; resulta, por ello, incomparablemente menos factible explicarla por medio de un azar sin espíritu – cuánto mas, cuando incluye la maravilla de la vida, sin la cual ningún plan de construcción, el genoma del organismo (que también podría ser archivado en un ordenador o que se encuentra disponible en una célula muerta), sería realizado jamás.[35] En lugar de una simple autovía como medioambiente para la marcha del Volkswagen se dan aquí incontables condiciones medioambientales de temperatura, nutrición, aire, agua, elementos y medios de alimentación, etc., sin las cuales esa única ameba no podría sobrevivir.[36] Por mantenernos en la comparación con la formación de la carretera como contexto apropiado para el automóvil, aquí sería precisa la construcción no de una sino de millardos de carreteras para que la ameba se pudiese desplazar en su entorno.

---

[35] El crecimiento de la ameba se origina –como en otros seres vivientes– cuando a partir de materiales nutritivos construye elementos corporales propios y los integra en su plasma. Una vez alcanzado un cierto tamaño concluye su crecimiento y comienza a dividirse (ante todo, el núcleo celular), de modo que surgen dos amebas nuevas e independientes; en este proceso no perecen las células madre, sino que vienen asumidas íntegramente en las células hijas.

[36] Cf. H. Schmoller y W. Schwartz: «Untersuchungen über die Nahrungsansprüche einiger mariner Amöben», *Zeitschrift für allgemeine Mikrobiologie* 4, 4 (1984) 313-325.

Si es, pues, absurdo admitir que los más primitivos e insignificantes «principios» darwinianos como azar, adaptación al medio, mutaciones, supervivencia del ejemplar más fuerte, etc. hayan formado un Volkswagen a partir de los elementos existentes, cuánto más no lo será admitir la formación de la ameba a partir de tales causas. En efecto, el origen de una tal maravilla de relaciones de sentido como es la ameba en cuanto ser vivo requiere –ciertamente, mucho más que un automóvil– una causa eficiente dotada de razón. Cuánto más no será valido esto para las incontables especies de organismos animales, incluidos los seres humanos. Que la vida se exprese en incontables seres vivos es mil veces más maravilloso de lo que sería la idea del Volkswagen, aun reduciéndose ésta a árboles de goma y quincalla cuyas materias primas hubiesen podido producir por sí mismas el automóvil.

Para esta explicación azarosa, mucho menos aclaratoria en el caso de la maravilla de un ser vivo que en aquel otro descrito de la formación de un Volkswagen, Hedwig Conrad-Martius ha articulado una comparación muy profunda, que muestra cuánto más incomprensible sea la aparición de un sentido más elevado y dinámicamente autoimplementador en un ser vivo que la formación de un automóvil o de otra estructura finalista en una configuración mecánica o en una naturaleza muerta (e, incluso, en cualquier obra de arte humana). Conrad-Martius compara la causa del crecimiento y del movimiento de los seres vivos con un artista que hubiese logrado verter una obra maestra o una ciudad o bien su trazado en colores, pincel y piedras de manera tan perfecta que este trazado, creativo y pleno de sentido desde dentro, se realizase por sí mismo, el pincel por sí mismo pintase frescos, el martillo por su propio impulso diese forma a estatuas y edificios, y de este modo se originasen todas las obras admirables de una ciudad medieval como las de las ciudades toscanas de San Gimignano o Florencia, con sus iglesias y torres, con sus imágenes, estatuas y frescos, que se formarían sin intervención humana e incluso se reproducirían.

Si, pues, incluso la maravilla de una única ameba, que constituye tan solo una parte ínfima e insignificante de la Creación, por el hecho de poseer el milagro de la vida resulta mucho menos explicable a partir de causas materiales y carentes de espíritu que la absurda descripción anterior de la formación de un Volkswagen o de una ciudad toscana, la tanto más fabulosa y admirable totalidad de *todas* las cosas y seres orgánicos del mundo en su organización –en la que aprehendemos piedras y elementos de todo tipo, el mar de estrellas en el cielo, la exuberante plenitud de las plantas, de los animales y sus instintos, y seres humanos, así como la millonariamente múltiple distribución y dependencia ecológica de todos ellos– requiere de un espíritu inconmensurablemente más elevado como origen, mucho más aún de lo que lo haga una mera ameba. Sin un ser pensante incomparablemente más alto –al que llamamos Dios–, el entero mundo, este cosmos ordenado, resulta impensable y no tendría ninguna causa suficiente. A esto remite ya Platón, que en el siglo IV a. C. encuentra la negación de una causa divina del cosmos no sólo necia sino tan dañina que aun en su más moderado trabajo de madurez, *Las leyes*, reclama la pena de muerte por ateísmo; ello muestra hasta qué punto Platón debe de haber considerado penetrante la afirmación de la existencia de un creador divino del mundo.[37]

El argumento a partir de la plenitud de sentido del mundo tiene la ventaja de que no parte sólo de los seres abstraídos del mundo finito, dinámico, temporal o contingente –que son, sí, necesarios, pero también más pobres, ya que en su consideración se abstrae de la configuración concreta del mundo, infinitamente rica de sentido–, sino que

[37] Cf. Platón: *Nomoi*, libro X, 907ss. En el *Timeo* y en otros lugares Platón no asume una creación de la nada, sino una creación de la totalidad ordenada del cosmos a partir del caos. Cf. en este sentido la significativa presentación del semicreacionismo platónico llevada a cabo por Giovanni Reale: *Verso una nuova interpretazione die Platone* (Jaca Book, Milán 1997[20]); id.: *Zu einer neuen Interpretation Platons. Eine Auslegung der Metaphysik der großen Dialoge im Lichte der «ungeschriebenen Lehren»*, traducción de L. Hölscher, con una introducción de H. Krämer, edición y epílogo de J. Seifert (Schöningh, Paderborn 1993).

lo hace de la Creación concreta, en su orden y belleza plenos: de la estructura física del mundo y del cosmos; de la estructura y valor de los seres vivos; de la organización plena de sentido de los órganos de los seres vivos y sus fines; de los órdenes y sistemas internos, complejos y asombrosos, de los organismos y de su relación con su medioambiente; del «principio antrópico», que los astrónomos contemporáneos admiten y que alude a cómo resulta infinitamente improbable que en el mundo reinen precisamente aquellas condiciones, increíblemente difíciles de explicar, que posibilitaron la vida y la aparición del ser humano; de la hermosura y belleza de la Naturaleza y del cuerpo humano, etc.

Este argumento es también por otra razón algo más que una mera prueba a partir de las propiedades abstractas de cada ser mundano: partiendo de la «revelación» natural de Dios y de su gloria atraviesa la Creación entera. Esta revelación de Dios alcanza su punto álgido en el ser humano, en la persona creada y en la voz interior de la conciencia – en la cual, según Newman, Dios se revela de un modo más directo que en toda la Naturaleza como señor y juez justo (cuestión sobre la que volveremos más adelante).

En esta prueba teleológica desde la dotación de sentido del mundo, Dios es considerado como causa del mundo y del ser humano a partir de las propiedades experienciales y contingentes de éstos y de su plenitud de significado. La comprobación de la existencia de tal sentido proporciona el punto de partida a partir del cual nos remontamos hasta su artífice.

Junto a todo ello, este argumento presupone también el conocimiento de que este mundo contingente (no necesariamente existente) no puede ser explicado por sí mismo y, además, de que no puede haber sido creado por un ser privado de inteligencia y de espíritu. Descansa, por una parte, sobre la verdad evidente del principio causal de que cada modificación y todo ser contingente requieren una causa eficiente que sea suficiente y proporcionada, en cuya virtud el ser contingente y el cambio son producidos. Por otra parte, la prueba teleológica descansa sobre el principio formulado por Tomás de Aquino de que siempre que encontramos sentido y finalidad, así como medios que se hallan ordenados a sus fines, debemos remontarnos a un ser inteligente como su causa. Aún más allá: en la sobrecogedora plenitud de contenido y dotación de sentido del cosmos se revela un espíritu indeciblemente elevado por encima de la inteligencia y la sabiduría humanas – la sabiduría divina.

Además, este argumento descansa sobre el principio de la participación de todo ser y valor finitos respecto del bien absoluto, que se anuncia en una «revelación» natural por medio de estos limitados bienes (en cuyo ser se halla, a la vez, un elevarse hacia su origen absoluto y una alabanza a Dios).

De este modo, en todos los bienes del mundo y en su hermosura, en su «buena noticia», Dios se muestra como bueno, más aún, como infinitamente bueno, de manera que a la vista de la plenitud de valor del mundo –de cuya consideración parte la prueba teleológica– podemos exclamar, con Friedrich Schiller y el coro en la novena Sinfonía de Ludwig van Beethoven: «¿Presientes a tu creador, mundo? Hermano, por encima de la bóveda celeste ha de habitar un buen Padre».

Frente a este argumento desde la dotación de sentido y la finalidad del Universo se plantea un ingente problema, a saber: los numerosos y terribles males del mundo, de los que ya Platón afirmó que presuponen otra causa y un espíritu maligno[38], y la aparente

[38] El texto platónico más importante en este sentido es la *República (Politeia)*, libro II (379b-c):

«—Pero siendo Dios esencialmente bueno, ¿no habrá que hablar de Él así?
—¿Cómo dudarlo?
—Pero nada de lo que es bueno es nocivo, ¿no es así?
—Así lo creo.
—¿Y podrá dañar lo que no es nocivo?
—De ninguna manera.
—Ni hacer tampoco mal lo que no daña.
—Tampoco esto.
—Ni ser causa de ningún mal lo que no hace ningún mal.
—¿Cómo podría serlo?

imposibilidad de remitir estos incontables males en su totalidad al pecado de los hombres y al mal uso de su voluntad libre – sin contar la cuestión de si un Dios infinito y omnisciente no hubiera podido crear un mundo mejor, en el que ningún ser humano hubiese abusado de su libertad para hacer el mal. La tremenda realidad del mal y de todas sus clases, en este «valle de lágrimas» en el que vivimos, nos confronta, de hecho, con una profunda dificultad.[39]

—¿Qué más aún? ¿No es útil lo bueno?

—Sí.

—Lo bueno, en suma, no es causa de todas las cosas, sino causa de las que están bien, y no causa de los males.

—Absolutamente, dijo.

—Por consiguiente, repliqué, Dios, ya que es bueno, no será causa de todas las cosas, como se dice comúnmente. Es causa de pocas cosas, de entre todas las que suceden a los hombres, y no causa de las más, pues los bienes son, para nosotros, en mucho menor número que los males. De los bienes, no habrá que buscar ninguna otra causa; y de los males, habrá que indagar otras causas, pero no Dios.

—Es de todo punto verdad, a lo que me parece, lo que dices.» [N. del T.: traducción castellana de Antonio Gómez Robledo: *La república*, Universidad Nacional Autónoma, México 1971, pp. 70-71.]

[39] Platón también alude a ello. Cf. *Las leyes* (*Nomoi*), 900a-d: «[Ateniense] O también quizá, cuando ves los hombres que llegaron ancianos al final de sus días, dejando a los hijos de sus hijos en los puestos de mando más importantes, te conmocionas ahora –sea que te hayas enterado por la fama o por haberlo visto directamente con tus propios ojos al toparte con algunas de sus muchas impiedades y crímenes terribles– porque compruebas en todos ellos que pasaron por eso mismo de la insignificancia a las tiranías y los cargos más importantes. Es evidente que, por tu parentesco, en ese momento no quieres criticar a los dioses a causa de todos esos hechos, como si fueran culpables de todo eso, mas conducido por la irracionalidad y como no puedes enfadarte con ellos, llegaste a esa enfermedad que te aqueja ahora como para que creas que existen, pero que desprecian los asuntos humanos y se despreocupan de ellos. Entonces, para que tu creencia actual no empeore tu dolencia y la convierta en impiedad, sino que, en caso de que sea posible, podamos exorcizarla con palabras cuando se acerque, hemos de intentar unir lo que vamos a decir a continuación a lo que hemos expuesto desde el principio contra los que no creen en absoluto en los dioses y utilizar también esa argumentación». Tú, Clinias, y también Megilo, tomad la palabra en lugar del joven como antes y responded. Pero si eventualmente en nuestra conversación nos surge algo difícil de manejar, yo tomaré vuestra tarea como hace un momento y atravesaré el río.

Clinias. Tienes razón. Y tú también haz eso así que nosotros haremos en lo posible lo que dices.

Ateniense. Pero quizá no sería para nada difícil demostrarle que los dioses se ocupan no menos, sino más de las pequeñas cosas que de las de notable importancia. Pues escuchaba, me parece, y estaba presente en lo que decíamos hace un momento,

Tampoco resulta sin más concluyente que para crear el mundo Dios deba ser *todo*poderoso e *infinitamente* bueno y que no pudiera bastar para ello un simple *demiurgo* (un maestro de obras del mundo) dotado de poder e inteligencia superiores y sobrehumanos, pero no infinitos –tal y como Platón lo caracteriza, como creador y padre de todo, en el *Timeo*. Para ello, esta prueba desde el sentido de la Creación –ciertamente la más impactante para el ser humano– precisa ser completada por medio de otros argumentos (en particular, de nuestro séptimo «camino», cuarto en el elenco tomista) y por el despliegue de una Teodicea, que debe responder a la pregunta de cómo se pueda conciliar el mal con un Dios bueno (tema al que dedicaremos un capítulo aparte).

Prescindimos aquí de toda una serie de pruebas de la existencia de Dios a partir del cosmos que se refieren a ciertas obras y configuraciones de sentido en parte producidas por los seres humanos y en parte divinamente inspiradas (por ejemplo, la actuación divina en la historia o en el arte). El filósofo ruso Florenski consideraba la frase «existe el icono de la Trinidad de Rublev, luego existe Dios» como la prueba filosófica más convincente de la existencia de Dios. Con ello no pensaba únicamente que las obras creadas por los hombres representan las unidades superiores de sentido en el cosmos y que precisan de la inspiración divina, sino también que el arte tiene la tarea de traducir la verdad eterna, y por tanto también a Dios, en el lenguaje de la belleza.[40]

---

que, al ser completamente buenos y virtuosos, el cuidado de todas las cosas les es lo más propio.» [N. del T.: traducción castellana de Francisco Lisi: *Leyes*, Gredos, Madrid 1999, pp. 217-218.]

[40] P. Florenskij: *Ikonostas (Die Ikonostase)*, en P. Florenski: *Christianstwo i kultura* (Moscú 2001), p. 547.

Capítulo 4
LA REALIDAD Y ESPIRITUALIDAD DEL ALMA HUMANA COMO FUNDAMENTO PERSONALISTA DE UNA PRUEBA CAUSAL-TELEOLÓGICA DE LA EXISTENCIA DE DIOS

Las *pruebas personalistas de la existencia de Dios* proceden de un modo próximo al argumento teleológico –ya que también ellas parten de la estructura contingente del mundo de la experiencia– pero de manera muy distinta a las pruebas «cosmológico»-teleológicas. Hallan su punto de arranque en el más elevado de todos los seres del cosmos, la persona, cuyo ser y esencia experimentamos en nosotros mismos, para fundamentar desde ahí la existencia de Dios.

En lo que sigue se presentará la primera de dos pruebas personalistas muy distintas entre sí y se mostrará que la causa eficiente última de la persona humana –del alma humana–, su creador personal, sólo puede ser Dios.

Hemos reconocido cómo ante el sobrecogedor sentido y ante la teleología de la entera Naturaleza fracasan las explicaciones materialistas y evolucionistas carentes de espíritu, ya que la plenitud de sentido de la Naturaleza requiere una causa espiritual-personal, inteligente y divina como explicación. Con todo, un tal intento fracasa completamente cuando nos representamos los argumentos que demuestran que la persona y el alma del ser humano no son, en absoluto, reducibles a materia. Semejante intento de explicación del origen del ser humano queda entonces excluido en línea de principio y de un modo tajante – modo respecto del cual el caso de la explicación del origen de un Universo puramente material a partir del azar y de *Big Bangs*, a pesar de lo absurdo de semejante petición de principio, no resulta comparable en su rotundidad.

Por ello, en las páginas que siguen es nuestro propósito tomar en consideración las pruebas de la existencia de un alma humana espiritual, para aplicarlas seguidamente al problema de las pruebas de la existencia de Dios por el camino de la razón.

En las personas hallamos algo incomparablemente más pleno de sentido y de valor que en la entera restante Naturaleza, así como un ser espiritual, totalmente heterogéneo y esencialmente distinto de toda materia. En la medida en que esta prueba personalista parte por un lado de la esencia y del valor de la persona humana –del ser más elevado y cargado de valor sobre la Tierra– se halla conectada con las pruebas teleológicas de la existencia de Dios, que no proceden a partir de algunas características abstractas del mundo (como su ser causado o la existencia contingente) sino que se fundan sobre la realidad concreta y la plenitud de ser del cosmos. En cuanto, por otro lado, esta prueba enlaza cada persona singular a Dios como causa primera (suprema causa eficiente) y no arranca de una ordenación teleológica de la persona a Dios, es también causal y la denominamos, por ello, prueba causal-teleológica o también causal-personalista.

De este modo, la distinguimos de las pruebas personalistas en sentido restringido, que trataremos en los dos próximos capítulos al hilo de los argumentos morales de la existencia de Dios y de la prueba desde el amor, pruebas que parten de una múltiple orientación hacia Dios –sólo presente en las personas– de la esfera más profunda de sentido y valor de la vida humana y que se remiten a Dios como objetivo último y necesario, supremo «garante de sentido» de la persona humana y de su vida consciente (en lo cual Dios no constituye tan sólo un postulado de la vida moral y del amor humano, sino que se muestra como real a través de su sentido y de su esencia). En las personas humanas (y en toda otra persona contingente) hallamos también, en efecto, modos de relación con Dios de índole totalmente diversa, no eficientemente causales, sobre los cuales arraigan las distintas pruebas personalistas en sentido estricto – pruebas que son «teleológicas» y «personalistas» en un sentido muy diferente, ya que remiten a Dios no sólo como única posible primera causa eficiente del alma humana y de la plenitud de sentido y de vida de la persona, sino que apuntan a Dios desde relaciones esenciales y desde orientaciones de las personas y de sus acciones completamente nuevas y exclusivamente personales y, por lo tanto, consideran a Dios como meta y suprema referencia de sentido de las personas finitas.

Nosotros presentaremos articulados en tres capítulos estos dos tipos de pruebas personalistas de la existencia de Dios, considerablemente distintos –las pruebas cosmológico-personalistas y las «puramente teleológico-personalistas». De la abundancia de pruebas personalistas en sentido restringido elegiremos en primera instancia como ejemplo las pruebas morales y otros argumentos que toman el amor como punto de partida. En cambio, la primera forma de las pruebas personalistas, que constituye el objeto del presente capítulo, presenta la coronación de los argumentos causal y teleológico –de la *secunda* y de la *quinta via* de Tomás de Aquino–, en cuanto aquí se busca al artífice que engendra las personas humanas y la plenitud de ser descubierta en ellas, plenitud que sobrepasa la del entero cosmos no-personal. Que deba existir una causa del espíritu y del cuerpo humanos, ambos finitos y contingentes, lo comprendemos a la luz de su contingencia, anteriormente puesta de relieve. Ahora bien, una vez que reconozcamos la espiritualidad del alma humana habremos alcanzado un fundamento completamente nuevo de la prueba que remite a Dios como única causa posible del mundo.

I. Breve exposición de las pruebas de la existencia del alma espiritual del ser humano

En lo que sigue deberá ser fundamentado que existe un alma espiritual del ser humano, absolutamente inexplicable en su origen a partir de la materia o de la evolución, pero tampoco por medio de la generación paterna, y que su conocimiento no constituye sólo el fundamento para una versión de la prueba teleológico-causal de la existencia de Dios –de la «quinta vía» en el esquema tomista– esencialmente más profunda, sino también una de las vías específicamente personalistas para el conocimiento de Dios por el camino de la razón.

Dado que esta prueba desde la naturaleza espiritual de la persona[41] halla su punto de partida en la espiritualidad del alma humana y de la persona en general y en su irreconducibilidad a la materia, a procesos neuronales o a epifenómenos u otros productos de procesos cerebrales, para fundamentar este nuestro nuevo «quinto camino» (esta *quinta via*) dentro de las pruebas de la existencia de Dios debemos presentar los argumentos y demostraciones relativos a la espiritualidad del alma humana –articulados detalladamente en otro lugar– en su evidente enjundia y fuerza demostrativa.

1. 'Argumento' desde los niveles de realidad y de valor ('grandeza') de la conciencia personal

Dicho muy brevemente, este argumento consiste en una reflexión articulada como sigue:

---

[41] A ella se le podría anteponer las «pruebas biológicas» que descansan sobre la especial naturaleza de todos los seres vivos y sobre el fenómeno, completamente nuevo e irreducible, de la vida y de su «ley de neg-entropía»; sin embargo, preferimos prescindir de ello para favorecer la índole de esta obra. Cf. Erwin Schrödinger: *What is Life?* (Cambridge / Londres / Nueva York / Melbourne 1944); Cf. también Josef Seifert: *What is Life? On the Originality, Irreducibility and Value of Life*, ed. por Robert Ginsberg, Value Inquiry Book Series (VIBS), vol 51 / Central European Value Studies (CEVS), ed. por H. G. Callaway (Rodopi, Ámsterdam 1997).

1. Primera premisa: la vida consciente de la persona humana es infinitamente más real (grande) que todo el Universo material y que todas las substancias en él; en comparación con la persona, el cosmos es sólo polvo y ceniza (una nada).

2. Segunda premisa: la sustancia presupuesta por los actos (su sujeto) es esencialmente más real que todos sus accidentes, que sólo son y poseen realidad «en» y por medio de la substancia (Aristóteles), y jamás puede ser menos real que sus accidentes, a los que prácticamente confiere la realidad y que participan de su nivel de realidad en un modo esencialmente subordinado. Así pues, es imposible que la extensión de un cuerpo, su posición en el espacio, etc. superen en realidad al cuerpo mismo.

Consiguientemente: una sustancia material (el cerebro), que constituye una parte ínfima del entero mundo físico y en cuanto tal se halla incomparablemente subordinada –por lo que respecta a su realidad– a la efectividad de la vida consciente, no puede ser en modo alguno el sujeto sustancial de la conciencia.

2. Argumentos desde el modo de dación directa del sujeto consciente

A. Argumentos desde la conciencia como tal

Si se considera y analiza cualquier experiencia consciente –aunque sea tan solo un dolor en el dedo o en el brazo– se comprende que una cosa material y compuesta no puede ser jamás el sujeto de una tal vivencia. Ésta requiere necesariamente, más bien, un sujeto simple, inextenso, no compuesto de partes: un alma.

B. Desde la presencia interior del 'yo'

En todas las experiencias conscientes del ser humano encontramos la dación originaria del 'yo' como sujeto de experiencia consciente; este sujeto posee tres dimensiones de unidad interna, que no resultan explicables por medio de la materia:

(a) Se halla presente como sujeto idéntico, uno y el mismo, en miríadas de vivencias simultáneas.

(b) El yo (sujeto de la consciencia) debe estar presente *en una miríada de vivencias que se siguen correlativamente* incluso para la experiencia más simple.

(c) Este tipo de presencia de un sí mismo idéntico en una abundancia de vivencias se contradice con la esencia de la materia, de la cual a lo sumo una *parte* (como la de un líquido) puede estar presente cada vez en otra parte de la misma o en otra materia (como sucede con el agua en una esponja o con dos fluidos, que pueden ser mezclados o que integran nuevos enlaces químicos).

Conclusión: Ninguna cosa material posee la capacidad de explicar los elementales datos de hecho de la vida y del sujeto conscientes apenas citados.

C. Argumentos desde el 'yo' unitario, indivisible y experimentable como tal

(a) *Primera premisa:* A cada percepción y al entero flujo de la vida consciente subyace en cada uno de nosotros un *sujeto único*, absolutamente *indivisible*, que no puede en modo alguno poseer el carácter de un accidente o ser la función de algo distinto, sino que es un sujeto último, consistente en sí mismo (una sustancia).

(b) *Segunda premisa:* La materia –incluso la 'materia viva' del cerebro– ofrece una oposición radical a un sujeto absolutamente indivisible. El cerebro humano, en efecto, posee una cantidad astronómica de partes separables unas de otras, no idénticas entre sí y ellas mismas siempre ulteriormente 'separables'. Por otra parte, en el cerebro no se halla presente nada parecido a un centro simple del yo. No hay en él nada similar a un 'operador' central o a un puesto de recepción al que lleguen todos los impulsos o señales electroquímicos.[42]

[42] El Premio Nobel de Medicina *Sir* John Eccles hace uso de esto como argumento a favor del alma. Cf. Karl R. Popper / John C. Eccles: *The Self and Its*

Corolario: ¡Es imposible que el sujeto de la consciencia sea la materia (o el cerebro)! Nos podemos remitir aquí a la tesis puesta de relieve por Leibniz de que toda vivencia consciente en general, toda percepción, sólo puede ser experimentada o llevada a cabo por un sujeto simple e inmaterial, nunca por un sujeto material (*eo ipso* compuesto por distintas partes):

> Se piense acaso en una máquina (...), se la puede pensar ampliada manteniendo las mismas relaciones, de manera que se pudiese ingresar en ella como en un molino. Si se indaga entonces en su interior, no se encontrará en él nada más que piezas que se impelen unas a otras, pero jamás algo desde lo cual se pudiese explicar una percepción.
>
> El fundamento de esto ha de ser buscado, pues, en la sustancia simple, no en la compuesta o en una máquina.[43]

La indivisible unidad interna del yo, que se muestra como sujeto de la consciencia y como sustancia en sí subsistente (subsistencia) y por cuya indivisible simplicidad también Roderick M. Chisholm desecha la identificación de la persona con el cerebro, no puede ser tampoco idéntica a la partícula elemental, material y simple, con la que Chisholm pretendería identificarla, y resulta irreducible de un modo *sui generis* a cualquier otro tipo de simplicidad no espiritual. Por todo ello, esta indivisible unidad y simplicidad del yo

- no puede ser equiparada con la simplicidad del punto en el espacio (la absoluta 'simplicidad' matemática);
- tampoco puede serlo con la simplicidad de la partícula elemental con la que Chisholm querría identificarla.[44]

Brain (Springer Verlag International, Berlín / Heidelberg / Londres / Nueva York 1977; impresión revisada: 1981).

[43] G. W. Leibniz: *Monadologie*, §17; *Theod.* Pref. [E. 474; G. vi. 37].

[44] Cf. Roderick M. Chisholm: «Is There a Mind-Body Problem?» *Philosophic Exchange* 2 (1978) 25-32; id.: *The First Person* (Minneapolis 1981); «Brentano's Conception of Substance and Accident», en *Die Philosophie Franz Brentanos* (Grazer philosophische Studien), (Rodopi, Ámsterdam 1978), pp. 197-210; *Person and Object* (Allen & Unwin, Londres 1976). Cf. también mi *Überwindung des Skandals der reinen Vernunft. Die Widerspruchsfreiheit der Wirklichkeit* – trotz Kant (Karl Alber, Friburgo / Múnich 2001); *Superación del escándalo de la razón*

Más bien se distingue como simplicidad espiritual y viviente, de manera que no puede ser extensa o material o estar localizada en un determinado lugar del espacio (como las partes más elementales que constituyen la materia), sino que posee características esenciales incompatibles con las de los 'átomos' en sentido filosófico. Este 'yo simple' o sujeto de la consciencia no posee ninguna de las características esenciales (nombradas o no) de la 'simplicidad' matemática o física y es esencialmente una naturaleza espiritual, que puede ser determinada por medio de características esenciales no sólo negativas, como las ya citadas, sino también positivas.

D. El 'cuerpo vivido' presupone precisamente la distinción real del alma respecto del cuerpo

Agustín de Hipona ha señalado incisivamente el dato de hecho de que precisamente la unidad interna de cuerpo y alma –utilizada por materialistas de todo tipo y, en particular, por algunos de proveniencia fenomenológica como Maurice Merleau-Ponty, como argumento contra la existencia de un alma distinta del cuerpo– confirma, en realidad, la distinción entre cuerpo y alma. En efecto:

Ninguna cosa material está en cuanto tal presente y siente en todo el cuerpo o puede expresarse en él, ya que el fenómeno de la expresión presupone justamente la diferencia abisal entre los contenidos espirituales, como alegría o amor, y su manifestación corporal.

Ningún cuerpo inerte puede estar unido tan estrechamente a un cuerpo viviente como el alma humana en una acción ética, en el amor, en la oración, es decir, en acciones plenas de esencialidad inmaterial y espiritual, que en virtud de su expresión corporal y de la integración en ellas del cuerpo viviente adoptan formas mucho más reveladoras de la unión cuerpo-alma que la unidad de cuerpo y alma

---

pura. La ausencia de contradicción de la realidad, a pesar de Kant, traducción de Rogelio Rovira para la Biblioteca filosófica «El carro alado» (Ediciones Cristiandad, Madrid 2007).

en la experiencia meramente sensible. Todo ello resultaría aún más evidente por medio del análisis de los muy diversos significados y tipos de unidad entre alma y cuerpo y de sus diferentes relaciones, así como de un análisis crítico del uso y del abuso de la expresión 'dualismo'.[45]

3. Argumentos a favor de la espiritualidad del alma desde el irrepetible ser individual de la persona, que resulta imposible dentro de los límites del ser material

Cada persona individual es un individuo *absolutamente* irrepetible.

Esta unicidad por antonomasia (no sólo singularidad)[46] de la persona no puede ser explicada por medio de una materia cerebral siempre renovable y 'repetible' – que, por otra parte, no es un sujeto *único* sino una formidable colonia de células en la que cada célula posee de nuevo incontables partes.

Tampoco puede ser explicada genéticamente. Gemelos univitelinos y clones pueden poseer el mismo genoma pero son, no obstante, personas individuales absolutamente diferentes. También las posibilidades naturales –inconcebiblemente pequeñas, pero con todo existentes– de repetición, independiente de la formación de gemelos o clones, de un código genético perfectamente idéntico muestran que el código genético *es repetible*; lo cual, por otra parte, también se colige con evidencia del hecho de que en cada uno de los millardos de

---

[45] Cf. al respecto Ludger Hölscher: *The Reality of the Mind. St. Augustine's Arguments for the Human Soul as Spiritual Substance* (Routledge and Kegan Paul, Londres 1986) / *Die Realität des Geistes. Eine Darstellung und phänomenologische Neubegründung der Argumente Augustins für die geistige Substantialität der Seele* (Universitätsverlag C. Winter, Heidelberg 1999). V. también Josef Seifert: *Das Leib-Seele Problem und die gegenwärtige philosophische Diskussion. Eine kritisch-systematische Analyse* (Wissenschaftliche Buchgesellschaft, Darmstadt 1989^2).

[46] Spaemann ha puesto de relieve con acierto esta importante distinción. Cf. Robert Spaemann: *Personen. Versuche über den Unterschied zwischen 'Etwas' und 'jemand'* (Klett-Cotta, Stuttgart 1996).

células del cuerpo se halla contenido y repetido el mismo código genético. De manera aún más palmaria, la identidad del código genético en dos o más gemelos o clones no suprime *el carácter personal e irrepetible de cada gemelo o clon y, por ello mismo, no puede explicarlo.* Esta irrepetible unicidad de la persona sólo puede existir y hallarse fundada en un *sujeto espiritual.*

4. Argumentos epistemológicos

A. Argumento desde la inaprehensibilidad del 'sujeto de la consciencia' (yo) por medio de los sentidos

Ya Platón reconoció la distinción entre espíritu y materia especialmente a partir del hecho de que el sujeto de la consciencia no es perceptible sensorialmente ni posee cualidades sensorialmente perceptibles como color, figura, sabor, sonido, etc. El sujeto de toda conciencia humana, esencialmente inaccesible a los sentidos, no puede, por eso mismo, ser idéntico con el cerebro, que es esencialmente perceptible desde el punto de vista sensorial.[47]

B. Argumento desde la indudable certeza del conocimiento de sí mismo y desde la imposibilidad de conocer un cuerpo con este tipo de certeza indubitable

Podemos conocer el yo –así lo señala Agustín de Hipona– con certeza y evidencia paradigmáticas e indubitables, que vencen cualquier duda escéptica. En efecto, incluso cuando me engaño o yerro, existo. Esta certeza *absoluta y presupuesta a toda duda* –que existo–, que Agustín comprendió y explicó con singular concisión en su «si enim fallor, sum» (pues si me engaño, existo) y en muchos otros textos ya 1200 años antes de Descartes, sería completamente inexplicable e imposible si el yo fuese idéntico al cerebro, puesto que el cerebro puede ser conocido únicamente a través de la percepción sensible, que es necesariamente *falible*. Por ello, el cerebro y

[47] Cf. Platón: *Fedón*.

las demás partes del cuerpo, que sólo conocemos por medio de los sentidos y con un cierto momento de incertidumbre y de posibilidad de engaño –de ellos característico– no pueden ser idénticos al propio ser de mí mismo, ya que éste lo aprehendemos con certeza absoluta.[48]

C. Argumento desde el modo del conocimiento

El yo, además, viene dado *colateralmente desde dentro*. Esencialmente, la materia sólo puede venir dada como objeto frontal de la conciencia y desde *fuera*, como *objeto* de percepción y conocimiento. Por este motivo, el cerebro y cualquier otra materia –que sólo nos puede ser dada como objeto y nunca como «yo mismo» desde dentro– no pueden ser idénticos con nuestra mismidad, con el sujeto de nuestros propios actos. Éste nos viene dado en un inmediato ser interior y en la *conciencia ejecutiva*[49], desde dentro y de modo más íntimo que cual-

[48] Cf. a este respecto los textos de Agustín y sus interpretaciones en Ludger Hölscher: *The Reality of the Mind. St. Augustine's Arguments for the Human Soul as Spiritual Substance* (Routledge and Kegan Paul, Londres 1986); *Die Realität des Geistes. Eine Darstellung und phänomenologische Neubegründung der Argumente Augustins für die geistige Substantialität der Seele* (Universitätsverlag C. Winter, Heidelberg 1999).

[49] Sobre el concepto de la conciencia ejecutiva (*Vollzugsbewußtseins*), que se distingue de la así llamada 'percepción interna', Cf. Dietrich von Hildebrand: *Die Idee der sittlichen Handlung* (reimpresión no modificada de la segunda edición, junto con el escrito de habilitación «Sittlichkeit und ethische Werterkenntnis», Wissenschaftliche Buchgesellschaft, Darmstadt 1969²), pp. 1-126, pp. 8ss.; id.: *Moralia* (*Nachgelassenes Werk, Gesammelte Werke*, vol. V, Josef Habbel, Ratisbona 1980), pp. 208ss.; *Ästhetik*, primera parte (Gesammelte Werke, vol. V, Kohlhammer, Stuttgart 1977), pp. 32-40, 49-57; *Ethik* (Kohlhammer, Stuttgart o. J. 1971), pp. 202ss., 212, 242; *Ethics* (Franciscan Herald Press, Chicago 1978²), pp. 191ss.; «Das Cogito und die Erkenntnis der realen Welt. Teilveröffentlichung der Salzburger Vorlesungen Hildebrands» [Salzburgo, Herbst 1964]: «Wesen und Wert menschlicher Erkenntnis» (lecciones séptima y octava), *Aletheia* 6/1993-1994 (1994) 2-27; *Die Umgestaltung in Christus. Über christliche Grundhaltung*, en *Gesammelten Werken*, vol. X (Habbel, Ratisbona 1971⁵), cap. 4. Cf. también la primera parte de Karol Wojtła: *The Acting Person* (Reidel, Boston 1979) y el texto (inédito) de la misma obra, corregido y autorizado por el autor, custodiado en la biblioteca de la Academia Internacional de Filosofía en el Principado de Liechtenstein (Bendern) y en la Pontificia Universidad Católica de Chile. Cf. también Josef Seifert: «Karol Cardinal Wojtyła (Pope John Paul II) as Philosopher and the Cracow/Lublin School of Philosophy», *Aletheia* II (1981); id.: *Back to Things in Themselves. A Phenomenological Foundation for Classical Realism*

quier objetivación, en virtud de la presencia a sí mismo del sujeto de toda conciencia en cada acto consciente, en una experiencia interna del propio ser (un *nosse seipsum* que antecede a todo *cogitare seipsum*).

D. Argumento a partir de la imposibilidad de la reflexión en un sujeto material

También la reflexión y el conocimiento de *sí mismo* (*cogitare seipsum*) son imposibles para la materia, puesto que ésta no puede tener un objeto intencional y, con mayor razón, no puede darse a sí misma como objeto y sujeto a la vez en esa vuelta del espíritu sobre sí mismo que se produce de modo completo, indiviso y global en la reflexión, *reditio completa animae supra seipsam*. Tan solo las partes de la materia pueden colocarse o inclinarse sobre otras partes materiales, y no la cosa material en su totalidad, como sucede con el entero sujeto en la reflexión. La demostración de la dación del sujeto en cuanto tal, la reflexión, resulta por ello completamente imposible desde el punto de vista esencial en un sujeto material. La forma de dación y conocimiento del sujeto en la reflexión, que para nosotros es evidente y cotidiana y subyace –aún más allá de la reflexión– al conocimiento de sí mismo, resulta por lo tanto esencialmente imposible para el ser material y requiere la totalmente heterogénea naturaleza del alma, con lo cual el sujeto de la conciencia no puede en modo alguno ser idéntico a la materia o a una de sus partes.

E. Argumentos a partir de los elementos activos de la percepción sensorial

Tanto en la percepción externa como en la denominada 'percepción interna' hallamos una serie de momentos activos que

(Routledge, Londres 1987), pp. 144ss., 176ss., 181-198, 249ss., 286ss., Cf. también los pasajes recogidos en el Index de la obra bajo las entradas 'Consciousness' y 'Constitution'. Cf. también Josef Seifert: *Leib und Seele. Ein Beitrag zur philosophischen Anthropologie* (A. Pustet, Salzburgo 1973), pp. 45ss.; id.: *Erkenntnis objektiver Wahrheit. Die Transzendenz des Menschen in der Erkenntnis* (A. Pustet, Salzburgo 1976^2), pp. 59ss., 65ss., 118ss., 212ss., 233ss., 150ss., 161ss., 203ss.

contradicen una dependencia meramente pasiva del yo consciente respecto del cerebro:

(a) ante todo, una conexión interna entre *percepciones distintas* por medio de lo que la filosofía clasica y medieval llamaba el 'sentido interno', que se puede atribuir ya a los animales en la coordinación de las percepciones individuales, y una comprensión humana de dicha unidad;

(b) seguidamente, una multitud de momentos de la percepción unificada de lo visto y oído y de su interpretación;

(c) elementos activos ulteriores, como la conversión perceptiva de la imagen del mundo –equivocada en consecuencia de la colocación de lentes– que la persona corrige después de unos días para coincidir con la vista del mundo que corresponde a la la realidad y coincide con el mundo como fue visto antes de la instalación de tales lentes que invierten el mundo percibido, o el fenómeno indagado por Libet de la *datación inversa* de sonidos tenues (que desde el punto de vista fisiológico habrían sido 'oídos después').

Ni una teoría materialista de la identidad entre mente y cerebro ni un epifenomenalismo según el cual la conciencia sería únicamente el producto y el fenómeno concomitante de procesos cerebrales, pueden explicar estos desarrollos a los que no subyace causa material alguna y no corresponde una diferencia fisiológica del aparato visual o de las dinámicas auditivas. Todo ello fundamenta sólidamente un argumento ulterior a favor de la autonomía espiritual del yo, a partir del desplazamiento visual y de la datación temporal anterior de los acontecimientos cerebrales neuronales conectados con la percepción sensorial (que el materialismo no logra explicar).

Una observación empírica particularmente interesante, a la que Eccles se refiere a menudo en este contexto, fue realizada y confirmada en experimentos de Libet y del propio Eccles. Por medio de dichos experimentos se puede demostrar que los impulsos tenues que recibe el cerebro –por ejemplo, leves sonidos de un instrumento de cuerda– precisan objetivamente de más tiempo que los impulsos más fuertes para alcanzar el nivel de excitación de los procesos neuronales y para producir en el cerebro los patrones dinámicos que resultan necesarios para una vivencia consciente; igualmente se muestra de forma unívoca que, en estos casos, la propia experiencia consciente se produce con una distancia temporal respecto de la ejecución efectiva del sonido mayor de la que media entre la vivencia consciente y un sonido fuerte producido por ese u otro instrumento. Si nuestra experiencia efectiva de la audición consciente de sonidos correspondiera con precisión a cada sucesión temporal y a cada punto cronológico en los que tales experiencias tienen lugar «objetivamente», la consecuencia sería un escuchar totalmente desfigurado, es decir, arrítmico. El ritmo proporcionado de un fragmento musical no podría ser ya objeto de experiencia, puesto que el compás y las distancias temporales entre sonidos cambiarían constantemente y quedarían desfigurados por la intensidad del sonido. Puesto que nuestra experiencia no corresponde en modo alguno a esa expectativa, se ha de asumir que tiene lugar un proceso de «datación inversa» en el que nuestra conciencia parece ubicar cronológicamente en el momento correcto un tono sutil que en realidad percibe más tarde. Quizá se podría interpretar el resultado de este experimento de modo fenomenológicamente más elaborado en el sentido de que el oyente percibe los principios configuradores del sonido (ritmo, melodía, etc.) de forma correcta, a pesar del desplazamiento temporal de su vivencia efectiva; y esto demuestra una cierta autonomía del espíritu respecto de la materia y confuta asimismo la representación de una estructura meramente pasiva de la relación entre conciencia y cerebro. El reparo de que Eccles y Libet estuviesen asumiendo aquí una «causalidad eficiente dirigida hacia el pasado» yerra el núcleo del argumento y lo interpreta en un contexto materialista.[50]

---

[50] Cf. Chris Mortensen: «Neurophysiology and Experiences», *Austl J Phil* 58 (S 1980) 250-264. Cf. otro reparo materialista que ignora la significación de este argumento e interpreta sus resultados en clave materialista en Ronald C. Hoy: «Ambiguities in the Subjective Timing of Experiences Debate», *Phil Sci* 49 (junio 1982) 254-262.

Este experimento confirma lo que otro experimento a partir de la *esfera* visual da a conocer igualmente. Cito:

> Una ilustración ulterior del modo en que el aprendizaje puede transformar la interpretación de la información visual fue proporcionada por el experimento de Stratton (1897), en el que se colocó un sistema de lentes ante el ojo de la persona de prueba mientras el otro quedaba cubierto, de modo que la imagen en la retina se invertía en relación con su posición original. Durante varios días, el mundo visible parecía haber quedado irremisiblemente patas arriba (...) sin embargo, como resultado de ocho días de esfuerzo ininterrumpido, la persona de prueba volvió a ver el mundo de la percepción visual de un modo correcto, el cual se convirtió así en una guía de la acción y del movimiento aún más fiable.[51]

Estos experimentos –más adelante repetidos y refinados en varios aspectos– nos enseñan de nuevo que nuestra conciencia no puede ser tan solo un producto pasivo de procesos cerebrales. Los elementos activos de la actividad consciente del intelecto, de la correcta coordinación, de la datación inversa e incluso de la inversión perceptiva de coordenadas que son sugeridas a la conciencia a través del efecto inmediato y directo de nuestra constitución fisiológica, son una manifestación ulterior de la vida de la conciencia, que no puede ser asimilada a los propios procesos cerebrales ni a epifenómenos pasivos dependientes del cerebro.

F. Argumentos a partir del conocimiento en cuanto tal

Para ser posible en cuanto tal, el conocimiento ha de estar determinado desde el punto de vista de su contenido por el objeto *conocido* conscientemente, y no por procesos químicos o eléctricos en el cerebro. De no ser así, el ser humano jamás podría conocer cosa alguna, tan poco como un ordenador puede juzgar la corrección o incorrección de su programa. En efecto, en tal caso el contenido

---

[51] Popper / Eccles: *The Self and Its Brain*, p. 404.

y el objeto de su conocer no dependerían ya de la existencia del objeto de conocimiento y de su relación recíproca, sino más bien de qué procesos neuronales, de índole química y eléctrica, tienen lugar. Sin dicha distinción entre una mera causa física que puede causar un dolor de cabeza, y el objeto del conocer que genera, por medio de actos y relaciones intencionales, el contenido de nuestro conocimiento, un conocimiento constituido de modo meramente material resultaría fallido y haría imposible todo conocer trascendente al sujeto, que requiere necesariamente una independencia del objeto conocido y su recepción espiritual en el acto de conocerlo y entendenderlo, un acto que depende de la naturaleza inteligible de su objeto y no de meras causas físicas que no tienen nada que ver con las esencias de las cosas inteligidas.

En el conocimiento se halla una específica *trascendencia*, un rebasar los contenidos inmanentes de la propia conciencia y un aprehender algo que existe en sí respecto del acto consciente. En el caso ideal de un *conocimiento evidente*, esta trascendencia de la persona en el conocer está dada inequívocamente – mientras que todo intento de negarla la presupone de nuevo y se contradice.[52]

En el conocer, en el pleno sentido de la palabra, se halla por eso también un *saber que sé*. Todo esto no resulta explicable, en absoluto, por medio de una causación del conocer y de su contenido desde atrás (es decir, a partir de causas materiales e irracionales).

Bajo esta suposición, el conocimiento *no* sería conocimiento, como han visto autores como Haldane o Popper. Toda pretensión de conocimiento de un materialista conduce por ello, de manera necesaria, a una auto-contradicción, puesto que pretende conocer algo que –de tener razón– no podría conocer.

---

52 Cf. Josef Seifert: *Erkenntnis objektiver Wahrheit. Die Transzendenz des Menschen in der Erkenntnis* (A. Pustet, Salzburgo 1976^2); *y el mismo autor, Wahrheit und Person. Vom Wesen der Seinswahrheit, Erkenntniswahrheit und Urteilswahrheit. De veritate – Über die Wahrheit* vol. I (Fráncfort / Paris / Ebikon / Lancaster / New Brunswick: Ontos-Verlag, 2009), cap. 2.

G. Argumentos a partir del conocimiento abstracto de cosas materiales

El conocimiento racional de la esencia abstracta de cosas materiales (como, por ejemplo, del color, que como esencialidad universal es invisible e inmaterial) no es ni un proceso material ni una percepción sensorial y por ello, con mayor razón, no puede jamás tener por sujeto una cosa material.

Resulta sin más evidente, tal y como mostró Aristóteles, que el acto de la abstracción de la materia no puede ser llevado a cabo por la materia misma; no porque el espíritu en sí *fuese* abstracto, sino porque sólo un sujeto espiritual, y no la materia, puede abstraer y conocer un universal, así como formar y entender conceptos.

H. Argumentos a partir del conocimiento de objetos inmateriales

Con mayor razón, es imposible que el conocimiento racional de la esencia de objetos inmateriales y espirituales –en los cuales, a diferencia de los colores, el ejemplar individual es incorpóreo– sea llevado a cabo por un sujeto material. Basta con que pensemos en el conocimiento de esencialidades eternas, invisibles, necesarias e inmateriales, como la esencialidad del pensamiento; de la verdad, que sólo puede ser aprehendida espiritualmente (*rectitudo sola mente perceptibilis* la definía San Anselmo)[53]; de la justicia o de valores éticos y virtudes o disvalores; del *amor*, que como todo lo importante –tal y como dice el Principito en el relato homónimo de Saint-Exupéry– es invisible e inaccesible a los sentidos.

¿Cómo podría entonces el conocimiento espiritual de objetos espirituales ser un mero producto de procesos cerebrales materiales, electroquímicos, o resultar idéntico a éstos?

---

[53] «Veritas est rectitudo mente sola perceptibilis». Anselmo de Canterbury (Aosta): *De veritate* XI, p. 191, 19-20, en *S. Anselmi Opera Omnia* (edición de Franciscus Salesius Schmitt), 2 vol., Friedrich Frommann / Günter Holzboog, Stuttgart-Bad Cannstatt 1968, vol. I, p. 175-199.

I. Un argumento a favor de la espiritualidad del sujeto a partir del conocimiento de infinitudes matemáticas

Hay aún una consideración ulterior que motiva la convicción de que el espíritu humano, de que el ser humano mismo –como Popper y Eccles afirman– es irreducible al cerebro y a los procesos neuronales. Si quisiéramos formular este argumento en el lenguaje de *Sir* Karl Popper diríamos que se trata aquí de un argumento a partir de la directa relación entre el Mundo 2 y el Mundo 3 (4).

Este argumento se apoya sobre el conocimiento de algo infinito, por ejemplo, en la demostración euclidiana de que existe una cantidad infinita de números primos. Este problema fue descubierto, formulado y resuelto por Euclides. No es sólo que su comprensión del problema y su auténtica solución estuviesen determinadas por la naturaleza de las cosas mismas (de aquello que Popper denomina Mundo 3 y que nosotros preferiblemente caracterizaremos como objetos del Mundo 4, ya que se trata de verdades eternas y de esencialidades ideales, que existen independientemente de la creación humana, y no de ese tipo de productos de los actos conscientes con los que Popper identifica el Mundo 3)[54]; nosotros podemos ir más allá incluso de esta constatación de la independencia de la vida cognoscitiva humana respecto de las determinaciones materiales del cerebro para preguntarnos, a partir de su dependencia de una verdad y de un sentido trascendentes: ¿cómo podríamos remitir al cerebro de Euclides el concepto de una lista infinita de cifras o, más aún, la comprensión del hecho de que existe una cantidad infinita de números primos, e intentar explicarlo exhaustivamente a partir de él? Popper llama brillantemente la atención sobre el dato de

[54] V. Karl R. Popper / John C. Eccles: *Das Ich und sein Gehirn* (Piper GmbH & Co. KG Verlag, Múnich 1989/1997), diálogo XI entre Popper y Eccles, pp. 645-650. Versión inglesa: Karl R. Popper / John C. Eccles: *The Self and Its Brain* (Springer-Verlag International, Berlín / Heidelberg / Londres / Nueva York 1977, impresión revisada y corregida en 1981).

hecho de que no existen modelos fisicalistas o representaciones de infinitudes potenciales fuera de las palabras o de los símbolos, que sin embargo –como símbolos, con una significación meramente conceptual, y no en cuanto trazos materiales– sólo pueden estar en relación significativa con un espíritu y sólo ante él pueden referirse a la infinitud de un modo comprensible. Por ello, no puede existir en línea de principio una correlación exacta entre espíritu y cerebro.

J. Un argumento a partir de la atención

Hay aún otro argumento tomado de la esfera cognoscitiva a favor de la distinción entre el espíritu y el cuerpo viviente y de su activa influencia sobre el cuerpo.

Nuestra vida consciente es algo más que una serie de experiencias recíprocamente independientes y de asociaciones que se suceden unas a otras como en un sueño. En el cerebro, en cambio, encontramos precisamente una pluralidad de patrones dinámicos modulares, no integrados y no sintetizados. Ninguna fuerza cerebral inmanente parece poder explicar qué constituye la atención. ¿Qué módulos cerebrales *potencialmente* abiertos son activados y han de ser «abiertos» *de hecho*? ¿Qué cosas son elegidas y qué procesos neuronales vienen ejecutados, sobre la base de la atención, cuando estamos expuestos a diversas influencias del mundo exterior y del cerebro? ¿Cómo se explica, por ejemplo, que un escolar pueda seguir adecuadamente la explicación y los pensamientos de su maestro y que no sean solicitados centenares de otros posibles candidatos percibidos, imaginados, pensados, u otros acontecimientos neuronales?

Así pues, el enlace entre la experiencia del prestar atención y la observación empírica del cerebro indica de nuevo que la fuerza unificadora y activadora que conduce a la producción de la atención halla su raíz en el núcleo libre y en la vida propia del espíritu, como en algo que respecto del cerebro es radicalmente trascendente e inexplicable por los datos sensibles.

K. Argumento a partir de la fantasía y el recuerdo

En la representación y el recuerdo no encontramos sólo esa relación entre sujeto y objeto (intencionalidad) que –menos aún que las vivencias conscientes en general– no puede tener una cosa material por sujeto. Tanto en la representación como en el recuerdo llegamos a rebasar ese tipo de ligazón a un lugar y a un tiempo determinados que ata a toda materia y sin la cual incluso la percepción sensorial humana resulta imposible, puesto que está siempre próxima al lugar en el que sus objetos se encuentran en el espacio y, por supuesto, al tiempo en que éstos se hallan. En cambio, el sujeto personal y consciente puede trascender ese marco temporal y espacial por medio del recuerdo y de la representación así como de la fantasía, de modo intencional y con un cierto grado de libertad; puede retrotraerse al pasado, anticipar el futuro y hacerse con objetos que en modo alguno se hallan espacial o temporalmente presentes, pero que el ser humano puede traer a colación, actualizar en cierto modo o incluso representarse en su fantasía – todas ellas, cosas que resultan imposibles a algo material e incluso al cerebro, así como al sujeto sensorialmente perceptivo: permanece completamente replegado en sí mismo, en el tiempo y el espacio propios que ocupa, y no puede dirigirse al pasado ni al futuro, por mucho que los signos lingüísticos o los informes computacionales puedan estar referidos a uno o a otro – posibilidad que sólo se realiza en un modo accesible a las personas. No precisamos profundizar ulteriormente en la plétora de fenómenos que trascienden tiempo y espacio para aprehender el punto esencial: a saber, que sólo a un ser espiritual le resulta posible abandonar el propio lugar espacial y el propio tiempo.[55]

[55] Cf. Edmund Husserl: *Zur Phänomenologie des inneren Zeitbewußtseins* (1893-1917), *Husserliana* 10 (Rudolf Boehm, ed.), Nijhoff, La Haya 1969.

L. 'Distensio animae', retención y protensión, características esenciales del espíritu, imposibles en el cosmos material y en el cerebro

Ese fenómeno que Agustín denonima *distentio animae*, una cierta «extensión» del alma por encima del momento presente, y con el cual caracteriza una particular autotrascendencia temporal que se despliega claramente a partir del recuerdo y de la representación[56], ha sido investigado en mayor profundidad por Husserl en la forma de la *retención* y de la *protensión* (del mantener actual del «apenas transcurrido» en el presente y del «futuro anticipado de forma inmediata en cuanto tal»).[57] Se trata de modos de trascender el tiempo que no pueden ser explicados por proceso material alguno (posible o pensable) y que se orientan a una particular actualización, a un «mantener actual» el pasado inmediato o a un «aferrarlo en el horizonte del presente», así como a una anticipación del inmediato futuro; una cosa material es evidentemente incapaz de ambos fenómenos, ya que ésta no se puede desligar de ese modo –aunque fuese sólo intencionalmente– de su espacio y tiempo propios (puesto que se halla «presa» y por decirlo así «enclaustrada» en ellos).

5. Argumentos a partir de la libertad y de la autodeterminación

A. Un argumento desde la libertad en cuanto tal

Aristóteles describe acertadamente la libertad como señorío sobre el ser o no ser de los propios actos: «Puesto que él [el ser humano] es

[56] Cf. Ludger Hölscher: *The Reality of the Mind. St. Augustine's Arguments for the Human Soul as Spiritual Substance* (Routledge and Kegan Paul, Londres 1986); *Die Realität des Geistes. Eine Darstellung und phänomenologische Neubegründung der Argumente Augustins für die geistige Substantialität der Seele* (Universitätsverlag C. Winter, Heidelberg 1999).

[57] Cf. Edmund Husserl: *Zur Phänomenologie des inneren Zeitbewußtseins* (1893-1917), *Husserliana* 10, ed. por Rudolf Boehm (Nijhoff, La Haya 1969); *The Phenomenology of Internal Time Consciousness*, ed. por Martin Heidegger, trad. por James S. Churchill, introd. a cargo de Calvin O. Schrag (Indiana University Press, Bloomington / Londres 1971, 4ª reimpresión). Cf. también Donald Ferrari: *Consciousness in Time* (ed. por Melanie Ferrari, Universitätsverlag Winter, Heidelberg 2001).

dueño sobre el ser y el no ser de ellas [sus acciones]».[58] Difícilmente hubiera podido afirmar la libertad en un modo más tajante que en este texto; aun así, en otros pasajes califica la libertad como «el primer principio», «la causa» y «el señor de la acción».[59]

Ahora bien, la libertad en cuanto tal y la autodeterminación del sujeto, así como la libre toma de posición de un interior 'sí' o 'no' frente a bienes y valores por lo que respecta al objeto, serían absolutamente imposibles si el espíritu consistiese sólo en materia o en efectos de ésta. ¡Y, sin embargo, sabemos indudablemente de nuestra libertad! Así pues, existe el espíritu (el alma).

Al hilo de la solemne promesa de defender el materialismo hasta el final de la propia vida, realizada por Helmholtz y otros dos amigos materialistas, Hans Jonas señala brillantemente hasta qué punto una tal promesa resulta contradictoria cuando no se cree en el poder del espíritu –y, por lo tanto, en la libertad, que es la única que permite mantener una promesa– o bien no se reconoce su existencia, sino que se considera que son meras causas químicas o eléctricas (determinadas desde el inicio del mundo) las que determinan desde fuera nuestro actuar. En este caso, sería absurdo hacer una promesa e imposible mantenerla o romperla. Así pues, haciéndose mutuamente esta promesa y entrando en este pacto y guardando fielmente este juramento, los tres materialistas no solamente se contradijeron sino que demostraron poseer un saber prefilosófico de su libre voluntad e implícito de la falsedad de su determinismo materialista.[60]

---

58 Aristoteles: *Ética a Nicómaco* II.vi.8-9; 1223 a 3ss. (*hoon ge kurios esti tou einai kai tou mee einai*).

59 Cf. también Aristoteles: *Ética a Nicómaco* III; *Magna Moralia* 87 b 31ss., especialmente 89 b 6ss.

60 Cf. Hans Jonas: *Macht oder Ohnmacht der Subjektivität? Das Leib-Seele-Problem im Vorfeld des Prinzips Verantwortung* (Fráncfort del Meno 1981).

B. Argumentos para la realidad del espíritu a partir del libre poder sobre el propio cuerpo

Si el alma fuese sólo una armonía o un efecto de la materia, sería totalmente dependiente del cuerpo y completamente pasiva. Ahora bien, en tal caso resultaría absolutamente inexplicable su poder –grande aunque limitado– sobre el cuerpo.

En similar modo argumenta el Sócrates platónico contra la posición pitagórica (según la cual el espíritu es un efecto de la materia), cuando apunta al rol activo que desempeña el espíritu a la hora de comandar al cuerpo y de influir sobre él:

> —¿Y qué? –prosiguió Sócrates–. Entre todas las cosas que hay en el hombre, ¿es posible que digas que sea otra que el alma la que mande, sobre todo si es sensata? (...) Quiero decir lo siguiente: por ejemplo, el que cuando se tiene calor y sed nos arrastre hacia lo contrario, a no beber, y cuando se tiene hambre a no comer, y otros mil casos similares, en los que vemos al alma oponerse a los apetitos del cuerpo. ¿No es verdad?
>
> —Completamente.
>
> —Pero, ¿no hemos convenido, por el contrario, en nuestros argumentos anteriores, que nunca, al menos en el caso de que sea armonía, cantaría en sentido contrario a las tensiones, relajamientos, vibraciones, y cualquier otra afección que experimentaran los elementos con los que estaba constituida, sino que los seguía y nunca podía guiarlos?
>
> —Lo convenimos –respondió–. ¡Cómo no!
>
> —¿Entonces, qué? ¿No se nos muestra ahora realizando todo lo contrario? Guía a todos esos elementos con los que se dice que está compuesta; poco le falta para oponerse a todos durante toda la vida; es dueña y señora en todos sus modales: reprime unas cosas, las que entran en el campo de la gimnástica y de la medicina, con excesivo rigor y por medio de sufrimientos; otras, en cambio, con más blandura, en parte con amenazas, en parte con consejos; en fin, conversa con los deseos, las cóleras y los temores, como si ella fuera diferente y se tratara de otros seres. Más o menos tal y como lo describe Homero en la *Odisea*, donde dice de Ulises: *Y golpeándose el pecho reprendió a su corazón con estas palabras: / Aguanta, corazón, que cosa aún más perra antaño soportaste*. ¿Crees, acaso, que el poeta compuso estos versos con la idea de que el alma es armonía y susceptible de ser conducida

> por las afecciones del cuerpo, y no en la de que es capaz de guiarlas y domeñarlas como cosa que es excesivamente divina para ser comparada con una simple armonía? [61]

Los límites de tal poder sobre el cuerpo no pueden tampoco refutar esta consideración, siempre que se distinga entre el cuerpo como *condición* y como *causa* del libre actuar. El hecho de que *no podamos actuar libremente sin un cerebro que funciona* no quiere decir que *el cerebro produzca esas acciones*. El cerebro puede ser perfectamente la *condición* de las acciones (libres), nunca su *causa*.

6. La más elevada naturaleza sustancial del sujeto personal como prueba de la espiritualidad del alma

A. La persona es sustancia y posee las características específicas de la sustancia en un modo más perfecto de lo que sería pensable y posible en la materia

Si tomamos en consideración los rasgos específicos que caracterizan al ser en sentido propio (la sustancia), cuyo descubrimiento constituye una de las más imponentes prestaciones filosóficas –que hemos de agradecer a Aristóteles–, encontramos que ésta se realiza en la persona de un modo en principio más elevado de lo que pueda hallarse en cualquier sustancia material, y que esta forma más elevada del ser-sustancia prueba la espiritualidad del alma.

B. Forma más elevada del subsistir-en-sí-mismo (frente al 'adherir a otra cosa'):

La primera característica esencial de la sustancia es que no adhiere a otra cosa cualquiera como propiedad suya sino que subsiste en sí misma, que es en sí en lugar de poseer su ser sólo en algo distinto de sí. Esta *inseitas*, el *ser en sí* (carácter propio del sujeto) de la persona es una realización del ser sustancia y del subsistir en el propio

[61] Platón: *Fedón* 94b-6 [N. del T.: traducción castellana de Luis Gil Fernández: *Fedón*, Alianza Editorial, Madrid 1995, pp. 99-100]. Cf. también id., 47ass.

ser –denominada por Aristóteles 'sustancia' o *hypostasis*– mucho más genuina de lo que le pueda ser posible a la materia. Este subsistir en sí misma de la sustancia (del sujeto), en oposición al mero «ser en otro» de los accidentes, encuentra en la persona una realización completamente nueva e incomparablemente más auténtica que en cualquier cosa material – que carece tanto de la interior unidad última del «ser *este* sujeto» como del más elevado carácter sustancial que caracterizamos como sujeto personal. Dicha forma superior del ser sustancia incluye que la persona sustancial no sólo posee accidentes sino que puede obrar de manera activa.

C. Superior individualidad

La individualidad es una característica esencial de toda sustancia material o viviente. Con todo, y a causa de una serie de motivos, este rasgo de la sustancia se da por excelencia en la persona de modo mucho más profundo que en una cosa no personal: en virtud de su conciencia y de su libre ser espiritual, de su capacidad de amar, de experimentar felicidad o incertidumbre, la persona es una y única en un sentido muy superior a lo que puedan ser el cerebro o la materia:

- porque la persona es un sujeto simple (en terminología leibniziana, una mónada);
- por razón de su más profunda delimitación respecto de su entorno (del cual jamás puede ser una mera parte);
- porque es un «éste/ésta-aquí» absolutamente único/única, sólo experimentable en un *ecce homo*;
- porque la individualidad de la persona se muestra también infinitamente más profunda a través de la experiencia propia de cada sujeto, único en cada caso (Hopkins ha expresado esto hondamente en sus textos poéticos cuando habla del inconfundible *sabor* de cada persona);
- porque la persona es también individuo en un sentido totalmente nuevo, puesto que se trata de un sujeto de vivencias y de acciones (libres) de las que asume responsabilidad.

D. Duradera (y en cuanto tal experimentable) identidad como sujeto

Sólo podemos mencionar aquí el hecho de que esta identidad personal –pese a lo que sostienen Hume y Parsons[62]– dura unívocamente a lo largo de toda la vida de la persona y de que, por ello, se distingue radicalmente de ese ser-en-el-tiempo que Heráclito ilustra por medio de las imágenes del río (que nunca sigue siendo el mismo) y de la llama (siempre consumiéndose y siempre naciendo de nuevo). Esta *duradera identidad esencial, sustancial y existencial de la persona* no puede ser explicada tampoco teniendo en cuenta la multiplicidad de células corporales en continua renovación.

E. La unidad interna de las características de la sustancia en la persona descuella incomparablemente por encima de cualquier cosa material

La persona es sustancia en un sentido muy superior a cualquier otro ser también porque las características de la sustancia se hallan en ella unificadas en lo más íntimo, mientras que en las cosas materiales están conectadas en un modo ampliamente disociado y, cuando menos, laxo.

Se cancela así, en el sujeto personal y simple, toda separación entre materia y forma: para fundamentar esto con mayor profundidad se debería indicar asimismo cómo el alma humana posee una individualidad interna e intrínseca –que no resulta explicable por medio de la *materia prima quantitate signata* ni, como sostiene Buenaventura, puede consistir en forma más alta en una «materia espiritual»– y que el sentido en el que cada alma única es espiritual difiere radicalmente del modo en el que pueda serlo un universal.

El sujeto simple y sustancial es también él mismo un individuo, y no viene constituido en cuanto tal –a diferencia de un pedazo de materia– al desgajarse de una masa más grande o por medio de una forma exterior.

---

[62] Cf. Terence Parsons: *Indeterminate Identity: Metaphysics and Semantics* (Clarendon Press, Oxford 2000).

De igual modo, en este caso es la sustancia misma la que dura –y no sólo, como sucede en la cosa material o en el cuerpo viviente (en el que todas las células se renuevan cada siete años), su forma, su sentido o finalidad o una serie de momentos externos a ella. *Ella misma* está delimitada respecto de todo lo demás.

Todas estas características brotan de la misma fuente.

Incluso Kant, que en virtud de su subjetivista doctrina de las categorías realmente no estaría legitimado para aplicar al alma la categoría de sustancia –cosa que excluye además, de forma explícita, en la sección sobre los paralogismos de la razón pura[63]–, ve con claridad el específico carácter sustancial de la persona, aún en los años ochenta del siglo XVIII y tras la aparición de la *Crítica de la razón pura*, aunque en contradicción con ésta. Tal substancialidad es tan profunda e importante que Kant la reconoce espontáneamente, incluso mucho tiempo después de la primera *Crítica*, cuando escribe lo siguiente:

> Sin embargo, del alma reconozco
>
> (1) Que ha de ser una sustancia; o: yo soy una sustancia. El yo significa el sujeto, en la medida en que no es predicado alguno de otra cosa. Aquello que no es predicado de otra cosa, es una sustancia.
>
> El yo es el (...) sujeto de todo predicado, de todo pensamiento, de todas las acciones (...) No se trata, pues, en absoluto de que el yo fuese un predicado de otra cosa. No puedo ser el predicado de otra entidad; a mí me corresponden, en efecto, predicados; únicamente el yo no puedo predicarlo de otra cosa, no puedo decir: otro ser es el yo. En consecuencia el yo, o el alma –que viene a ser expresada por medio del yo–, es una sustancia.[64]

---

[63] Immanuel Kant: *Kritik der reinen Vernunft*, en *Kants Werke*, edición canónica de la Academia Prusiana de Ciencias (Walter de Gruyter & Co., Berlín 1968), vol. III, A 341ss., B 410ss.

[64] Id.: *Vorlesungen über die Metaphysik* (lecciones sobre metafísica, recogidas por Pölitz), PM 201-202.

II. El argumento personalista como culmen de la prueba causal y teleológica de la existencia de Dios

Si se considera la naturaleza espiritual del alma humana y, a la vez, su contingencia –tanto concerniente a su existencia no necesaria como relativa a su esencia limitada, que posee igualmente fronteras no necesarias– y se dirige la mirada del espíritu a su comienzo temporal, compartido con cualquier otro ser en el tiempo –que no puede haber durado de forma actualmente infinita–, resulta evidente que el alma humana requiere una causa que la haya producido y creado, y es igualmente evidente que sólo un espíritu (y no materia alguna) puede haber creado el alma humana. Como irrepetible ser-en-el-tiempo, cada alma humana no ha existido durante una eternidad y presupone por tanto un ser eterno como su causa. Y cuando tomamos en consideración desde dentro su naturaleza espiritual y su libertad, resalta con certeza última el hecho de que su causa no puede residir ya sólo en la materia o en un animal, como tampoco en el alma humana de los progenitores, que ni pueden producir un ser único, vivo, espiritual y libre ni pueden dividirse en dos personas; en cambio, sólo un ser libre, espiritual y completamente distinto de los demás seres del mundo puede haber producido y creado el alma humana desde la nada que le precedió durante una eternidad.

Expresado de manera aún más precisa: resulta evidente –sobre todo, cuando tomamos en consideración la libertad y la naturaleza espiritual de la persona humana– que sólo un ser sin comienzo y eterno, necesariamente existente, espiritual y *omnipotente* puede ser su causa, como Sören Kierkegaard ha formulado con admirable profundidad. De modo incomparablemente más claro que como artífice de la Naturaleza no personal (inerte y viviente), en cuanto causa de las personas humanas Dios debe ser espíritu y poderoso –más aún, todopoderoso– para haber creado no sólo las cosas materiales sino también el alma espiritual humana, invisible y dotada de razón y libre albedrío, cosa que no podría llevar a cabo ninguna modificación (planeada u ocasional) de cosas materiales, del cerebro o de tejidos biológicos, y que no podría hacer de modo más plausible en ningún lejano sentido mitológico. Todo ello se deriva de la esencial e insuperable diferencia entre espíritu y materia, recién expuesta, y de los argumentos basados sobre el conocimiento y la libertad de las personas humanas.[65]

De manera necesaria y aún más clara –y además de creador de cualquier cosa material, contingentemente existente–, Dios ha de ser él mismo un ser personal, libre y omnipotente, para crear un ser *libre* y personal (el hombre).

Este argumento causal-personalista relativo a la existencia de Dios halla una impresionante expresión en la filosofía rusa, especialmente en Simon Frank. Este autor explica cómo el ser humano, que no puede tener el fundamento de su ser ni en el mundo externo ni en su propia alma, sabe al mismo tiempo que gracias a su ser personal sobrepasa a todo ser externo-material en «profundidad, originariedad y significado». Esta «superioridad mundana del ser personal», que en el ser humano se conecta con la «carencia de un fundamento del ser» en sí mismo y con el más elevado valor en el Universo, no puede ser explicada partiendo del azar o de la materia. «La percepción de la realidad de Dios se encuentra dada de forma inmanente en la percepción de mi ser como persona, en la medida en que, cuando reconozco mi ser y esencia en cuanto radicalmente distintos de toda realidad objetiva, los reconozco a la vez como insuficientes, imperfectos y carentes de plenitud,

---

[65] Cf. al respecto Ludger Hölscher: *The Reality of the Mind. St. Augustine's Arguments for the Human Soul as Spiritual Substance* (Routledge and Kegan Paul, Londres 1986); *Die Realität des Geistes. Eine Darstellung und phänomenologische Neubegründung der Argumente Augustins für die geistige Substantialität der Seele* (Universitätsverlag C. Winter, Heidelberg 1999). Cf. también Josef Seifert: *Leib und Seele. Ein Beitrag zur philosophischen Anthropologie* (A. Pustet, Salzburgo 1973); *Das Leib-Seele Problem und die gegenwärtige philosophische Diskussion. Eine kritisch-systematische Analyse* (Wissenschaftliche Buchgesellschaft, Darmstadt 1989²); *What is Life? On the Originality, Irreducibility and Value of Life* (VIBS: Value Inquiry Book Series, ed. por Robert Ginsberg, vol. 51 / CEVS: Central European Value Studies, ed. por H.G. Callaway, Rodopi, Ámsterdam 1997), caps. 3-4.

estabilidad y fundamentación interna en su mera esencia inmanente. (…) En la ideal contemplación interna de la realidad, la imperfección, finitud y deficiencia con las que poseo ese más profundo y elevado principio del ser, incondicionadamente pleno de valor, muestra abiertamente la realidad de una persona absoluta que me supera o de un absoluto fundamento originario del principio personal».[66]

Este absoluto «fundamento originario» del ser personal humano se desvela –de forma aún más evidente que en la causa del apersonal cosmos– como infinito y todopoderoso. Y precisamente una causa omnipotente del alma humana no significa –a pesar de lo que pudiera parecer a primera vista– la destrucción de la libertad de ésta, sino su única posible causa y garantía. A propósito del enigma de cómo pueda existir la libertad en un ser producido por una causa eficiente, Søren Kierkegaard lo ha expresado maravillosamente:

> Lo máximo que se puede hacer por un ser, lo máximo a lo cual se lo puede llevar, es hacerlo libre. Justamente para esto se precisa la omnipotencia, para llevarlo a cabo. Esto parece insólito, ya que la omnipotencia parece precisamente hacer dependiente. Pero si se quiere pensar la omnipotencia, se verá que en ella se halla la determinación de poderse retirar en la expresión de sí misma, de tal manera que precisamente por este medio lo que a través de la omnipotencia ha llegado a ser se hace independiente. (...) Todo poder finito hace dependiente; sólo la omnipotencia puede hacer independiente, sacar de la nada lo que sólo tiene consistencia porque la omnipotencia continuamente «se retira» (...) sin abandonar no obstante lo más mínimo de su poder (...) Esto es lo incomprensible: que la omnipotencia no sólo produzca lo más imponente de todo, la totalidad visible del mundo, sino que pueda generar lo más frágil de todo, un ser independiente de la omnipotencia: que, pues, la omnipotencia, que con su mano poderosa puede imponerse tan pesadamente sobre el mundo, se pueda hacer a la vez tan ligera que lo que ha llegado a ser obtenga independencia.
>
> Es sólo una representación miserable y mundana del (...) poder la de que, cuanto más grande éste se hace, más puede subyugar y hacer dependiente.[67]

---

66 Cf. Simon Ludvigovich Frank: *Das Unergründliche. Ontologische Einführung in die Philosophie der Religion*, editado y prologado por Alexander Haardt (Karl Alber, Friburgo / Múnich 1995).

67 Søren Kierkegaard: *Papeles*, VII, I, 141.

Así pues, en esta parte «causal-teleológica» de la prueba personalista se aborda la especificidad de la esencia del ser personal, sólo para a la vez poner de relieve su causa y aquello que de Dios se revela en cuanto causa del contingente ser personal. Se reconoce aquí a Dios, pues, como autor, causa y creador del ser y del sentido personales. De esta manera, el argumento causal-personalista (nuestra quinta vía) es el camino causal-teleológico más elevado y, en línea de principio, una nueva vía en el conocimiento de Dios, en la medida en que reconoce la causa de un ser espiritual y libre – por lo tanto, de forma personalista y no meramente «cosmológica».

No obstante, esta argumentación permanece en cierto sentido en el marco de la prueba causal y del argumento teleológico y no resulta tan radicalmente nueva como las pruebas personalistas en sentido estricto, a las que pretendemos dirigirnos ahora y que podemos caracterizar como sexta vía del conocimiento de Dios a partir del mundo.

Capítulo 5
PRUEBAS PERSONALISTAS A PARTIR DEL ORDEN MORAL. LA «SEXTA VÍA» DEL CONOCIMIENTO DE DIOS A PARTIR DEL MUNDO

I. Particularidades de la prueba teleológica específicamente personalista o «sexta vía»: prueba de la existencia de Dios, experiencia de Dios, revelación natural de Dios

Hay vías personalistas del conocimiento de Dios aún más profundas, más ricas en contenido e incomparablemente más elevadas por encima de las meramente cosmológicas. En ellas Dios no viene reconocido sólo como causa omnipotente del ser y del sentido personal y libre, como sucede en nuestra quinta vía (que contemporáneamente constituye la nueva variante personalista de la prueba teleológica). Las vías aún más específicas del conocimiento de Dios, que van a ser tomadas en consideración en lo que sigue, tienen en cambio un fundamento de prueba completamente novedoso en la persona humana, fundamento que no aparece en todo el cosmos apersonal –a pesar de su plenitud de ser y ordenación teleológica– o a lo sumo lo hace en un planteamiento débil. En efecto, dicho fundamento no se encuentra ya en el *mirandum*, en el «milagro» siempre digno de admiración del alma humana y de la persona en general –que excede al cosmos entero en sentido y valor– en cuanto en él se busca sólo el origen y creador del espíritu humano (como en la «quinta vía»).

El punto de partida de los siguientes argumentos –que, en virtud de su carácter global, y a pesar de su gran diferencia por separado, caracterizaré como sexta vía del conocimiento de Dios a partir del mundo– se abre exclusivamente en la indagación de la esencia y el objeto de los actos personales y de las dimensiones de la existencia. Su nuevo fundamento se halla en la pura consideración de los objetos y del sentido de los actos personales y en su ordenación personal a Dios, inseparablemente ligada a su sentido y esencia. Mientras que Kant, que ha aportado extraordinarias contribuciones para el desarrollo de estos argumentos, los apunta sólo como fuente de *postulados* subjetivos de la razón práctica –y, por lo tanto, como asunción no demostrable de la existencia de Dios (así como de la inmortalidad y de la libertad)–, que resultan necesarios a efectos prácticos y morales, nosotros esperamos poder mostrar que estas pruebas personalistas no están menos fundamentadas objetivamente, en la esencia de las cosas y de los valores y en sí mismas, que los argumentos cosmológicos y que, por ello, nos proporcionan conocimiento objetivo-teorético de Dios.

Alguien podría poner en tela de juicio lo específico y novedoso de estos argumentos personalistas y afirmar que podrían ser derivados de un principio general y ya aplicable a la investigación de la Naturaleza, formulado por primera vez por Aristóteles: «Dios y la Naturaleza no hacen nada en vano», y que caerían por ello bajo la *quinta via* de Tomás de Aquino.[68]

Sobre la base de este principio, que descansa sobre la observación reflexiva de la Naturaleza, se podría obtener una buena fundamentación de su aplicación al ser humano, puesto que el hombre no sería tampoco otra cosa que una parte de la Naturaleza. Si, por ello, el denominado 'principio aristotélico' de la concienzuda observación

[68] *Ho theos kai hê physis ouden matên poiousin*. Cf. Aristóteles: *De coelo* I, 2, 4; *De anima* III, 12, 434a 31; *De part. anim.* I, 1. *Henekai tou gar panta hyparchei ta physei, ê symptômata estai tôn heneka tou* (*De anima* III 12, 434a 31). Esta tesis aparece a menudo en Aristóteles; en numerosos pasajes, sin conexión con Dios, sino como mero principio de filosofía natural o como resultado de su creciente ocupación con investigaciones en filosofía de la Naturaleza. Cf. también *Pol.* I 2, 1253a9.

de la Naturaleza (emparentado con el principio leibniziano de razón suficiente) hubiera de brotar no ya de la pura especulación filosófica y abstracta o de construcciones completamente *a priori*, sino que obtuviese su justificación del conocimiento y observación *a posteriori* del mundo, y guiase no sólo las ciencias biológicas y médicas, sino que hallase una múltiple confirmación empírica por medio de sus resultados experimentales, el mismo principio sería aplicable también a la personal ordenación a fines y a la orientación teleológica del hombre a Dios. De ello se podría concluir, según el mismo principio, que Dios habría de existir realmente como punto de referencia del ámbito moral –y de muchos otros ámbitos– de la existencia humana.

Puesto que en la entera Naturaleza nada es en vano o carece de fundamento, tampoco podría ser inútil o vana una orientación similar, finalizada y plena de sentido, del ser humano a Dios. A ello se podría añadir: tal y como el médico puede explicar y entender la función de cada órgano de nuestro cuerpo y otros elementos y procesos en el mundo fisiológico sólo bajo la presuposición de este principio –que nada existe en la Naturaleza «en vano», es decir, sin su correspondiente plenitud de finalidad o de sentido–, del mismo modo podríamos también extender, con toda naturalidad, el mismo principio de la Naturaleza a la estructura psíquica y espiritual del ser humano, motivo por el cual no se hallaría nada radicalmente nuevo en las pruebas teleológicas específicamente personales de la existencia de Dios. En otras palabras: dado que en la entera Naturaleza no hay orientación teleológica a fines que sea en vano, en una especie de razonamiento análogo se podría concluir que la significativa orientación de la persona humana hacia Dios no puede ser en vano. Por ello, Dios, a quien la persona humana está orientada en muchos de sus actos, debe de existir. Ahora bien, entonces estas pruebas personalistas se apoyarían completamente sobre el ya citado principio (que es tanto metafísico como filosófico-natural) y en relación con él no ofrecerían nada nuevo.

Con todo, en la dirección de la crítica popperiana de la inducción se podría plantear la pregunta sobre si en las pruebas teleológicas a partir de la Naturaleza no se solapa una cierta *petitio principii*: afirmar la plenitud de sentido de la *entera* Naturaleza y no sólo de partes concretas de ésta que pudieran ser observadas conduciría de suyo a aceptar la existencia de Dios; así pues, en este argumento se presupondría de antemano la existencia de Dios. Este reparo no afecta, ciertamente, a la constatación de innumerables conexiones y aspectos teleológicos en la Naturaleza, puesto que el sentido y la finalidad de muchos hechos y tendencias biológicas así como su realización se hallan a la mano y son observables. A partir exclusivamente de la constatación de los casos de hecho en los que se aprecia configuraciones naturales de sentido y de la realización de los más variados fines naturales, como que cada órgano tenga su función y cada ser vivo encuentre su correspondiente alimento, se concluye la existencia de un sumo y sabio creador. Se puede considerar todos estos indicios de sentido y su hallazgo como insuficientes para una prueba de la existencia de Dios (o, incluso, para una prueba de la verdad universal de que en la Naturaleza nada sucede en vano), puesto que nadie ha observado el cosmos en su totalidad y porque hay también mal, que sobre la base del pesimismo metafísico de un Schopenhauer o de un Voltaire se podría explicar como signo del poder de una voluntad maligna universal; ahora bien, en ningún caso se presupone en las pruebas natural-teleológicas la existencia de Dios para afirmar después que en la Naturaleza –en la medida en que se la conoce– nada sucede en vano, sino que aquélla se deduce de la constatación empírica de esto, así como de su explicación filosófica como evidencia a favor de una causa sumamente inteligente del cosmos que nada ha hecho «en vano» (es decir, sin objeto y finalidad).

No obstante, la afirmación de la significatividad de la múltiple orientación del ser humano a Dios como argumento a favor de la existencia divina parecería plantear, en realidad, una *petitio principii*, una argumentación circular. En efecto, no resulta posible observar y mostrar como de hecho existente esta tendencia teleológica –tal y como sucede en la Naturaleza–, sino que ella misma ha de ser deducida de casos heterogéneos de conexiones teleológicas naturales. Ahora bien, no se debería presuponer en la argumentación el sentido y la plenitud de la humana aspiración respecto de Dios –así razonan los críticos del argumento– sólo porque se den casos (de muy otra índole) en los cuales resulta patente un cumplimiento de inclinaciones y tendencias o porque en la Naturaleza no sucede manifiestamente nada en vano.

¿Sobre qué base se habrá de concluir –y cómo se deducirá– que esto haya de suceder también, mucho más allá de toda conexión natural, en el ámbito metafísico de la ordenación del ser humano a Dios? Decididamente también el ateo Sigmund Freud –quien tenía a Dios, la religión y la inmortalidad por inextirpables ilusiones humanas– reconoció, anclado en la profundidad del inconsciente, un anhelo de Dios del cual no concluyó –como tampoco lo hizo Nietzsche– que no fuese vano y absurdo sino que tuviese que ser plenificado en el Dios real; al contrario, interpretó que esta representación de Dios era una ilusión.[69] Así pues, ¿con qué derecho intelectual podemos plantear un presupuesto como el anterior o sostener la afirmación de la existencia de Dios sobre la base de la teleología natural?

A esto objetaría de dos modos. En primer lugar, el dato de hecho de que el cumplimiento de las tendencias orientadas a Dios no puede ser corroborada empíricamente, como la teleología natural, y de que ambas son muy distintas entre sí, no justifica el rechazo de la citada conclusión analógica. En efecto, para poner a prueba y establecer la justificación o arbitrariedad de un razonamiento por analogía se debe analizar cuidadosamente el caso correspondiente; y es que cuando las conclusiones analógicas se basan sobre

69 Sigmund Freud: *Die Zukunft einer Illusion* (1927).

analogías falsas, superficiales o engañosas carecen de valor, pero en otros casos resultan plenamente justificadas. En nuestro caso, parece que el siguiente razonamiento posee una sólida fundamentación: cuando incluso en la Naturaleza más simple nada sucede en vano y hay a mano un abrumador material empírico de prueba en este sentido –de que el creador del mundo ha ordenado todo con bondad y sabiduría e incluso la necesidad de alimento de las lombrices de tierra es saciada–, entonces podemos presuponer esto mismo, con mayor razón, en el caso de las personas, cuyo más elevado ser e incomparable valor hace sensato admitir que aquí reine este mismo orden de sentido. Encontramos, pues, dos pensamientos entrecruzados: la verdad constatable de que nada en la Naturaleza sucede en vano es tomada como argumento a favor de que también en la naturaleza del ser humano –y en aquellos ámbitos en los que esto escapa a nuestra corroboración empírica– las cosas más importantes no pueden ser en vano. Desde el primer paso (la constatación del acierto del principio aristotélico de que nada sucede en vano en la Naturaleza) se concluye implícitamente, con toda naturalidad, la existencia de un origen inteligente del mundo –de ahí que Aristóteles afirme también que «Dios y la Naturaleza» no hacen nada en vano)– y se argumenta ulteriormente que este cosmos ordenado no puede ser un caos absurdo en su punto más valioso, la múltiple ordenación humana a Dios. Parece que éste es un argumento sólido, si no concluyente incluso.

En segundo lugar, replicaría a la objeción como sigue: aunque pueden ser defendidas legítimamente sobre la base del principio general de que «en la Naturaleza no sucede nada en vano», las pruebas teleológico-personalistas no se hallan construidas primariamente sobre tales inferencias analógicas, como si considerasen al ser humano como una mera parte de la Naturaleza y como si la teleología natural fuese el primer analogado a partir del cual se debería desplegar las pruebas personalistas de la existencia de Dios.

En neto contraste con la opinión de que las pruebas personalistas de la sexta vía pueden ser remitidas a la teleología natural por medio de una tal inferencia analógica, y rechazando también la objeción de que las pruebas teleológico-personalistas de la existencia de Dios caen en una *petitio principii*, argumentaré más bien que dichas pruebas, objeto de este capítulo, no descansan simplemente sobre la base de observaciones empíricas de la Naturaleza, que de hecho confirman de múltiples maneras la declaración aristotélica –lo cual sería una argumentación aquí no tratada ulteriormente por nosotros (otro «camino» consistente en una extensión a la persona de la *quinta via* cosmológica de Tomás de Aquino)–, sino que reposan sobre un conocimiento de otra índole, esencialmente distinto y más elevado: a saber, que muchos actos personales y constitutivos del ser persona y otras realidades personales (como la conciencia, que no es ya un acto) en última instancia sólo pueden tener como su objeto esencialmente necesario, su meta o su garante de sentido única y exclusivamente a Dios. No se trata, pues, de meros datos empíricos, como el asombroso dato de hecho –ensalzado por los salmos– de que al hambre de cada ser vivo corresponda un alimento que existe igualmente en la Naturaleza y que sacia a todas las criaturas de la Tierra.

La orientación personal a Dios se distingue radicalmente, al menos desde tres puntos de vista, de la teleología natural:

En primer lugar, se trata aquí más bien de una «teleología» objetiva y, a la vez, articulada sobre la base de la conciencia, que encierra relaciones mucho más profundas que las configuraciones biológicas de sentido, la vida o las relaciones ordenadas de medios a fines.

En segundo lugar, el «objetivo» y, a la vez, el objeto intencional último de esta *teleología personal* es Dios y no objeto finito alguno como los medios de subsistencia.

En tercer lugar, la ordenación a Dios no pertenece meramente a la naturaleza humana contingente (aun llena de sentido) –como sucede, en cambio, con su necesidad de un cierto alimento–, sino al ser esencial de la persona finita; en esta ordenación se halla implícita –y esto es para nosotros aún más significativo– la necesaria esencia divina como único objeto último adecuado para determinados actos y orientaciones de la persona. Así pues, tanto los actos y realidades personales como también su objeto intencional correspondiente en última instancia (Dios) poseen en este caso una *auténtica esencialidad*, necesaria y en modo alguno producto de una invención. Sobre esta base, la ordenación de la persona humana a Dios, propia de su esencia personal en cuanto tal, desvela el objetivo ser divino –al que pertenece inseparablemente el ser real– y permite inferir de este modo la existencia divina. En otras palabras: estos actos y realidades personales no sólo presuponen atributos divinos y la absoluta unicidad y distinción de Dios respecto de toda criatura, sino que permiten inferirla y la «revelan» a la vez.

En este punto, nuestros siguientes planteamientos se hallan estrechamente conectados con los de filósofos rusos del siglo pasado como Berdiaev, Florenski, Bulgakov y Frank.[70] Así, Simon Frank sostiene que «la única –pero completamente adecuada– 'prueba' de la existencia de Dios [es] el ser mismo de la persona humana, cuando se la entiende en toda su profundidad y significado, a saber, como ente que se trasciende a sí mismo». «Este trascenderse a sí mismo» consiste, dice Frank, «en la experiencia de la belleza, y en particular de la belleza ética, pero sobre todo en el trato con la profundidad personal de otro ser humano – no en último lugar, en la vivencia del sufrimiento». Así pues, una experiencia personal de esta índole «consigue abrirnos el acceso a la profundidad interna de nuestro propio ser espiritual, nos conduce a la profundidad de nuestra propia mismidad» más que cualquier prueba cosmológica y metafísica en general.

En estas reflexiones, Frank se acerca también a la «prueba antropológica» de René Descartes en su «tercera meditación». Lo finito

---

[70] Cf. Simon Ludvigovitch Frank: *Das Unergründliche. Ontologische Einführung in die Philosophie der Religion*, editado y prologado por Alexander Haardt (Karl Alber, Friburgo / Múnich 1995).

no puede ser experimentado en cuanto tal –así entiende Frank la más profunda intuición de Descartes en la tercera meditación– sin pensar a la vez y de manera no temática la plenitud de lo infinito. La experiencia de hallarse sin patria auténtica en este mundo es, pues, posible únicamente porque el hombre tiene ya una patria «en otra esfera del ser», porque él «es a la vez, en este mundo, el representante de un principio de ser distinto y sumamente real». En este contexto, Frank hace hincapié en particular en la experiencia de las carencias existenciales del ser humano, que sin contacto con la «plenitud infinita» no resulta posible. A partir de numerosos otros textos de filósofos rusos se podría mostrar hasta qué punto les parecen centrales estas pruebas personalistas en sentido estricto.

Ya que Kant rechaza la cognoscibilidad de esencialidades objetivas que trasciendan al espíritu humano, sólo puede aceptar estas «pruebas» personalistas en el sentido de un espejismo trascendental (como sucede en la *Crítica de la razón pura*) o bien en el de postulados subjetivo-morales. Ahora bien: una vez que se ha mostrado que la subjetivización del *a priori* llevada a cabo por Kant –y lamentada por Adolf Reinach[71]– resulta completamente infundada y que más bien son las objetivas estructuras esenciales y reales de las cosas y de las personas humanas y divinas las que fundamentan estas relaciones, los argumentos personalistas a favor de la existencia de Dios se transforman desde *presuposiciones* puramente subjetivas (en última instancia, no susceptibles de fundamentación) y carentes de valor teórico o desde postulados prácticos meramente subjetivos en pruebas personalistas objetivas:

El mundo del bien y del mal moral; el anhelo de felicidad y de paz; la adoración; la conciencia moral o el acto de arrepentimiento; el esfuerzo –que es ya una respuesta al valor– por la victoria de lo

[71] Cf. Adolf Reinach: «Über Phänomenologie», en A. Reinach: *Sämtliche Werke. Kritische Ausgabe mit Kommentar*, vol. I: *Die Werke*, primera parte: *Kritische Neuausgabe* (1905-1914), II: *Nachgelassene Texte (1906-1917)*, pp. 531-550.

que de bueno y valioso hay en nosotros; la esperanza en el sumo bien para la propia persona; el amor y la benevolencia que le es propia, que en última instancia tiende a la felicidad de la persona amada; la añoranza de una postrera y perfecta realización del amor y la unidad; el destinatario último de aquella gratitud que se orienta esencialmente hacia otra persona pero que, aun cuando se dirige (a menudo, con pleno derecho) a benefactores humanos, se eleva no obstante por encima de todo dador humano hasta la fuente originaria de todo don[72]: todos estos elementos no sólo se hallan esencialmente dirigidos a Dios y no pueden ser colmados en su intención última por ningún bien finito o por persona finita alguna tal y como Max Scheler muestra en relación con el acto religioso[73]–, sino que a través de la verdad de su esencia abren también la verdad interna de la esencialidad divina. Cuando los ponemos en relación con las intuiciones nucleares de la prueba ontológica y de todas las pruebas metafísicas, permiten deducir la existencia de Dios.[74]

---

[72] Cf. en este sentido el pensamiento de Balduin Schwarz, en particular su estudio sobre la gratitud anónima (recogido en una parte aún inédita de su obra póstuma) así como los siguientes de sus trabajos: «Über die Dankbarkeit», en J. Tenzler (ed.): *Wirklichkeit der Mitte. Beiträge zu einer Strukturanthropologie. Festgabe für August Vetter zum 80. Geburtstag* (Friburgo / Múnich 1968, p. 677-704; «Del agradecimiento» (traducción española de dicho artículo, realizada por Juan Miguel Palacios), en *Ediciones del Departamento de Ética y Sociología de la Universidad Complutense en homenaje a su catedrático y director R. P. José Todolí Duque O.P. con ocasion de su jubilación* (Madrid, 27 de mayo de 1985); id.: «Der Dank als Gesinnung und Tat», en J. Seifert (ed.): *Danken und Dankbarkeit. Eine universale Dimension des Menschseins* (Carl Winter Universitätsverlag, Heidelberg 1992, pp. 15-26); «Some reflections on gratitude», en B. Schwarz (ed.): *The human person and the world of values. A tribute to Dietrich von Hildebrand by his friends in philosophy* (Nueva York 1960, pp. 168-191).

[73] Cf. Max Scheler: «Probleme der Religion», en M. Scheler: *Vom Ewigen im Menschen* (Francke Verlag, Berna / Múnich 1968[5]), pp. 101-354.

[74] Sobre el concepto de 'verdad del ser' aquí subyacente se puede consultar la obra de Tomás de Aquino *Quaestiones disputatae de veritate*, en *Opera Omnia (ut sunt in indice thomistico additis 61 scriptis ex aliis medii aevi auctoribus)*, edición de Roberto Busa S. J. en siete volúmenes (Stuttgart-Bad Cannstatt 1980), vol. III, pp. 1-186, Q. I, art. 1. Cf. también Josef Pieper: *Wahrheit der Dinge. Eine Untersuchung zur Anthropologie des Hochmittelalters* (Kösel Verlag, Múnich 1964); Josef Seifert: *Wahrheit und Person. Vom Wesen der Seinswahrheit, Erkenntniswahrheit und*

Así pues, no se colige aquí simplemente de hechos empíricos, sino de la «verdad interna» y de la esencia de determinados actos que poseen un ser esencial y una «clasicidad» no parangonables al mero plan de la especie o a la correspondencia entre el impulso trófico y su realización o similares.

Cuando se colige la existencia real de Dios a partir de la esencia interna y de la orientación de los actos personales y de la exclusiva realización de su sentido en y por medio de Dios, se proporciona un modo de prueba mucho más justificado y lógicamente libre de reparos que la aplicación del principio aristotélico de la Naturaleza a la persona. En efecto, estas pruebas personalistas se apoyan en la esencia necesaria de los actos personales y no en observaciones meramente empíricas de la Naturaleza y poseen además una serie de otras grandes ventajas, como el «carácter existencial» –tan subrayado por Gabriel Marcel y otros pensadores– y el peso metafísico que traen consigo los actos personales y sus relaciones y orientaciones objetivas.

Reprochar a estas pruebas una argumentación circular, una *petitio principii*, es por ello –así se pondrá de relieve– aún más ilegítimo que dirigir el mismo reproche a aquéllos que en el ámbito de la medicina se preguntan por la finalidad de un organismo o de otras partes del cuerpo o que a partir de su verificación deducen la existencia de un creador inteligente de la Naturaleza. Un detallado análisis lógico de estas pruebas mostraría al respecto que su estructura y forma se hallan en plena concordancia con los principios y leyes de la lógica formal.

Estas pruebas específicamente personalistas de la existencia de Dios parten de la ordenación, de la disposición y de otras correspondencias de sentido entre el ser humano y Dios. Se basan también en un sentido personalista del término 'teleológico' completamente diferente, a saber: Dios no es visto aquí sólo como artífice

Urteilswahrheit. De veritate – Über die Wahrheit, vol. I (Ontos-Verlag, Fráncfort / París / Ebikon / Lancaster / New Brunswick 2009), cap. 1.

originario y como causa eficiente última de la trabazón teleológica de la Naturaleza y de distintos atributos y aspectos humanos, más plenos de sentido –como su alma y su libertad– ni tampoco sólo como 'finalidad' o fin final de los actos humanos, sino como *telos*, como finalidad, en un sentido esencialmente distinto. Así, Dios es el único ser al que *corresponden* ciertos actos de la persona, que puede plenificar determinadas exigencias de sentido en la esfera moral y que se halla en otras relaciones, significativas y estrictamente necesarias, con la persona humana.

Las pruebas personalistas de esta índole muestran también cómo Dios es el único objeto adecuado de actos como los religiosos en general o como el acto de adoración, único destinatario último posible de toda gratitud, aquél ante el cual el arrepentimiento despliega su sentido último, único garante de la plenitud de los actos personales y condición de su sentido último – así pues, único garante último de sentido de la vida personal.

Aún más: aquí no se llega a Dios sólo por medio de una cadena silogística, sino que se le experimenta en su autorrevelación en estos actos y dimensiones vitales de la persona. De ahí que podamos decir que Dios no es aquí sólo *deducido* indirectamente a partir de la vida personal humana, sino que se revela a sí mismo en ella y que, en cierto sentido, se halla espiritualmente presente y puede ser experimentado en los actos personales y en los ámbitos de la vida; de este modo, se le conoce aquí de una forma mucho más inmediata que en las ya explicadas y más generales pruebas cosmológicas.

Este nuevo tipo de pruebas personalistas, de las que se halla una multitud de muestras, será expuesto ahora de la mano de unos pocos ejemplos: de las pruebas morales de la existencia de Dios y de la prueba que parte del amor y que presentamos en el siguiente capítulo.

II. Las pruebas morales de la existencia de Dios

Los valores morales en sí se hallan conectados con la persona humana, así como con Dios, de una manera esencial y (absolutamente) plena de valor. Considerados en su fundamento último, muestran de muy variadas maneras la real existencia de Dios y sus atributos. Abordemos con brevedad los *argumentos específicamente morales:*

1. Argumento a partir de la responsabilidad moral

La libertad implica intrínsecamente responsabilidad e incluye en cuanto libertad –pero, a la vez, a causa de la significatividad de los objetos de los actos morales y del supremo significado de los valores éticos mismos[75]– una responsabilidad que constituye un fenómeno moral básico y que en última instancia se da sólo frente al bien absoluto, a saber, frente a la encarnación personal del bien en el Ser divino. En la esencia de la responsabilidad ética, de la que tenemos noticia en primera persona, se fundamenta una necesidad moral-metafísica de tener que responder y rendir cuentas por nuestro bien y mal éticos a un Dios personal, ya que no se puede contar con ningún otro ser humano como último destinatario *ante el cual seamos responsables:* en efecto, ningún otro hombre conoce la medida y los límites de nuestra libertad y nuestras decisiones libres más profundas; además, no puede en modo alguno –a causa de sus imperfecciones– ser aquél ante el cual debamos, en última instancia, asumir nuestras responsabilidades y rendir cuentas.

Dios viene reconocido aquí a la vez como «destinatario» necesariamente exigido o como necesario «correlato personal» y punto de referencia absoluto del fenómeno unívocamente dado de la responsabilidad ética. En su ser más profundo, la responsabilidad moral

---

[75] Sobre la distinción entre bienes éticamente significativos y bien ético (valores morales), Cf. Dietrich von Hildebrand: *Ethik*, en D. von Hildebrand: *Gesammelte Werke*, vol. II (Kohlhammer, Stuttgart 1973), caps. 15 y 19.

se da siempre *ante* y *frente a* una encarnación divina de todo bien ético, juez divino y punto de referencia de toda responsabilidad, y prueba de esta manera –desde su ser y valor más genuinos, así como desde su realidad última– la realidad de Dios.

2. Los valores y los disvalores morales se hallan esencialmente conectados con la alabanza y la reprobación, pero también con el premio y el castigo gracias sólo a los cuales puede ser restablecido el orden de la justicia: pero sólo Dios, el único que posee las tres perfecciones personales puras de la omnisciencia, la omnipotencia y la más pura santidad, puede satisfacer esta exigencia esencial de justicia

Tal y como aprecia Kant, sólo un Dios *omnisciente* puede satisfacer la exigencia metafísica de justicia, ya que únicamente un Dios omnisciente es capaz de realizar la ponderación última de culpa y mérito así como de todos los atenuantes posibles. Por otra parte, sólo un Dios *omnipotente* puede ser un juez justo, ya que únicamente él puede garantizar la realización de sus justos juicios y puede impedir que el poder del mal o su propia impotencia bloqueen duraderamente la ejecución del juicio justo. Y sólo un Dios bueno, absolutamente justo, más aún, *totalmente santo* puede adjudicar premios y castigos justos, dado que sólo un Dios justo, él mismo sin sombra de mancha moral, posee la justificación interna que conviene a la esencia metafísica del más justo juez. Por consiguiente, el sentido de esta exigencia de justicia y juicio, que permea el ser más íntimo de la moralidad, presupone a Dios.

En contraposición a Kant, a quien debemos esta intuición (junto a la gran escuela franciscana del Medievo, que atribuyó a este argumento mayor significación que a las pruebas puramente cosmológicas, incluso como prueba de la inmortalidad del alma humana)[76],

[76] Cf. Sofia Vanni Rovighi: *L'immortalità dell'anima nei maestri francescani del secolo XIII* (1936).

no entendemos esto sólo como un postulado subjetivo, sino como una objetiva necesidad esencial, fundada en valores y disvalores éticos: la exigencia y la promesa de una realización última del justo premio y castigo pertenece a la esencia necesaria de la moral, que de este modo nos garantiza la realidad divina a partir del eterno orden de la justicia ética. Es decir, (a) esta justicia no es sólo una exigencia subjetiva por nuestra parte, sino que viene solicitada objetivamente por la esencia de lo ético – por lo tanto, no consiste sólo en un postulado subjetivo; (b) de esta exigencia ética se sigue que Dios ha de ser real, ya que algo que viene exigido y presupuesto por la esencia de la justicia no puede ser imposible.

Para entender esto, sin embargo, junto a la objetiva necesidad y cognoscibilidad de la esencia de la perfecta justicia debemos aceptar o entender una unidad última de valor y ser, una última primacía y fuerza del bien en la realidad. Ésta se evidencia en la esfera ética por medio de los valores y disvalores morales y en la exigencia de una adecuación última de premio y de castigo, así como en la promesa de su realización, de una manera en cierto modo «existencial»; así lo mostró Newman convincentemente.[77]

3. El deber incondicionado (categórico) y sin par, propio de la moralidad, no sólo permite colegir la existencia de Dios, sino que contiene una inmediata manifestación suya

Se puede reconocer de dos modos la verdad de la tesis expresada en este título:

(a) El carácter absoluto de la exigencia ética, unívocamente dado y experimentado, no puede ser explicado suficientemente en su incondicionalidad y absolutez por medio de bienes finitos que sean éticamente relevantes y de los que proceda una exhortación moralmente vinculante; el deber moral no consiste solamente en la

[77] Cf. John Henry Newman: *An Essay in Aid of a Grammar of Assent* (Christian Classics Inc., Westminster 1973).

obligación de dar a un bien finito la respuesta y el respeto debidos; hay una dimensión trascendente en la absolutez de la obligación moral que no puede reducirse a lo que el bien finito «merece»; por lo cual, esta absolutez de la obligación ética no desvela su fuente última en una mera persona contingente, sino sólo en una persona absoluta de la que procede[78]; y

(b) La obediencia a la absoluta exigencia moral categórica es experimentada de manera inmediata como obediencia a Dios, tal y como se echa de ver en la *Apología* de Sócrates. En efecto, sólo en este gesto del sometimiento a la exigencia moral como obediencia a Dios mantiene una acción moral su verdadero valor ético, puesto que en la exigencia moral misma se solicita en cierto modo una obediencia incondicionada – como sólo puede ser exigida en última instancia por una persona, la cual se manifiesta entonces en la exhortación moral y en la obligación ética de manera en cierto modo directa, desvelándose como presente en ella.

Después de relatar cómo se hubo negado a cometer tres graves delitos –entre ellos, una injusta condena de generales y el asesinato de León de Salamina, un hombre inocente, que le había sido solicitado por parte del injusto y tiránico gobierno de entonces–, arriesgando por ello su vida, y cómo tampoco ahora podía satisfacer la exigencia de los atenienses de que abandonase la enseñanza de la verdad, dice Sócrates:

> «Si, en efecto, como dije, me dejarais libre con esta condición, yo os diría: 'Yo, atenienses, os aprecio y os quiero, pero voy a obedecer al dios más que a vosotros y, mientras aliente y sea capaz, es seguro que no dejaré de filosofar y de exhortaros'».[79]

---

[78] Cf. Josef Seifert: *Was ist und was motiviert eine sittliche Handlung?* (Universitätsverlag A. Pustet, Salzburgo 1976).

[79] Platón: *Apología de Sócrates*, 29 d. [N. del T.: traducción castellana de J. Calonge, E. Lledó y C. García Gual: *Diálogos* I, Gredos, Madrid 1981, p. 168.]

4. La voz de la conciencia da testimonio directo de un Señor absoluto y sumamente santo. Newman llama por ello a la conciencia el «principio creativo de la religión»; en ella se encuentra un tipo completamente nuevo de revelación natural de Dios como Señor santo

La conciencia ética es una voz de índole genuina: viene de nosotros y, no obstante, de por encima de nosotros. Habla con seriedad última sólo en el ámbito del bien y del mal moral. Y lo hace de distintas maneras: impulsando, cuando nos demoramos en el llevar a cabo algo bueno y obligado; amonestando y advirtiendo, cuando nos planteamos actuar mal; prohibiendo, cuando actuamos mal o tenemos la inmediata intención de hacerlo; atormentando y acusando, cuando hemos realizado el mal; o incluso preservando la paz interior del alma, cuando actuamos en armonía con el bien ético: en todo ello y en el interior de nuestra persona, aunque como una voz distinta de nosotros mismos, se presenta una manifestación de la encarnación personal del bien y, en última instancia, una especie de presencia interna de Dios en el alma, siempre como Dios personal que la trasciende y se distingue de ella. Incluso cuando el alma humana se halla oscurecida por la ceguera y las sombras de las que a menudo rodeamos a nuestra conciencia, o cuando embotamos ésta con males repetidos y no lamentados, también entonces todo ser humano percibe la voz de Dios y su presencia en ella en un cierto grado, al menos inicialmente, antes de que prevalezca el oscurecimiento o el embotamiento de la conciencia.[80] En este sentido se puede afirmar una especie de inmediata percepción espiritual de Dios en la experiencia de la conciencia.

---

[80] Sobre los tipos y fuentes de la ceguera ética hay un análisis magistral de Dietrich von Hildebrand: *Sittlichkeit und ethische Werterkenntnis. Eine Untersuchung über ethische Strukturprobleme* (Bruckmann, Múnich 1918; Patris Verlag, Vallendar / Schönstatt 1982[3]); presentación y traducción castellana de Juan Miguel Palacios: *Moralidad y conocimiento ético de los valores* (Cristiandad, Madrid 2006).

Ahora bien, puesto que tal percepción inmediata involucra ulteriores conocimientos e incluso presupone algunos de ellos, la presencia de una inmediata percepción espiritual o incluso sensible no impide que su objeto pueda ser deducido también mediatamente a partir de premisas cognoscibles de forma igualmente (o más) inmediata, y a partir de otros principios evidentes, o que, en cualquier caso, puedan ser establecidas las correspondientes estructuras y deducciones lógicas. Así, la estructura lógica de la realidad y de la verdad permite a menudo –excepto en el caso de primeras evidencias absolutas– conocer un mismo juicio inmediatamente en su verdad interna y, no obstante, poder deducirlo también a partir de otros estados de cosas o premisas. Volveremos sobre este asunto en el marco de la discusión sobre la prueba ontológica.[81]

5. Dios se da de nuevo por otra vía como objeto del más elevado anhelo presente en la moral

En la esencia más íntima de lo moral se halla también el anhelo de una plenitud por nosotros jamás alcanzada y en principio no alcanzable por la persona finita – en definitiva, el anhelo de Dios mismo. En especial se da, por una parte, como el objeto más elevado de aquel gesto de glorificación de Dios que habita el acto éticamente bueno; por otra, como objeto más elevado de la contemplación del «bien en sí», del *único bien*, anhelo de su «visión», de una relación comprehensiva y real con Él, objeto más elevado del amor en el que culmina el bien moral. En la moralidad se halla de modo particular este «fecisti nos ad Te, Domine; inquietum est cor nostrum donec requiescat in Te» («nos has creado para Ti, Señor; nuestro corazón está inquieto hasta que descansa en Ti»).[82] (Algo similar vale también

[81] Cf. también Josef Seifert: *Gott als Gottesbeweis. Eine phänomenologische Neubegründung des ontologischen Arguments* (Universtitätsverlag C. Winter, Heidelberg 1996, 2000²), caps. 6-9, 12.

[82] Agustín de Hipona: *Confessiones*, edición de P. H. Wangnereck S. J. (Turín 1962).

para numerosos actos específicamente humanos y religiosos como el amor, la adoración, la gratitud.)[83] Este anhelo –necesariamente ínsito a la moralidad– del bien absoluto, bien a cuya glorificación apunta el sentido más profundo de la moral, sería absurdo sin un Dios personal; los actos morales, la gratitud y el amor, así como el anhelo que de ellos brota, pertenecen sin embargo a la esencia y a la vocación de la persona y tienen –estrechamente conectado con ello – un «carácter profético». Prometen la plenificación de este anhelo de contemplación y trato con Dios en un *éscaton* y contienen también lo que Dietrich von Hildebrand ha denominado «buena nueva de los valores» que dan noticia de Dios.[84]

Junto a lo anterior, de la muy distinta y mucho más concluyente argumentación relativa a la existencia de Dios que parte del orden moral se puede distinguir aún la importante realización de este anhelo humano en el contexto de las pruebas de la inmortalidad, sugerida o incluso prometida proféticamente por los fundamentos citados (si bien, la plenificación de esta «promesa ontológica» puede depender de cosas diferentes, *a priori* no cognoscibles, como la Redención).

6. El deber absoluto va más allá de lo que las personas finitas pueden, en principio, llevar a cabo, en cuanto objetivo deber metafísico-moral que sólo puede ser realizado en Dios

La absoluta exigencia ética es en última instancia, en un sentido metafísico puramente objetivo, más que un deber ético o precepto que se dirige a personas finitas. Antes bien, contiene una exigencia

[83] Cf. al respecto Josef Seifert: «Phänomenologie der Dankbarkeit als Zugang zu einer personalistischen Metaphysik», en J. Seifert (ed.): *Danken und Dankbarkeit. Eine universale Dimension des Menschseins* (Universitätsverlag C. Winter, Heidelberg 1992), pp. 75-95.

[84] Sobre esta base construye Gabriel Marcel su argumento sobre la inmortalidad partiendo del amor. Cf. también Dietrich von Hildebrand: *Ethik*, en D. von Hildebrand: *Gesammelte Werke*, vol. II (Kohlhammer, Stuttgart 1973), cap. «Die frohe Botschaft der Werte».

absoluta puramente objetiva orientada a la suprema realidad del bien, que solicita y promete «en algún lugar» la absoluta realidad del bien moral, de la veracidad misma, de la bondad misma, de la justicia misma, de la misericordia misma, etc.: algo cuya más genuina y perfecta realización, sin embargo, sólo puede darse en el mismo Dios. Por muy paradójico que suene, la existencia de Dios es, en este sentido, el objeto de una exigencia metafísica última del orden moral del deber.

La plena realización de esta realidad *suprema*, *absoluta* y *exigida* de la santidad moral resulta, en principio, imposible en nosotros y en toda otra persona finita. De ahí que, en su más honda profundidad, el deber ético no solicite sólo que nosotros y todas las personas finitas actuemos éticamente bien y evitemos el mal, sino también, y en cierto sentido como exigencia metafísica de valor, que la absoluta bondad también se realice. Ahora bien, esto sólo puede ser plena realidad en Dios, el único que puede encarnar la suma santidad. Este argumento –que suena altamente platónico– se halla contenido también, pese al subjetivismo kantiano, en la ética de Kant. Por otra parte, posee un cierto parentesco con el argumento ontológico. Arranca del deber ser objetivo de los valores morales, en cuya virtud se exige una realización del bien tan perfecta como no pueda llevarla a cabo una criatura. Puesto que este deber no se halla fundado sólo de manera meramente subjetiva –en un imperativo dado a nosotros por nosotros mismos– sino en la esencialidad objetiva de la ética, en el fundamento del mundo moral nos topamos con las raíces de su validez objetiva, que exige el ser real de la infinita santidad en Dios y lo prueba a través de su verdad y necesidad internas.[85]

[85] Cf. a este respecto también Engelbert Recktenwald: *Die ethische Struktur des Denkens von Anselm von Canterbury*, en Philosophie und Realistische Phänomenologie, Studien der Internationalen Akademie für Philosophie im Fürstentum Liechtenstein / Philosophy and Realist Phenomenology. Studies of the International Academy for Philosophy in the Principality Liechtenstein, serie coordinada por Rocco Buttiglione y Josef Seifert, vol. VIII (Universitätsverlag C. Winter, Heidelberg 1998).

7. Otro argumento moral para la existencia de Dios se articula sobre la exigencia moral implícita en el deber, que solicita de nosotros una talmente perfecta realización del bien ético, una tal santidad, que sin la existencia y ayuda de Dios resulta imposible

En la exigencia ética, dirigida a nosotros, de realizar la ley moral se solicita una perfección tal que sin la existencia de Dios y sin su ayuda no puede ser llevada a cabo. (Se podría denominar a este argumento –desarrollado en particular por los personalistas polacos en torno a Karol Wojtyła y Tadeusz Styczeń– prueba filosófica de la existencia de Dios a partir de la dependencia de la ayuda divina, de la gracia y de la redención y, sobre esta base, considerarlo como argumento a favor de su existencia).[86] Dicho en otras palabras: el progreso moral infinito solicitado de nosotros exige a Dios como único garante último posible de su realización y como ayuda necesaria para el cumplimiento de esta exigencia, que nosotros no podemos llevar a cabo por propias fuerzas y sin Dios como ese «alguien que pueda mejorarnos a última hora» (*Verbesserer letzter Hand*) – a quien ni siquiera el ateo, según Nietzsche, tendrá la fuerza de renunciar.[87] En sentido metafísico, la moral exige a Dios como «ayuda de última hora» y presupone a Dios como condición última de posibilidad de la santidad de las criaturas, tal y como vio Kant igualmente.

En todo esto, sin embargo, Dios no es sólo un postulado subjetivo de la moral –modo en el que Kant, en su infeliz subjetivismo, malinterpreta este estado de cosas, por él sin embargo abordado

86 En este sentido se han pronunciado, por ejemplo, Tadeusz Styczeń y también su maestro Karol Wojtyła en distintos trabajos. Cf. Tadeusz Styczeń: «Zur Frage einer unabhängigen Ethik», en Karol Wojtyła / Andrzej Szostek / Tadeusz Styczeń: *Der Streit um den Menschen. Personaler Anspruch des Sittlichen* (Butzon und Bercker, Kevelaer 1979), pp. 111-175.

87 Cf. Friedrich Nietzsche: *Die fröhliche Wissenschaft*, en F. Nietzsche: *Werke*, vol. II, pp. 7-274, «Excelsior» IV, 285: «¡Excelsior! (...) No existe ya para ti nadie que te vengue, nadie que pueda mejorarte a última hora (...); tú, hombre de la renuncia, ¿acaso pretendes renunciar a todo? ¿Quién te dará la fuerza necesaria para ello? ¡Pero si nadie ha tenido aún esa fuerza!». [N. del T.: traducción castellana de Germán Cano Cuenca: *La ciencia jovial*, en F. Nietzsche: *Obras*, vol. I, Gredos, Madrid 2009, p. 737.]

penetrantemente–, sino una objetiva necesidad esencial y una última exigencia metafísica de sentido.[88] La ley moral, que requiere una

[88] Tras su crítica de la ética epicúrea como ética eudemonista (que se conforma con un estado moral y con una parte de la felicidad indigentes) y del estoicismo (que ha pasado por alto la felicidad como parte del sumo bien), Kant escribe: «La ley moral es sacrosanta (inflexible) y exige la santidad de las costumbres, si bien toda perfección moral a la que puede llegar el ser humano es sólo siempre virtud, o sea, una intención conforme a la ley por respeto hacia ella y, por consiguiente, la conciencia de una propensión continua a la transgresión o al menos a la deslealtad, es decir, a la intromisión de muchas motivaciones ilegítimas (no morales) en el cumplimiento de la ley, coaligándose así humildad y autoestima; por lo tanto, con respecto a esa santidad reclamada por la ley cristiana, a la criatura no le queda nada más que el progreso al infinito, pero por eso mismo también se ve autorizada a albergar la esperanza de su perduración en el infinito. El valor de una intención plenamente adecuada a la ley moral es infinito, pues cualquier felicidad posible no tiene, a juicio de un sabio y omnipotente distribuidor de la misma, ninguna otra limitación salvo la falta de adecuación a su deber por parte del ente racional.

Mas la ley moral no promete de suyo felicidad alguna; habida cuenta de que la felicidad, según los conceptos de un orden natural en general, no se halla necesariamente vinculada con el seguimiento de dicha ley. La doctrina moral cristiana suple esta falta (del segundo ingrediente indispensable del sumo bien) mediante la escenificación del mundo, donde los entes racionales se consagran a la ley moral con toda el alma, como un reino de Dios, en el cual naturaleza y costumbres entran en una armonía, extraña para cada una de las dos por sí misma, gracias a un santo autor que hace posible el sumo bien derivado. La santidad de las costumbres les es indicada ya en esta vida como pauta, mas el provecho proporcional a ella, la bienaventuranza, sólo se representa como alcanzable en una eternidad; porque la santidad siempre ha de ser el arquetipo de su comportamiento en cualquier situación y el progreso hacia ella en esta vida es tan posible como necesario, pero la bienaventuranza no puede ser alcanzada en este mundo bajo el nombre de 'felicidad' (por cuanto dependa de nuestra capacidad) y por ello constituye exclusivamente un objeto de esperanza. No obstante, el propio principio cristiano de la moral no es teológico (ni supone por ende heteronomía), sino autonomía de la razón práctica por sí misma, puesto que no pone al conocimiento de Dios y de su voluntad como fundamento de tales leyes, sino tan sólo del llegar a conseguir el sumo bien bajo la condición de cumplir con esas leyes, e incluso el auténtico móvil para este cumplimiento no es colocado en las deseadas consecuencias del mismo, sino únicamente en la representación del deber como lo único en cuya fiel observancia consiste la dignidad para conquistar el sumo bien.» Immanuel Kant: *Kritik der praktischen Vernunft* (1788), Ak V 128-129. [N. del T.: traducción castellana de Roberto Rodríguez Aramayo: *Crítica de la razón práctica*, en I. Kant: *Obras*, vol. II, Gredos, Madrid 2009, pp. 262-263.]

«Como la sabiduría considerada teoréticamente significa el conocimiento del sumo bien, y considerada prácticamente significa la adecuación de la voluntad al sumo bien, entonces no cabe atribuir a una sabiduría suprema e independiente un fin que estuviera fundado simplemente sobre la bondad. Pues el efecto de ésta (con respecto a la felicidad de los entes racionales) sólo puede pensarse como adecuado realización perfecta, sólo puede ser realizada de hecho perfectamente si Dios purifica nuestra voluntad, la fortalece y la perfecciona. En la exigencia moral se encuentra en cierto sentido un momento que va más allá de toda exigencia que nosotros podamos satisfacer. En particular, allí donde nuestra voluntad está inclinada al mal no puede nunca cumplir perfectamente por propias fuerzas las exigencias éticas – ¡y, sin embargo, éstas siguen siendo exigencias objetivas!

Llegados a este punto, Kant nos transmite la penetrante intuición –que nosotros sólo debemos liberar de su subjetivismo para reconocer su verdadero valor– de que a causa de la infinitud del exigido progreso moral en el bien y de nuestra limitación, pero también a causa del hecho empíricamente constatable de la inclinación de la voluntad humana al mal, todos los esfuerzos puramente humanos no pueden realizar perfectamente el deber moral – cosa que, sin embargo, la ley moral no cesa de requerir. Sólo Dios puede posibilitar al hombre

---

al sumo bien originario bajo las condiciones restrictivas del acuerdo con la santidad. De ahí que quienes colocan el fin de la creación en la honra de Dios (suponiendo que dicha gloria no se piense antropomórficamente como la inclinación a ser loado) han dado con la mejor expresión. Pues nada honra más a Dios que lo más estimable que hay en el mundo: el respeto hacia su mandato, la observación del sacrosanto deber que nos impone su ley, cuando a su maravillosa disposición se añade la coronación de un orden tan bello con la adecuada felicidad. Si esto último le hace (hablando en términos humanos) amable, merced a lo primero supone un objeto de veneración (adoración). Los propios seres humanos pueden granjearse amor merced a su beneficencia, mas nunca conquistarán así el respeto, de suerte que la mayor beneficencia sólo les honra si es practicada con dignidad.

Que en el orden de los fines el ser humano (y con él todo ente racional) sea un fin en sí mismo, es decir, que nunca pueda ser utilizado como un simple medio por nadie (ni aun por el mismo Dios) sin verse tratado al mismo tiempo como el fin que es o, dicho con otras palabras, que la humanidad haya de suponer algo sagrado en nuestra propia persona, son cosas que ahora se siguen de suyo, habida cuenta de que, al ser el sujeto de la ley moral, el ser humano también lo es de algo sacrosanto en sí y que permite dar ese calificativo a todo cuanto esté de acuerdo con ello. Pues esta ley moral se funda sobre la autonomía de su voluntad como una voluntad libre que, con arreglo a sus leyes universales, debe poder estar de acuerdo con aquello a lo cual debe someterse.» Immanuel Kant: *Kritik der praktischen Vernunft* (1788), Ak V 131-132. [N. del T.: traducción castellana de Roberto Rodríguez Aramayo: *Crítica de la razón práctica*, en I. Kant: *Obras*, vol. II, Gredos, Madrid 2009, pp. 265-266. Me he permitido modificar la sintaxis y traducción de la frase «Pues nada honra... la adecuada felicidad» con arreglo al texto recogido en la versión canónica de la Academia Prusiana de Ciencias.]

este cumplimiento y realización perfectos de lo éticamente exigido. Junto con algunos personalistas polacos, podríamos considerar también esta reflexión como un argumento filosófico relativo a la necesidad de redención del ser humano.

Cabría incluso leer el texto antes citado de Nietzsche sobre Dios como ese «alguien que pueda mejorarnos a última hora» (*Verbesserer letzter Hand*) –a quien el ateo querría renunciar para siempre– como confirmación de estos planteamientos. Nietzsche reconoce ahí aún otros anhelos profundamente antropológicos –de ser querido, de paz, de seguridad, etc.– como sólo realizables en Dios y pregunta si el ateo ha tenido nunca la fuerza para renunciar a todos estos elementos.[89]

8. *El más elevado acto moralmente bueno del ser humano es posible precisamente sólo como respuesta a Dios (al amor de Dios); por tanto, la moral sin Dios no puede arribar a sí misma, a su esencia más profunda, y da por ello noticia de Dios y prueba su existencia*[90]

Se podría resumir como sigue este argumento: si Dios no existiera, la esencia más profunda de lo ético sería privada de su objeto

[89] Cf. Friedrich Nietzsche: *Die fröhliche Wissenschaft*, «Excelsior», 285: «¡Excelsior! Ya no rezarás jamás, ya no adorarás jamás, ya no descansarás jamás en una confianza infinita; te niegas a detenerte ante una sabiduría definitiva, un bien definitivo, un poder definitivo mientras logras desarrendar tus pensamientos –ya no tienes a un vigilante ni a un amigo permanente para tus siete soledades; vives sin la vista a la montaña que tiene la cima nevada y brasas en su corazón. No existe ya para ti nadie que te vengue, nadie que pueda mejorarte a última hora; ya no hay razón de lo que te sucede, ningún amor en lo que te sucederá–; no queda ya disponible ningún lugar tranquilo para tu corazón, donde sólo haya que encontrar y ya no más buscar; te defiendes contra toda paz definitiva (...); tú, hombre de la renuncia, ¿acaso pretendes renunciar a todo? ¿Quién te dará la fuerza necesaria para ello? ¡Pero si nadie ha tenido aún esa fuerza!». [N. del T.: traducción castellana de Germán Cano Cuenca: *La ciencia jovial*, en F. Nietzsche: *Obras*, vol. I, Gredos, Madrid 2009, p. 737.]

[90] Cf. al respecto Dietrich von Hildebrand: *Das Wesen der Liebe*, en D. von Hildebrand: *Gesammelte Werke*, vol. III (J. Habbel, Ratisbona 1971), cap. 11.

más alto y aquello que representa de manera evidente el acto ético sumo –a saber, el amor a Dios– descansaría sobre una pura ilusión y, dado que Dios existe necesariamente o bien es en sí imposible, sobre una idea contradictoria. De este modo, la esencia inteligible del bien ético, que halla su cima en el amor de adoración a Dios como acto moral más sublime, contendría una contradicción (cosa que no puede ser). De ahí que, en sus internas verdad y esencial necesidad ontológica, que no pueden ser una invención, la existencia de lo ético pruebe la existencia de Dios.[91]

9. La suprema perfección de los valores morales requiere en definitiva su unidad última, que sólo puede residir en Dios

Sólo en un «algo, por encima de lo cual nada mayor puede ser pensado» puede ser realizada en última instancia la esencial unidad interna de lo moral; de ahí que, también a partir de este fundamento, el bien ético requiera a Dios como su única realización última. Este argumento se halla estrechamente imbricado con la unidad interna de todos los valores morales puros, en virtud de la cual *todos* los valores éticos de cada persona son requeridos y esa especialización en ciertos ámbitos, que encontramos en los valores intelectuales y estéticos, está aquí más que fuera de lugar, más aún, es moralmente imposible.[92]

Junto a una dimensión más «cuantitativa» de esta exigencia de realización de todos los valores morales hay también una segunda dimensión, cualitativa, de dicha exigencia – a saber, que sea realizada la pureza cualitativa de todos los valores éticos. Un análisis

---

[91] Cf. Josef Seifert: «Von der Gottesliebe», **ΦΙΛΟΘΕΟΣ**. *Philoteos. International Journal of Philosophy and Theology* 7 (2007) 3-37.

[92] Cf. Dietrich von Hildebrand: *Ethik*, en D. von Hildebrand: *Gesammelte Werke*, vol. II (Kohlhammer, Stuttgart 1973), cap. 15. Cf. también Josef Seifert: *Was ist und was motiviert eine sittliche Handlung?* (Universitätsverlag A. Pustet, Salzburgo 1976) sobre el bien comprehensivo y absoluto como objeto de la motivación moral.

detallado de este estado de cosas (también penetrantemente visto por Kant) puede avistar al menos tres diferentes pruebas morales de la existencia de Dios, que no podemos desplegar aquí ulteriormente.[93]

[93] «Suele sostenerse que el precepto cristiano de las costumbres no aventaja en lo tocante a pureza al concepto moral de los estoicos; mas la diferencia entre ambos resulta muy obvia. El sistema estoico convierte a la conciencia de la imperturbabilidad en el gozne alrededor del cual deben girar todas las intenciones morales y, si sus partidarios hablaban ciertamente de deberes e incluso los determinaban enteramente bien, colocaban sin embargo los móviles y el auténtico fundamento para determinar la voluntad en un enaltecimiento del modo de pensar por encima de aquellos viles móviles de los sentidos, que se enseñorean del alma gracias a la debilidad de ésta. Por lo tanto, la virtud era entre ellos un cierto heroísmo del sabio, que se eleva por encima de la naturaleza animal de hombre, que inculca deberes a los demás aun bastándose a sí mismo, que no se halla sometido a tentación alguna de transgredir la ley ética. Pero nada de todo esto hubieran podido hacer, si se hubieran representado esa ley con la pureza y severidad con que lo hace el precepto del Evangelio. Si entiendo por idea una perfección a la que no puede adecuarse nada de lo dado en la experiencia, las ideas morales no suponen por ello nada trascendente, es decir, algo cuyo concepto no podamos determinar suficientemente o respecto de lo cual resulta incierto si le corresponde un objeto dondequiera que sea, al igual que ocurría con las ideas especulativas, sino que sirven como arquetipo de la perfección práctica y como indispensable pauta del comportamiento ético, al mismo tiempo que como criterio de parangón. Si yo considero ahora la moral cristiana desde su vertiente filosófica y la comparo con las ideas de las escuelas griegas, podría presentarlas así: las ideas de los cínicos, de los epicúreos, de los estoicos y del cristianismo son, respectivamente, la sencillez natural, la prudencia, la sabiduría y la santidad. Con respecto al camino para conseguirlas, los fiósofos griegos se diferencian entre sí en que, mientras que los cínicos tomaban el del entendimiento humano, los otros optaban por el camino de la ciencia, pero todos ellos consideraban suficiente el simple uso de las fuerzas naturales. La moral cristiana, dado que dispone su precepto (como así ha de ser) de un modo tan puro como intransigente, arrebata al ser humano la confianza de adecuársele plenamente cuando menos aquí en esta vida, pero con todo lo establece de tal manera que, si obramos tan bien como esté en nuestro poder, podeamos esperar que cuanto no está en nuestro poder nos llegue desde algún otro paraje, sepamos o no de qué modo. Aristóteles y Platón se diferencian sólo en lo tocante al origen de nuestros conceptos éticos». Immanuel Kant: *Kritik der praktischen Vernunft* (1788), Ak V 127-128, nota. [N. del T.: traducción castellana de Roberto Rodríguez Aramayo: *Crítica de la razón práctica*, en I. Kant: *Obras*, vol. II, Gredos, Madrid 2009, p. 262. Me he permitido modificar la sintaxis y traducción del pasaje que transcurre entre «colocaban sin embargo... transgredir la ley ética» con arreglo al texto recogido en la versión canónica de la Academia Prusiana de Ciencias.]

10. El argumento moral a partir del bien supremo

Este argumento sostiene que la ley moral no contiene en sí sólo la obligación ética de esforzarse por la realización más alta de la moralidad, sino también otro tipo de «debe ser»: que el «bien supremo» sea realizado, lo cual no es objeto de una obligación moral sino de un puro «deber ser» metafisico intimamente conectado con los valores morales. Ahora bien, este bien supremo no puede ser llevado a cabo –como creían los estoicos y Plotino– sólo por medio de la realización de la buena voluntad moral, sino que exige además que la persona éticamente perfecta alcance también la felicidad suprema; y esto ha de suceder siempre y cuando dicha voluntad aspire de manera perfecta al progreso moral y reconozca en sí aquel valor al que ha de adherirse por sí mismo y que, en cierto sentido, garantiza ya a la criatura un derecho y una cierta dignidad en relación con la felicidad. Aun reconociendo que todo eudemonismo es falso y que los valores morales son más elevados que todos los demás, la *compleción* del bien supremo requiere no obstante que la felicidad esté conectada con la bondad como premio al bien y como don sobreabundante. Ahora bien, ni los poderes de la Naturaleza ni los de la Historia pueden realizar este bien supremo ni garantizar que entre en vigor; tampoco lo puede la buena voluntad moral. En efecto, este bien supremo y la justicia del premio que a él subyace sólo pueden ser realizados por un *ser omnisciente*, puesto que sólo éste conoce la culpa y el mérito de un modo comprehensivo y libre de error; sólo por un *ser omnipotente*, puesto que sólo éste puede garantizar que los poderes de las tinieblas y del mal no ganen la partida; y sólo por un *Dios infinitamente bueno y sabio*, ya que sólo éste puede ser juez sobre vivos y muertos y posee la justificación y legitimación morales –pero también la posibilidad– para ser supremo juez. Aquí no tomamos en consideración esta exigencia, como hemos hecho antes, respecto de la realización consumada de la justicia (de la que hemos ya tratado), sino respecto del bien supremo, que más allá de la justicia consumada presupone también una felicidad consumada que se halla enraizada en dicha justicia y en el amor y la misericordia que van más allá de ella.[94]

En este contexto introduce Kant también la necesidad del conocimiento de *perfecciones puras*. Ve precisamente tales perfecciones puras en las perfecciones morales y reconoce que su centro absoluto es la santidad y la bondad moral consumada.[95]

---

[94] «La ley moral me ordena convertir al sumo bien posible dentro del mundo en el objeto último de mi conducta. Pero yo no puedo esperar realizarlo sino mediante la coincidencia de mi voluntad con la de un autor del mundo santo y bondadoso, y aun cuando en el concepto del sumo bien, como el de un todo donde se representan como unidas en una exactísima proporción la mayor felicidad con el mayor grado (posible en las criaturas) de perfección, se halle involucrada mi propia felicidad, no es ella la que supone el fundamento para determinar a la voluntad al auspicio del sumo bien, sino la ley moral (la cual más bien circunscribe a estrictas condiciones mi ilimitada ansia de felicidad).

De ahí también que la moral no suponga una teoría de cómo hacernos felices, sino de cómo debemos llegar a ser dignos de la felicidad. Sólo luego, cuando llega la religión, sobreviene igualmente la esperanza de llegar a participar algún día en la felicidad, en la medida en que hayamos cuidado de no ser indignos de ella.

Alguien es digno de la posesión de una cosa o de un estado, cuando el hecho de que se halle en esa posesión concuerda con el sumo bien. Ahora puede comprenderse fácilmente que toda dignidad depende de la conducta moral, pues ésta constituye en el concepto de sumo bien la condición del resto (de lo que pertenece a la situación), o sea, de la cuota de felicidad. De aquí se sigue que la moral nunca habría de ser tratada como una teoría de la felicidad, o sea, como una instrucción para ser partícipes de la felicidad, puesto que la moral no se las ve sino con la condición racional (*conditio sine qua non*) de la felicidad, mas no con un medio para conseguirlo. Sin embargo, una vez que la moral se ha visto presentada por completo (imponiendo simplemente deberes y sin dar ninguna directriz para los deseos interesados), sólo entonces, tras haberse despertado un deseo que no puede suscitarse antes en ningún alma egoísta, cual es el deseo moral fundamentado sobre una ley de auspiciar el sumo bien (de traer a nosotros el reino de Dios), y después de que a tal efecto se ha dado el paso hacia la religión, cabe denominar a esta teoría moral también teoría de la felicidad, puesto que la esperanza de esta última no comienza sino con la religión». Immanuel Kant: *Kritik der praktischen Vernunft* (1788), Ak V 129-130. [N. del T.: traducción castellana de Roberto Rodríguez Aramayo: *Crítica de la razón práctica*, en I. Kant: *Obras*, vol. II, Gredos, Madrid 2009, p. 264. Me he permitido modificar algunos signos de puntuación y la traducción de algunos términos.]

[95] «Al decir esto para subrayar la idiosincrasia de estos conceptos, observo únicamente que cuando se atribuyen a Dios diversas propiedades cuya cualidad es encontrada también en las criaturas, sólo que elevadas a un grado de eminencia, de tal suerte que el poder, la ciencia, la presencia, la bondad y otras cosas por el estilo

Ahora bien: está claro que todos estos argumentos personalistas no tendrían valor real alguno si se hallasen fundados en un imperativo moral puramente subjetivo o si consistiesen en ideas en última instancia vacías, tejidas por el propio sujeto, como Kant caracteriza explícitamente la idea de Dios.[96] Sólo cuando reconocemos las leyes de la cosa en sí, de la vida moral en su propia esencia y realidad, posee este argumento el carácter de una prueba de Dios en lugar de ser sólo un argumento a favor de que debamos presuponer subjetivamente la existencia de Dios (tal y como Kant lo explica). Si, en cambio, estos argumentos morales hallan su *humus* y su raíz en la objetiva esencia de la moralidad misma; si se fundan en la necesaria esencia objetiva de las cosas en sí; si, además, la encarnación

pasan a denominarse 'omnipotencia', 'omnisciencia', 'omnipresencia' o 'suma bondad', hay tres cuya atribución queda reservada a Dios de modo exclusivo y sin añadirles una mayor eminencia, siendo todas ellas morales: él es el único santo, el único bienaventurado y el único sabio, pues estos conceptos llevan aparejada la ausencia de limitación alguna. Según su orden él es, por lo tanto, también el santo legislador (y creador), el bondadoso gobernante (y conservador) y el justo juez, tres cualidades que abarcan todo cuanto convierte a Dios en objeto de la religión y con arreglo a las cuales se añaden por sí mismas en la razón las perfecciones metafísicas que le corresponden». Immanuel Kant: *Kritik der praktischen Vernunft* (1788), Ak V 131, nota. [N. del T.: traducción castellana de Roberto Rodríguez Aramayo: *Crítica de la razón práctica*, en I. Kant: *Obras*, vol. II, Gredos, Madrid 2009, p. 265.]

96 Sobre esto hay numerosos testimonios textuales, por ejemplo: «*Con respecto* a aquello que está situado absolutamente allende los límites de nuestra experiencia, pero que, sin embargo, se encuentra entre nuestras ideas en cuanto a su posibilidad, por ejemplo, la idea de Dios, tenemos igualmente un deber, que se llama *deber de religión*, es decir, el deber «de reconocer todos nuestros deberes *como* (*instar* [*sic*]) mandatos divinos». Pero esto no es la conciencia de un deber *hacia Dios*. En efecto, puesto que esta idea procede completamente de nuestra propia razón y nosotros mismos la producimos, sea con el propósito teórico de explicarnos la finalidad del mundo en su totalidad, sea también para que sirva de móvil a nuestra conducta, no tenemos con ello ante nosotros un ser dado *hacia* el que estemos obligados: porque en ese caso su realidad tendría que estar primero probada (revelada) por la experiencia, sino que es un deber del hombre hacia sí mismo aplicar esta idea, que se ofrece inevitablemente a la razón, a la ley moral en nosotros, donde su fecundidad moral es máxima. Por tanto, en este sentido (*práctico*) puede decirse que es un deber del hombre hacia sí mismo tener una religión.» Immanuel Kant: *Metaphysik der Sitten*, Ak VI 443-444. [N. del T.: traducción castellana de Adela Cortina y Jesús Conill: *La metafísica de las costumbres*, Tecnos, Madrid 19993, pp. 310-311.]

consumada de las perfecciones puras no es una mera idea humana vacía, sino que tiene de nuevo su fundamento en la esencia objetiva de lo moral, entonces el argumento moral parece ser excelente y encontrarse enraizado en el ser de las cosas en un nivel personal más profundo que los argumentos cosmológicos – parece ser incluso, por encima de una prueba de la existencia de Dios, más bien una especie de revelación natural y de experiencia de Dios. Las pruebas morales, que Kant ha desplegado, como ningún filósofo antes que él, en su auténtica penetración –y que, con todo, han de ser clarificadas fenomenológicamente y completamente liberadas de su fundamental y dañino subjetivismo así como de otros elementos (como, entre otros, un cierto falso formalismo y una pretensión de autonomía que ignora la referencia del acto moral al ser y al valor, así como su diferenciación cualitativa)– ganan entonces, de nuevo, el *peso metafísico* que en la manera en la cual Kant las desarrollaba habían perdido.[97]

Dios ha de ser infinitamente bueno y poseer la santidad más alta, ser el prototipo infinito de todo bien y santidad moral, para cumplir todas las exigencias morales de sentido citadas y para justificar su presencia fenoménica en la experiencia moral como más elevado objeto trascendente de ésta, presencia que va más allá de dichas exigencias.

Sin Dios, esa característica de todo amor que Dietrich von Hildebrand denomina *intentio benevolentiae*[98], y que va dirigida a todos

---

[97] En su segunda prueba moral de la existencia de Dios, Kant concede una cierta fundamentación filosófica a la creencia católica en que la gracia de Dios no sólo cubre nuestros pecados sino que nos santifica y purifica nuestra voluntad. Defiende incluso algo así como un purgatorio y un sufrimiento del alma tras la muerte hasta que no está plenamente purificada, puesto que sólo una voluntad santa, que ha entrado en una perfecta unidad interna con la moralidad, puede alcanzar la bienaventuranza.

[98] Dietrich von Hildebrand: *Metaphysik der Gemeinschaft. Untersuchungen über Wesen und Wert der Gemeinschaft*, en D. von Hildebrand: *Gesammelte Werke*, vol. IV (J. Habbel, Ratisbona 1975^3, edición revisada por el autor); id.: *Das Wesen der Liebe*, en D. von Hildebrand: *Gesammelte Werke*, vol. III (J. Habbel, Ratisbona 1971; segunda edición, ítalo-alemana, en Bompiani, Milán 2003), cap. 7;

los bienes objetivos *para la persona amada*, sería trágica y quedaría sin realizar. En efecto, ¿cómo habremos de hacer feliz o de ver feliz al amado por encima de la vejez, de la enfermedad o de la muerte?

Primero hay que reconocer que la persona misma es una perfección pura. Además, sólo semejante origen del mundo y sobre todo de las personas que se encuentran en él —un origen por amor— le conviene a la persona. Podemos reconocer aquí, como último principio metafísico de la causa del ser personal, la tesis de la declaración del Vaticano en *Donum Vitae* (contra la procreación de seres humanos *in vitro*) de que sólo el amor es el origen digno de la existencia de personas. También encontramos este principio en nuestra experiencia, pensando en los niños procreados sin amor paternal y aceptados como meros hechos, incómodos incluso. ¡Qué tragedia la del niño no amado! Tanto sólo es por amor que la persona puede afirmarse finalmente como persona, como es sólo por amor que puede llegar a existir. Un origen frío y sin amor contradice al sentido y a la dignidad de su ser.

Volviendo a nuestro argumento desde el amor como perfección pura, podríamos decir que dicho argumento integra la parte más sublime y central de nuestra sexta vía (que constituye una interpretación personalista de la cuarta vía de Tomás de Aquino). Expresemos el núcleo de la vía hacia el conocimiento de Dios desde el reconocimiento del amor como perfección pura como sigue: dado que el amor no es hijo de la riqueza *(Poros)* y de la pobreza *(Penia)*, como Platón pensaba, sino una perfección pura, y dado que toda realización finita del amor –que permite un más y un menos– es contingente y no contiene un fundamento suficiente para la medida precisa y limitada en la que se da en un ser humano, resulta visible que el amor supremo, el único que puede explicarse a sí mismo,

---

id.: *Reinheit und Jungfräulichkeit* (Oratoriums Verlag, Colonia / Múnich / Viena 1927; Kösel & Pustet, Múnich 1928²; Benziger, Einsiedeln / Zúrich / Colonia 1950³, edición con nuevo prólogo; Eos Verlag, St. Ottilien 1981⁴, con una introducción de Leo Scheffczyk); id.: *Man and Woman* (Franciscan Herald Press, Chicago 1966).

ha de ser (como todas las restantes perfecciones puras) infinito en Dios: debe, en determinado sentido, coincidir con Dios –y, por tanto, Dios es el amor mismo.

Junto a la prueba moral de la existencia de Dios hay otras pruebas «personalistas» que parten del conocimiento, de la verdad, de las posibilidades como correlato de la libertad, del arrepentimiento, etc., que no podemos abordar ahora dado el limitado marco de este trabajo.[99]

[99] Cf., por ejemplo, Max Scheler: «Reue und Wiedergeburt», *Vom Ewigen im Menschen* (Francke Verlag, Berna / Múnich, 1968^5, edición de Maria Scheler), pp. 27-59; v. también Josef Seifert: «Scheler on Repentance», en John Crosby (ed.): «Max Scheler», *American Catholic Philosophical Quarterly* 79, 1 (invierno 2005) 183-202.

Capítulo 6
PRUEBAS DE LA EXISTENCIA DE DIOS A PARTIR DE LA GRATITUD Y DEL AMOR

I. Una fenomenología de la gratitud como vía personalista a Dios

La gratitud y el agradecimiento se encuentran, sin duda, entre los más fundamentales actos y fenómenos humanos. No pasa ni un solo día de nuestra vida sin que digamos varias veces «gracias» o «te lo agradezco» o sin que lo hagamos en nuestros pensamientos u oraciones. Una vida sin gratitud no sería verdaderamente humana. Encontramos la gratitud en las situaciones más cotidianas, como cuando agradecemos que alguien nos preste un bolígrafo o nos abra una puerta; en condiciones fundamentales, como cuando agradecemos a nuestros padres el don de nuestra vida; y en escenarios dramáticos, como la gratitud que sentimos cuando alguien nos salva la vida poniendo la suya en peligro. Además, el agradecimiento no es sólo un acto fundamental humano e intersubjetivo sino que es también un acto fundamental religioso, universalmente presente en todas las religiones de una forma u otra.[100]

---

[100] El Thankgsgiving Square de Dallas (Texas) [<http://www.thanksgiving.org>], ha editado numerosas publicaciones sobre el tema, entre ellas un libro junto con la Academia Internacional de Filosofía en el Principado de Liechtenstein. Cf. Seifert, J. (ed.): *Danken und Dankbarkeit. Eine universale Dimension des Menschseins* (Universitätsverlag C. Winter, Heidelberg 1992), Cf. pp. 75-95.

Aunque la gratitud esté así siempre con nosotros, ¿la entendemos en su verdadera esencia y profundidad?[101] ¿Hemos reflexionado alguna vez sobre la visión del mundo y del ser que suponemos, conocemos y reconocemos cuando nos sentimos agradecidos?

Las reflexiones siguientes presentan una breve exposición de una metafísica personalista y de una filosofía de la religión tal y como éstas se exhiben en la gratitud. Para el cumplimiento de esta tarea me parece idóneo comenzar por un caso particularmente claro y significativo de gratitud.

---

[101] Tuve la fortuna de estudiar con los dos fenomenólogos de la gratitud más importantes; querría presentar aquí algunas de sus ricas intuiciones y algunos resultados de mis propias investigaciones al respecto. Lo dicho es verdad, sobre todo, respecto de Balduin Schwarz, que ha escrito frecuentemente sobre el tema: Cf. «Über die Dankbarkeit», en Tenzler, J. (ed.): *Wirklichkeit der Mitte. Beiträge zu einer Strukturanthropologie. Festgabe für August Vetter zum 80. Geburtstag* (Friburgo / Múnich 1968), pp. 677-704; «Del agradecimiento» (traducción de Juan Miguel Palacios), en *Ediciones del Departamento de Ética y Sociología de la Universidad Complutense en homenaje a su catedrático director R. P. José Todolí Duque O.P. con ocasión de su jubilación* (Madrid, 27 de mayo de 1985); «Der Dank als Gesinnung und Tat», en Seifert, J. (ed.): *Danken und Dankbarkeit. Eine universale Dimension des Menschseins* (Carl Winter-Universitätsverlag, Heidelberg 1992), pp. 15-26; «Some reflections on gratitude», en Schwarz, B. (ed.): *The Human Person and the World of Values. A Tribute to Dietrich von Hildebrand by His Friends in Philosophy* (Nueva York 1960), pp. 168-191; «Réflexions sur la gratitude et l'admiration», en *Entretiens autour de Gabriel Marcel* (Neuchâtel 1976), pp. 229-248 (discusión en pp. 242-248). V. también Schwarz, B. (ed.): *Dankbarkeit ist das Gedächtnis des Herzens. Aphorismen* (Don Bosco Verlag, Múnich 1992 nueva edición corregida); Seifert, J.: «Phänomenologie der Dankbarkeit als Zugang zu einer personalistischen Metaphysik», en Seifert, J. (ed.): *Danken und Dankbarkeit. Eine universale Dimension des Menschseins* (Universitätsverlag C. Winter, Heidelberg 1992), pp. 75-95; «From a Phenomenology of Gratitude to a Personalistic Metaphysics», en Schwarz, S. / Wenisch, F. (ed.): *Values and Human Experience. Essays in Honor of the Memory of Balduin Schwarz* (Peter Lang, Nueva York / Washington D.C. 1999), pp. 29-50.

El segundo filósofo en el que pienso aquí es el maestro de Balduin Schwarz, Dietrich von Hildebrand. Véanse sus siguientes escritos: *Moralia*, en *Nachgelassenes Werk. Gesammelte Werke*, vol. 5 (Josef Habbel, Ratisbona 1980); *Über die Dankbarkeit. Nachgelassene Schrift*, edición de la Dietrich-von-Hildebrand-Gesellschaft (Eos Verlag, St. Ottilien 1980, 1984); «*Gratitude*», en Dietrich and Alice von Hildebrand: *The Art of Living*, tercera edición, cap. 8, pp. 103-139 [*La gratitud*, Ediciones Encuentro, Madrid 2000]; y *Eine der wichtigsten Grundhaltungen des Christen: Die Dankbarkeit* (retransmisión radiofónica, 17/11/1991).

En su diálogo *De Beneficiis* trata Séneca de los beneficios y de la gratitud.[102] Tomando como punto de partida la observación de que la gratitud responde a un beneficio, el autor responde a la pregunta «¿qué es un beneficio?» diciendo que es «lo que uno dio (un bien), mientras que hubiera sido libre también de no darlo».[103]

A este respecto, Séneca saca a colación un asunto de gran interés. Discutiendo si se puede estar agradecido a un esclavo, expresa la opinión de que cada hombre –y, por lo tanto, también un esclavo– puede ser destinatario de la gratitud. Una objeción contra esta tesis insiste en que como el esclavo no tiene ningún derecho de rechazar algo (*potestatem negandi*), por lo tanto tampoco puede dar libremente un beneficio o un regalo a su patrón al cual éste no tuviera derecho; por esta razón, sería desatinado que el dueño agradeciera algo al esclavo.

Sin negar que la gratitud y el beneficio al cual ella responde presupongan la libertad del donante y la gratuidad del regalo, Séneca responde primero que el esclavo no renuncia a la libertad interior con la pérdida de la exterior. Demuestra, por lo demás, que está plenamente en el poder libre de los esclavos dar o no dar algo, porque el patrón del esclavo no posee un derecho o poder sobre la libertad interna ni sobre todos los actos externos del esclavo. Para ilustrar esto, Séneca pone un ejemplo conmovedor de un gran beneficio y de la gratitud subsiguiente y lo analiza con una profundidad extraordinaria:

> Contéstame mientras tanto si puedes figurarte (...) un esclavo que acompañe a su amo en una batalla y sin consideración ninguna de su propia vida y seguridad defienda a su patrón y, cubierto por muchas heridas, derrame la última gota de sangre y dé su vida para salvar a su dueño, franqueándole el camino a la huida y salvándole la vida a costa de la suya propia. (...) ¿Negarías tú, únicamente porque es un esclavo, que tal hombre esté dando libremente un beneficio y un regalo?[104]

---

102 Cf. Séneca: *De Beneficiis*, III, xvii, 3-4.

103 «Beneficium enim id est, quod quis dedit, cum illi liceret et non dare». Séneca: íd., xix, 1.

104 El texto completo es mucho más rico. Cf. Séneca: íd., III, xix, 2.

De hecho, este regalo del esclavo de su propia vida es tanto más grande y más gratuito (*gratius*) –afirma Séneca– cuanto que podría haber aprovechado la batalla como una ocasión propicia para escaparse de la propia y odiosa esclavitud. Dar su vida por su patrón en una tal coyuntura, dice Séneca, sólo puede ser explicado por una «caridad [*caritas*: un amor] hacia el patrón que derrota el odio de la propia esclavitud» y que también vence al odio que el esclavo podría sentir por un patrón exigente. Esta victoria del amor sobre el odio convierte el acto del esclavo en enteramente digno de gratitud.[105]

Reconociendo que la gratitud y el agradecimiento se fundan sobre un reconocimiento a la vez de la libertad y del poder de proveer voluntariamente un beneficio, Séneca insiste en que la esclavitud nunca puede eliminar enteramente la libertad de una persona y sigue diciendo que la parte mejor de los seres humanos permanece intacta tras la pérdida de la libertad exterior. La esclavitud se mantiene solamente a un nivel físico-exterior y jamás toma posesión del espíritu; los esclavos, por lo tanto, poseen en su espíritu libertad y derecho sobre sí mismos. Así pues, la verdad *mens quidem sui iuris* se aplica igualmente al esclavo.

El espíritu humano es tan libre que no se halla recluido en cárcel alguna y actúa por su propio ímpetu espontáneo (*suo impetu*), pudiendo realizar enormes cosas y extenderse, observa Séneca, hasta el infinito.[106] En el santuario interno de la libertad personal del esclavo, que no se puede ni comprar ni vender y que el patrón no puede determinar, el esclavo puede ser obediente o rechazar

---

105 Presuponiendo el carácter personal y la dirección a otra persona propios de la gratitud, Séneca menciona varios aspectos esenciales en la persona que es su destinataria: debe poseer libertad, debe dar libremente un beneficio (*donum gratis datum*) y darlo con un elemento de gratuidad que va más allá de lo que otra persona –en el caso al que se refiere, el amo– pueda exigir en el orden de los derechos y del poder. Todo ello le permite al esclavo prestar a su patrón un gran beneficio, una enorme dádiva que merece toda la gratitud del amo.

106 Cf. Séneca: íd., III, xx.

toda obediencia, cometer un crimen o evitarlo, ser fiel o ser infiel cuando la ocasión se presenta. Ante la objeción de que solamente el don gratuito –y no lo que uno está obligado a rendir– merece agradecimiento y de que aunque el esclavo poseyera libertad le faltaría la gratuidad del don, Séneca responde: hay en los actos del esclavo mucho que no está prescrito por la justicia ni por la ley. Por esta razón, si el esclavo va más allá del servicio moral y legalmente exigido de él, se puede –y, de todos modos, se debe– quedarle agradecido.

1. El sujeto personal y el destinatario de la gratitud

Si miramos esa gratitud del patrón entendemos que el sujeto del agradecimiento ha de ser una persona, aunque existan analogías distantes en el mundo de los animales (como en el ejemplo famoso del león de San Jerónimo). La gratitud no es un estado inmanente de conciencia, como sentirse cansado, sino un acto intencional que se dirige conscientemente y en un modo preciso y lleno de sentido hacia un objeto. El hecho de que la gratitud presupone una persona como su sujeto viene ya mostrado por los actos de conocimiento y juicio y por las interpretaciones complejas de acciones y gestos que un acto de gratitud presupone.

En nuestro ejemplo, para ser agradecido en el sentido auténtico y personal el patrón debe entender primero el acto del esclavo como tal. Dicho patrón debe reconocer conscientemente que el esclavo entregó su vida por él. En tal conocimiento se da primero la causalidad entre el acto libre y su efecto, el beneficio. Si el efecto de salvar su vida no hubiera sido causado por la persona del esclavo sino por una tormenta que hubiese inspirado terror a sus enemigos, quedando el esclavo como mero espectador del evento, el patrón no habría podido quedarle agradecido al esclavo.

Asimismo, si el esclavo no hubiera sido nada más que una causa, sin su saber o sin su intención –por ejemplo, por haber sido empujado contra el enemigo por una tercera persona–, habría ocasionado un gran bien al patrón, pero éste no podría agradecérselo. Igualmente, si el esclavo hubiera salvado la vida al patrón pero no al modo de una causa libre, que verdaderamente iniciaba una nueva cadena causal, sino como un mero eslabón en una serie de causas –como los deterministas creen–, el dueño no podría racionalmente agradecerle cosa alguna.

Profundicemos en esta condición necesaria de la gratitud, a saber: la libertad de la persona a quien agradecemos algo. Si asumiéramos que no hubiese libertad en el mundo y el otro actuase porque estuviese forzado a ello –fuera por un sistema eterno de causas materiales, por causas naturales del mundo biológico o bien por Dios–, entonces podríamos únicamente estar agradecidos *por* el dador de beneficios pero no *a* él. Con el conocimiento de que la otra persona no actuó libremente, no sólo la respuesta volitiva de la gratitud sino también el sentimiento mismo de gratitud morirían; y es que también nuestros sentimientos tienen y siguen una lógica del corazón, como Pascal la denomina.[107]

Así, la gratitud reconoce en la persona que es su destinataria esa libertad que constituye, en cierto sentido, la fuente última de sus actos. Sin la libertad de la otra persona, la gratitud quedaría privada de su fundamentación metafísica. Al carecer de ella, la gratitud sería un acto esencialmente absurdo, construido sobre ilusiones, o un tipo de hipocresía social y de falsa cortesía deshonesta; de hecho, sabiendo que la otra persona no actuó libremente, un verdadero sentimiento de gratitud no sólo resultaría indebido e inapropiado sino imposible.

La gratitud presupone no solamente la facultad del libre albedrío sino la libre *intención* concreta del otro de *intentar* el beneficio que nos consigue. Lo que es más, la libre intención del destinatario de la gratitud es tan importante que ya el mero propósito de salvar la vida

[107] Cf. Blaise Pascal: *Pensées*, en *Œuvres complètes*, ed. de Louis Lafuma (Éditions du Seuil, París 1963): «Le cœur a ses raisons que la raison ne connaît point; on le sait en mille choses» (423-*277*).

de su patrón es suficiente para quedar agradecido al esclavo incluso si su iniciativa, por una fuerza mayor, no puede llevar a cabo el beneficio perseguido. En este caso, y aun muriendo, el patrón podría agradecer al esclavo su intención y sus vanos esfuerzos de salvarle.

Vemos claramente, pues, que no el buen efecto, sino la intención benevolente constituye un presupuesto necesario para que la gratitud tenga sentido. Si alguien deseara envenenarnos, pero casualmente confundiese el veneno con una medicina salubre que sirviera a nuestro bienestar, estaríamos agradecidos *por* el efecto curativo de la medicina, pero no podríamos quedar agradecidos *a* la persona, que no tenía ningún propósito de servir a nuestro bienestar y que no conocía ni buscaba los salutíferos efectos de su acto. La intención del donante debe perseguir el bien dado. De hecho, como hemos visto, si la buena intención no se halla actualmente ligada al poder del donante de procurarnos un don, podemos y debemos agradecérselo.

Sobre la base de este análisis de la gratitud como acto que únicamente puede dirigirse a una persona libre y que tiene una intención benevolente podemos ver ya cómo el acto de gratitud, que resulta fundamental en casi todas las religiones, responde implícitamente a un bien objetivo en sí o para una persona. El conocimiento de la objetividad de un bien intrínseco o del carácter de este bien como don objetivo *para la persona* presupone otra vez el ser persona del sujeto del agradecimiento para poder conocer algo intrínsecamente precioso u objetivamente bueno. Así, para ser agradecido el patrón debe también llegar a una toma de conciencia o conclusión acerca del motivo por el cual el esclavo actuó. Debe reconocer, por ejemplo, que este acto del esclavo *intentaba el bien* que le ocasionó y que su intención de procurarle un beneficio fue inspirada por la benevolencia y no sólo motivada por su propia ventaja o amor propio. Y un tal entender psicológico de la motivación del donante presupone, de nuevo, el ser persona del sujeto y del destinatario de la gratitud.

La gratitud tiene sentido solamente en un mundo en el cual existe una verdadera solidaridad, un verdadero interés en el bien de otras personas. Bajo una teoría de la motivación puramente hedonista, egoísta, o también radicalmente eudemonista, la gratitud no sería posible y no tendría sentido. De un modo muy semejante, Karol Wojtyła y Tadeusz Styczeń han mostrado cómo la admiración por Antígona no tendría ningún sentido en un mundo en el cual todos estuviéramos motivados solamente por el propio bienestar o la propia felicidad.[108]

Asimismo, si asumimos que la otra persona nos mira y usa exclusivamente para su propio deseo y solamente como un medio, no podemos estar agradecidos. Si la otra persona poseyera solamente una entelequia y no una transtelequia,[109] si tuviera que estar encerrada en sus propios intereses, la razón inteligible de la gratitud quedaría excluida. La gratitud nos enseña así la perfección moral de que la persona es capaz, la capacidad de adecuar su intelecto, su voluntad y su corazón a la verdad, al valor y al bien para el otro, la solidaridad y el amor sin los cuales la gratitud no podría existir ni tener sentido.

Esa necesidad esencial –que tanto el sujeto de la gratitud como su destinatario hayan de ser personas– deviene aún más evidente si consideramos de forma separada los varios actos contenidos en el fenómeno global de la gratitud. Por un lado, la gratitud puede existir como un sentimiento y una respuesta interna en la vida solitaria del alma, sin que la persona a quien se dirige sepa algo de tal gratitud. Por otro lado, esta gratitud interna, sin embargo, empuja a la persona agradecida a expresar su gratitud en el acto de agradecer. Este «te agradezco por X» es muy diferente de un sentimiento interno de gratitud; es un acto social en el sentido señalado por Adolf

---

[108] Tadeusz Styczeń: «Zur Frage einer unabhängigen Ethik», en Wojtyla, K. / Szostek, A. / Styczeń, T.: *Der Streit um den Menschen. Personaler Anspruch des Sittlichen* (Butzon und Bercker, Kevelaer 1979), pp. 111-175.

[109] Cf. Josef Seifert: *Essere e persona. Verso una fondazione fenomenologica di una metafisica classica e personalistica* (Vita e Pensiero, Milán 1989), cap. 9.

Reinach, un acto que exige ser oído por la persona a quien se dirige.[110] Finalmente, como subraya Tomás de Aquino, el dar las gracias existe también bajo la forma de regalar algo como contrapartida por los beneficios recibidos del donante.[111]

Sobre todo las últimas dos formas de agradecimiento muestran no sólo el carácter personal del sujeto y del destinatario de la gratitud sino también el hecho que la gratitud tiene sentido únicamente en un mundo real y poblado por personas reales. Si no existieran las demás personas, como un idealismo y un solipsismo radical suponen,[112] la gratitud no tendría ya ningún sentido y sería absurda. Lo mismo vale también –y más claramente aún– para el acto social de agradecer que, como todos los actos sociales, sólo tiene sentido en un mundo poblado por diferentes personas.[113] Así pues, la gratitud y el agradecer tienen valor y sentido únicamente en un mundo real.

---

[110] Cf. Adolf Reinach: «Die apriorischen Grundlagen des bürgerlichen Rechtes», en Reinach, A.: *Sämtliche Werke. Texkritische Ausgabe in zwei Bänden*, vol. I: *Die Werke*, primera parte I: *Kritische Neuausgabe* (1905-1914), segunda parte: *Nachgelassene Texte* (1906-1917), edición de. Karl Schuhmann y Barry Smith (Philosophia Verlag, Múnich / Viena 1989), pp. 141-278; «The Apriori Foundations of the Civil Law», edición de J. F. Crosby, *Aletheia* III (1983) xxxiii-xxxv, 1-142. Reinach explica ahí este concepto de acto social.

[111] Cf. Tomás de Aquino: *Summa Theologica*, II IIae, Q. 106, art. 4-6; art. 107, art. 1.

[112] El solipsismo se sigue necesariamente del idealismo que supone a todo ser constituido por el sujeto; ahora bien, mientras casi todos los idealistas subjetivistas tentaron de evitar esta consecuencia, Max Stirner la defendió abiertamente. Cf. Max Stirner (pseudónimo de Johann Kaspar Schmidt): *Der Einzige und sein Eigentum* (Otto Wigand, Leipzig 1844); *El único y su propiedad*, traducción castellana de Pedro Dorado Montero, 1901; Pedro González-Blanco, 1905; Miguel Giménez Igualada, 1937; Eduardo Subirats, 1970; José Rafael Hernández Arias, 2004. Cf. también Husserl, E.: *Cartesianische Meditationen und Pariser Vorträge*, edición de S. Strasser, en *Husserliana*, vol. I (1950), V.

[113] Este asunto fue investigado con acierto por Gian Paolo Terravecchia en su *Fenomenologia delle relazioni interpersonali. Il contributo di Reinach e von Hildebrand alla filosofia sociale*, Internationale Akademie für Philosophie im Fürstentum Liechtenstein, Tesis Doctoral, 1998; edición italiana: *Filosofia sociale. Il contributo di Dietrich von Hildebrand*, con prefacio de Josef Seifert (Diade, Milán 2004).

2. *Objeto y esencia de la gratitud*

El sentimiento de gratitud no sólo tiene sujeto y destinatario sino también objeto: algo *por lo cual* estamos agradecidos. Este objeto de la gratitud siempre ha de ser un bien, ya que nadie puede estar agradecido por un mal en cuanto tal.[114] Ahora bien, no es necesariamente una persona: puede residir en todo tipo de bienes impersonales, como la nutrición o un día soleado; puede también ser una persona, o el ser amado por una persona, y puede ser un estado de cosas como «que un amigo fue liberado». Pero siempre exige un objeto que agradecer. No podemos estar agradecidos sin más, podemos sólo estar agradecidos *por* algo, aunque Bollnow y otros fenomenólogos hablen de una *ungegenständliche Dankbarkeit*, de un sentimiento de gratitud que no tendría objeto (opinión que criticaremos más adelante).[115] En contraste con otros sentimientos que no tienen objeto alguno, como sentirse alcoholizado, una gratitud totalmente carente de objeto no puede existir.[116]

Cuando decimos que la gratitud es un sentimiento –y ciertamente existe una tal gratitud afectiva– se debe añadir que no existe sólo en cuanto sentimiento que nace de forma espontánea en el alma y no está en nuestro poder. No: la gratitud también existe como acto libre a la hora de responder a un beneficio de modo apropiado, en un modo tal que, como dice Aristóteles, la existencia o no-existencia de nuestro

[114] Lo cual no excluye que uno pueda estar agradecido por un mal –por ejemplo, una grave enfermedad– si éste deviene la fuente de un gran bien (por ejemplo, una conversión espiritual).

[115] Cf. Otto Friedrich Bollnow: «Über die Dankbarkeit», en Seifert, J. (ed.): *Danken und Dankbarkeit: Eine universale Dimension des Menschseins* (Carl Winter, Heidelberg 1992), pp. 37-62. Volveremos sobre este punto para criticar dicha opinión.

[116] Como efecto de la gratitud por algo especifico resulta ciertamente posible que un sentimiento más general de alegría continúe en nuestra alma; pero en el origen de tal sentimiento se halla una gratitud que posee objeto. También existen casos de gratitud por una tan gran multitud de dones y beneficios que recibimos cada día, regalos que uno no puede nombrar ni pensar distintamente en su compleción; sin embargo, también esta gratitud tiene objeto.

acto libre de agradecimiento depende de nosotros mismos.[117] A la vez, y puesto que se dirige en modo pleno de sentido a un objeto, el sentimiento de gratitud no ha de quedar completamente fuera del poder de nuestra libertad, sino que debe ser libremente sancionado por la voluntad; de tal modo que nuestra libertad configura y participa de ese sentimiento de gratitud desde el interior, aunando la voz del reconocimiento libre con la voz del corazón, transformando así el acto de agradecimiento en una respuesta de gratitud a la vez sentida y buscada libremente. Todo ello se muestra de modo especial en lo que Tomás de Aquino considera la tercera fase de la gratitud: la reciprocidad del don.

La libertad de la sanción y la respuesta libre, interna y externa, eleva el sentimiento de la gratitud –que ya en sí mismo es adecuado a su objeto– al nivel y a la dignidad de una respuesta libre, sin que aquél pierda su carácter y el valor irreducible de una respuesta afectiva.[118]

3. Un análisis más profundo del objeto y del destinatario de la gratitud

La gratitud presupone no sólo un ser personal como sujeto y una dirección intencional hacia un don que agradecemos, sino también una segunda «dirección intencional» hacia la persona misma a quien agradecemos algo. A diferencia del arrepentimiento, que se dirige exclusivamente a la propia persona, la persona destinataria de la gratitud debe ser *otra.* La gratitud es de tal modo un acto personal *excéntrico,* esencialmente dirigido *a otra persona*; no es que no debamos, sino que no podemos agradecernos algo a nosotros mismos, como dice Tomás de Aquino: «El hombre no puede agradecerse algo

---

[117] Cf. Aristóteles: *Ética a Nicómaco*, b 1113 5 ss. (III, 1-2).

[118] Cf. el análisis de esta cuestión en Dietrich von Hildebrand: *Ética*, traducción castellana de Juan José García Norro (Ediciones Encuentro, Madrid 1983), cap. 25.

a sí mismo, porque el acto de dar las gracias va evidentemente desde una persona a otra».[119]

El patrón está agradecido *por* su vida, por su rescate, por otros frutos de la lealtad de su criado, y está agradecido *al* esclavo. El objeto de su gratitud es complejo ya por el simple hecho de que se refiere a todos los bienes por los cuales está agradecido. Además, uno puede solamente estar agradecido si entiende los beneficios que recibe como bienes objetivos en sí o para uno mismo. Si un placer me satisface sólo subjetivamente, como cuando uno me invita a complacerme por ver un film pornográfico o una tortura sádica, yo no puedo estar agradecido. Si de hecho agradezco un mal objetivo, porque es subjetivamente agradable o delicioso –como en el caso de que alguien me ofreciera cigarrillos de sabor agradable pero letales–, podría estar agradecido como receptor sólo si viese en ello algo objetivamente favorable para mi persona. Aunque alguien tal vez agradezca la satisfacción de un deseo puramente destructivo –por ejemplo, en el caso de una droga–, debe al menos interpretar la satisfacción de ese deseo como un beneficio objetivo para sí mismo, algo por lo cual poder estar agradecido. Nada puede ser objeto de gratitud sin poseer valor objetivo o sin constituir un bien objetivo para mí u otra persona (o, al menos, sin estar siendo entendido como tal).

En un sentido aún más profundo se da la gratitud cuando uno agradece algo que tiene valor en sí mismo y por sí mismo. Esta dimensión de la gratitud culmina en un gesto de pura alabanza, como se advierte en las famosas palabras de Job que comentaremos más adelante. Aunque Hildebrand y Schwarz hayan visto en la gratitud sobre todo o exclusivamente una respuesta a los bienes objetivos

[119] Cf. también Tomás de Aquino, ST III, Q. 106, art. 3, 1. Ahí Santo Tomás se refiere a Séneca (*De Beneficiis*, V) y expresa claramente esta estructura de la gratitud dirigida a otra persona : «... Nemo sibi ipsi beneficium dat... unde in his quae sunt ad seipsum non habet locum gratitudo et ingratitudo». Vid. íd.: «Sed homo sibi ipsi non potest gratias agere, quia gratiarum actio videtur transire ab uno in alterum».

para la persona y no una *respuesta pura al valor intrínseco*[120], Hildebrand mismo considera en su primer libro como su gran descubrimiento filosófico la respuesta adecuada al valor (una respuesta a un ser precioso en sí mismo por sí mismo), el «agradecer al valor».[121]

Sin embargo, incluso si uno niega que la gratitud pueda ser respuesta al valor intrínseco lo siguiente resulta claro: la gratitud más común por un bien objetivo *para* mí es tanto más profunda cuanto que la fuente de ese bien objetivo para mí es el valor que un ser posee en sí mismo y que me hace feliz cuando se me da. Si el objeto del agradecer –por ejemplo, la persona amada o una gran obra de arte– posee una característica buena o hermosa que reposa sobre sí misma, o si es la bondad misma, Dios, quien vuelve su rostro hacia nosotros regalándosenos en su preciosidad intrínseca, esto constituye un bien objetivo más sublime para nosotros que cuando algo es ante todo un bien *para* nosotros sin poseer un alto valor *intrínseco*, como sucede con la comida y la bebida que nos nutren.[122]

La gratitud y el agradecimiento poseen así estas dos dimensiones: la de dar «las gracias por algo» y la de ser agradecido «a alguien». Se debe afirmar, sin embargo, una conexión íntima entre

120 Cf. Dietrich von Hildebrand: «*Gratitude*», en Dietrich y Alice von Hildebrand: *The Art of Living*, tercera ed., cap. 8, pp. 103-139; Schwarz, B.: «Der Dank als Gesinnung und Tat», en Seifert, J. (ed.): *Danken und Dankbarkeit. Eine universale Dimension des Menschseins* (Carl Winter-Universitätsverlag, Heidelberg 1992), pp. 15-26.

121 Cf. Dietrich von Hildebrand: *Die Idee der sittlichen Handlung*, en *Jahrbuch für Philosophie und phänomenologische Forschung*, vol. III (Niemeyer, Halle 1916, reimp. 1930; nueva reimpresión en Wissenschaftliche Buchgesellschaft, Darmstadt 1969), pp. 126-251. Hildebrand trató también, de un modo semejante, el «gratias agimus tibi propter magnam gloriam Tuam»; Cf. *Liturgie und Persönlichkeit* (Anton Pustet, Salzburgo 1933, 1934; Styria, Graz 1955; cuarta edición en *Gesammelte Werke*, vol. VII, Habbel, Ratisbona 1974; quinta edición en Eos Verlag, St. Ottilien 1989).

122 Cf. Dietrich von Hildebrand: *Ética*, traducción castellana de Juan José García Norro (Ediciones Encuentro, Madrid 1983); *Über die Dankbarkeit. Nachgelassene Schrift*, edición de la Dietrich-von-Hildebrand-Gesellschaft (Eos Verlag, St. Ottilien 1980, 1984, pp. 8-10).

las dos direcciones intencionales de la gratitud. Incluso la «gratitud por» no agradece únicamente los beneficios, aislados de la persona del donante, sino que se refiere a ellos en cuanto proceden de la bondad de esa persona; dichos beneficios son objeto de gratitud en tanto en cuanto causados por otras personas que tienen con ellos mucho más que una relación puramente causal. Los beneficios que agradecemos son recibidos de donantes personales. Por lo tanto, ninguna gratitud genuina agradece sólo las cosas que constituyen el don sino que responde igualmente a su carácter de regalo como tal, un carácter que no sólo presupone su procedencia de una persona libre y benevolente sino que también *incluye* a la persona misma y su benevolencia. Así, en su ser «*por* un regalo», la gratitud agradece también por la persona misma del donante y por su bondad.

Además, para que podamos estarle agradecidos la persona del donante debe no sólo querer este beneficio y ser su origen libre sino desearlo también *para* el receptor del beneficio (y no actuar, pues, por egoísmo puro). Entonces quedamos agradecidos no ya por el puro efecto del acto del otro como tal, sino además y esencialmente por esos momentos de solidaridad, de caridad, de amor, y por la consideración comprensiva y benevolente que se expresan en el regalo.

Ahora deviene más comprensible cómo la persona del otro no sólo es el destinatario, *a* quien agradecemos por algo diferente de él, sino que la persona misma es también el objeto principal *por* el cual estamos agradecidos. A la sazón dar las gracias es, sobre todo, una respuesta a otra persona con la que le agradecemos no sólo algo diferente de ella, que ella puede conseguirnos; la «gratitud por» es también una respuesta de agradecimiento *por* la persona y sobre todo por su *amor* – la primera fuente y realidad última del don, en el sentido del hermoso *dictum* de Tomás de Aquino que fue magníficamente desarrollado en la metafísica del amor y del don de Karol Wojtyła:[123]

[123] Cf. Juan Pablo II: *Uomo e donna lo creò* (Città Nuova Editrice / Libreria Editrice Vaticana, Ciudad del Vaticano 1987).

> El amor es el primer regalo. Todo lo que puede ser dado de otra manera, solamente por el amor se convierte en regalo.[124]

Así, dar las gracias por un don incluye al mismo tiempo el agradecimiento por la bondad del otro, bondad que se expresa en el don y que es, al menos a menudo y en cierto sentido, un regalo más grande que cualquier tipo de beneficios impersonales.

4. Gratitud y alabanza como respuestas puras al valor intrínseco: gratitud por los bienes objetivos para mí y gratitud por los bienes objetivos para la persona querida

La gratitud por la persona y por la benevolencia del donante no es sólo agradecimiento por el amor del *dador*, sino también fruto del amor del sujeto de dicho agradecimiento; por lo tanto, va más allá de todos los dones recibidos y se dirige al valor mismo de la otra persona. En este sentido, el agradecer es una respuesta a la persona, un elogio de la persona a quien se debe el don. Vigorosamente lo expresa Beethoven después del canto de gratitud de Florestán –«¡Que recibáis recompensa en mundos mejores!» («Euch werde Lohn in bessern Welten!»)– en el coro del Final que sigue en el *Fidelio*: «Quien una esposa tal se ha procurado, únase a nuestro gozo; nunca será ensalzado en demasía el ser salvadora del esposo» («Wer ein solches Weib errungen, stimm' in unsren Jubel ein. Nie wird es zu hoch besungen, Retterin des Mannes sein!»).

La relación íntima entre gratitud y alabanza aparece igualmente en las famosas palabras de Job. Sobre estas palabras existe un magnífico discurso edificante de Kierkegaard en el cual interpreta la primera palabra admirable de Job –pronunciada justamente en el momento en cual ha perdido todo–, a saber, la frase «El Señor dio», como palabra de gratitud. Solamente en su segunda frase: «El Señor quitó», habla Job de su pérdida inmensa. Según Kierkegaard, estas

---

[124] Cf. Josef Pieper: *Über die Liebe* (Kösel, Múnich 1972), p. 13.

palabras de gratitud y de dolor culminan en la tercera frase, de pura alabanza: «¡Sea bendito el nombre del Señor!».[125] Aparece aquí la íntima conexión entre el agradecimiento y la alabanza.

También la Iglesia católica insiste en la relación cercana entre agradecimiento y alabanza a Dios. Así, en el *Gloria* de la Eucaristía se identifica como primer objeto de la acción de gracias la gloria de Dios. Después de otras expresiones de pura alabanza (*laudamus Te, benedicimus Te, adoramus Te, glorificamus Te*) se continúa diciendo *gratias agimus Tibi propter magnam gloriam Tuam*: te damos gracias por tu gran gloria.[126] Esta dimensión de la gratitud tiene el carácter de una respuesta pura al valor intrínseco.

Mientras que una alabanza y glorificación tales constituyen respuestas puras al valor intrínseco de personas, damos las gracias –en el sentido más común de la expresión– por regalos *para* nosotros. Ahora bien: en el caso de que se trate de un don por amor, e incluso si el regalo es algo exterior a la persona, el bien objetivo «para mí» (*bonum mihi*) asume el carácter de una incorporación o encarnación del amor y mi gratitud responde igualmente a este elemento de amor.[127] Agradecemos a una persona de esta forma última solamente cuando el regalo es don de su benevolencia y de su amor.

Los diferentes objetos de la gratitud y el destinatario del agradecimiento se hallan unos junto a otros en una admirable dinámica, sobre todo cuando la gratitud tiene lugar en una relación de íntimo amor. La persona agradece los dones recibidos y al mismo tiempo

---

[125] Cf. Søren Kierkegaard: *Edifying Discourses* (Londres / Glasgow, 1958), pp. 78-94. [N. del T.: El autor emplea una compilación inglesa de los *Discursos edificantes* publicados por Søren Kierkegaard entre 1843 y 1850.]

[126] Véase la explicación de esto en Dietrich von Hildebrand: *Liturgie und Persönlichkeit* (Anton Pustet, Salzburgo 1933, 1934; Styria, Graz 1955; cuarta edición en *Gesammelte Werke*, vol. VII, Habbel, Ratisbona 1974; quinta edición en Eos Verlag, St. Ottilien 1989).

[127] Cf. Dietrich von Hildebrand: *Über die Dankbarkeit. Nachgelassene Schrift*, edición de la Dietrich-von-Hildebrand-Gesellschaft (Eos Verlag, St. Ottilien 1980, 1984), p. 11; *Moralia*, en *Nachgelassenes Werk. Gesammelte Werke*, vol. V (Josef Habbel, Ratisbona 1980), capítulo V.

elogia con ello la bondad de la persona del donante, considerando incluso lo que ella es en sí misma como gran bien para nosotros. También en esta gratitud por el don que la otra persona es *para* nosotros la acción de gracias regresa otra vez a esa persona y la afirma por sí misma.

En este unirse la gratitud y el amor nace una nueva gratitud que es exclusivamente fruto del amor: quedamos agradecidos también por todos los bienes *para el otro*, *para la persona querida*, y bajo el aspecto de lo que significan *para ella*, participando así en ese íntimo centro individual de la otra persona al cual se dirigen los dones. El amor transciende así todo ser encerrado en sí mismo y agradece los bienes del otro bajo este punto de vista del *pro tibi*. Y en la dialéctica del amor el hecho mismo de que algo es un don para ti[128] deviene nuevamente un bien indirecto para mí; la persona amada recibe este amor auto-transcendente del ser querido y esta su «gratitud por los dones para ella» como un don que de nuevo agradece.

5. *La enseñanza de la gratitud sobre el ser absoluto divino*

Podemos preguntarnos ahora si todos los rasgos de la gratitud y todos los presupuestos antropológicos y metafísicos de la gratitud que hemos expuesto –la libertad y realidad de la persona en el don, la falsedad de un pesimismo moral que niega la existencia de benevolencia en el mundo, la capacidad de auténtica benevolencia etc.– son solamente presupuestos subjetivos de un sentimiento o si la gratitud nos enseña verdades antropológicas y metafísicas que se hallan incluidas en su verdad ontológica y en las intuiciones que le subyacen. Me parece que la segunda alternativa es la verdadera. Mantengo, pues, que la naturaleza inteligible de la gratitud y su alto valor nos enseñan la verdad de los presupuestos que se revelan a través de ella. Ahora bien, antes de llegar a las últimas verdades

---

[128] Se encuentra un fantástico análisis de todo ello en la obra de Dietrich von Hildebrand *La esencia del amor* (EUNSA, Pamplona 1998), cap. 7.

metafísicas enseñadas por la gratitud debemos tomar en consideración algunas objeciones.

A. Algunas dudas sobre los presupuestos de la gratitud y sobre la dirección de la gratitud hacia otra persona. La «gratitud anónima»

Alguien podría dudar sobre la segunda dirección intencional de la gratitud (hacia un destinatario personal) aludiendo a una multiplicidad de experiencias que sugieren que existe una gratitud no dirigida hacia otras personas. En primer lugar, podría referirse a un estado de pura y alegre excitación que se asemeja a un sentimiento de gratitud pero que no necesariamente se refiere a un destinatario personal (tampoco bajo la forma de la ausencia dolorosa de un tal). Ahora bien, un sentimiento de «pura alegría» que de hecho no tiene ningún destinatario personal no puede ser denominado correctamente gratitud.

En segundo lugar, uno podría llamar «gratitud sin dirección» al sentimiento que nace de un agradecimiento dirigido a una persona en el que la gratitud original se ha convertido en un «estar siendo agradecido» que va más allá de la gratitud por un regalo específico, de modo semejante a como la alegría por un cierto acontecimiento puede conducir enseguida a un estado de felicidad que no tiene objeto concreto. Podemos admitir, sí, una tal experiencia; pero este sentimiento general depende totalmente de la gratitud originaria que tuvo objeto y destinatario personal, y no se podría llamar gratitud «sin origen» sin soslayar esa gratitud original que sí tuvo objeto y destinatario personal.

Con «sin dirección» uno podría igualmente adjetivar una gratitud genuina en la cual se da sólo una referencia oscura a otra persona a la que uno está agradecido: una gratitud hacia el mundo o incluso a la luna, al sol, al viento, a todas las cosas. Sin embargo, cuando uno indaga más en profundidad en dicha gratitud encuentra que es absolutamente imposible, en un sentido real, agradecer algo a este aire, a esa agua, a aquellas abejas etc., no obstante uno les quede muy agradecido *por* sus efectos: el frescor del aire, el saciar la propia sed o el sabor de la miel.

Aunque se pueda decir –en un poema o en alguna situación vital– que se «agradece» a estos seres impersonales, esto no ha de ser interpretado literalmente. Ahora bien, existen varias posibilidades de reconciliar la autenticidad de una tal experiencia con la evidencia de que la gratitud posee un destinatario personal. Por ejemplo:

(a) se está hablando de manera (pura, metafórica o extremadamente) análoga, entendiendo más una alegría que una gratitud; o bien

(b) se tiene en mente una gratitud real que posee, en el fondo, un destinatario personal, dado que –como antes he hecho notar– tampoco se podría estar agradecido a personas si no se les reconociese como siendo libres en el sentido fuerte y metafísico de la palabra; lo cual excluye ya que uno pueda estar agradecido a destinatarios impersonales. Puedo quedar inmensamente agradecido *por* el agua que me salva la vida o las abejas que me regalan la miel, pero no puedo agradecerles nada *al* agua o *a* las abejas porque ni son libres ni quieren mi bien.

La necesidad esencial de que la gratitud esté dirigida a otra persona se puede perder de vista también porque religiones tales como el budismo –que no cree en un dios vivo y personal– favorecen un intenso sentimiento de gratitud no dirigido a personas. Si se insiste sobre el sentido de un agradecimiento *no dirigido a personas*, se puede hablar de una reinterpretación de la experiencia original o de una falsificación del auténtico sentido y de la esencia de la gratitud, que no puede dirigirse más que a otra persona; si se pretende agradecer algo a cosas impersonales, se desplaza esa esencial orientación personal que es propia de la gratitud y se pierde de vista su significado. Se termina así por denominar gratitud a algo que no lo es, o se presupone secretamente una persona destinataria del agradecimiento (como de forma abierta hicieron los griegos al suponer dioses en todo aquello que se encuentra fuera de nuestro control).

En cualquier caso, el fenómeno original, que observamos en el dar las gracias, se halla siempre dirigido –abierta o encubiertamente– a otra persona.

Finalmente, podríamos referirnos a una experiencia muy real y profunda que Balduin Schwarz –en una reflexión sobre la palabra de un ateo recogida por Chesterton: «El momento más difícil en la vida de un ateo es cuando siente gratitud y no tiene nadie a quien agradecer»– denominó «gratitud anónima». Un ateo puede sentir profunda gratitud después de la sanación inesperada de su querida esposa, un intenso sentimiento de gratitud que no puede dirigir a un ser humano porque el regalo de la vida de la cónyuge no ha sido obtenido gracias a él. Tal experiencia resulta posible. Sin embargo, no constituye una objeción, ya que muestra de un modo claro –manifestado en el dolor del ateo a raíz de la falta de destinatario de su gratitud– una dirección a un destinatario desconocido; así pues, no representa entonces objeción alguna, sino más bien una prueba de la referencia necesaria de la gratitud a otra persona.

B. Hacia una resolución de las dudas. Acerca de la explicación última de la «gratitud anónima» y del secreto de toda gratitud

La gratitud no afirma solamente los rasgos antropológicos y metafísicos de las personas humanas entre quienes se da, sino que esa gratitud puramente humana contiene una profunda sabiduría y una doctrina metafísica sobre el carácter personal y el origen absoluto de todos los seres. Para reconocer esto debemos pensar de nuevo en los destinatarios de la gratitud y no sólo tener en mente ese fenómeno investigado por Balduin Schwarz y al que denominó «gratitud anónima»,[129] sino observar también más profundamente cualquier

---

[129] Cf. «Über die Dankbarkeit», en Tenzler, J. (ed.): *Wirklichkeit der Mitte. Beiträge zu einer Strukturanthropologie. Festgabe für August Vetter zum 80. Geburtstag* (Friburgo / Múnich 1968), pp. 677-704; «Del agradecimiento» (traducción de Juan Miguel Palacios), en *Ediciones del Departamento de Ética y Sociología de la Universidad Complutense en homenaje a su catedrático director R. P. José Todolí Duque O.P. con ocasión de su jubilación* (Madrid, 27 de mayo de 1985);

forma de gratitud entre seres humanos. En la gratitud anónima del ateo, que experimenta agudo dolor por no tener a nadie para expresarle su agradecimiento, pero, sobre todo y de forma última, en toda gratitud dirigida a otra persona humana, hay una dirección a un destinatario que va más allá del destinatario humano.

Podríamos hablar de un «exceso» trascendente de toda gratitud humana. Bien podemos presuponer la siguiente constatación metafísica: incluso en un mundo en el que existieran sólo personas humanas y se reconociese en ellas a seres libres –por esta razón, origen último de todo beneficio– a quienes debemos gratitud, en todo agradecimiento permanecería un «resto» inexplicable e ininteligible. Justamente al reconocer al destinatario humano de nuestra gratitud y al dirigir hacia él nuestro agradecimiento constatamos en él una gran carencia: en efecto, no constituye la razón y fuente que podría explicar el beneficio íntegro que recibimos por medio de él – beneficio que, si bien halla su origen real en su libre benevolencia, simultáneamente no tiene en esa persona humana misma su origen último y suficiente. Esto proviene, primero, del hecho de que él no puede explicar su propio ser: no puede por sus propias fuerzas crearse a sí mismo de la nada ni explicar por su voluntad y buenas intenciones todos los aspectos del beneficio que por su medio recibimos. En otras palabras: del mismo modo que el ateo siente una gratitud anónima, sin destinatario humano, después de la sanación inesperada de su esposa, igualmente toda gratitud y todas las gracias dadas *a* una persona humana incluyen también el dar las gracias *por* ella, *por* su existencia, *por* su llegada en el momento

«Der Dank als Gesinnung und Tat», en Seifert, J. (ed.): *Danken und Dankbarkeit. Eine universale Dimension des Menschseins* (Carl Winter-Universitätsverlag, Heidelberg 1992), pp. 15-26; «Some reflections on gratitude», en Schwarz, B. (ed.): *The human person and the world of values. A tribute to Dietrich von Hildebrand by his friends in philosophy* (Nueva York 1960), pp. 168-191; «Réflexions sur la gratitude et l'admiration» en *Entretiens autour de Gabriel Marcel* (Neuchâtel 1976), pp. 229-248 (íd., discusión en pp. 242-248). V. también Schwarz, B. (ed.): *Dankbarkeit ist das Gedächtnis des Herzens. Aphorismen* (Don Bosco Verlag, Múnich 1992).

preciso para salvarnos la vida, *por* sus fuerzas físicas, *por* su inteligencia, etc. Puesto que la persona del benefactor humano, en virtud de su contingencia, no puede dar una explicación suficiente de todo esto, un gran regalo está conectado con su ser mismo, un don por el cual estamos agradecidos. Resulta evidente que la persona humana destinataria de nuestra gratitud no puede ser destinataria de dicha gratitud *por* ella misma y por todos los aspectos del beneficio que se hallan fuera su control.

La evidencia de que los seres humanos a los que expresamos nuestro agradecimiento son en sí mismos regalos y de que todos los beneficios que ellos nos procuran implican siempre dones fuera de su poder nos conduce al culmen de la doctrina metafísica de la gratitud.[130]

Aparte del don primordial del ser mismo de un ser humano como condición de todos los regalos de él recibidos, constan muchísimos e innumerables otros factores que no están en su poder y que, por lo tanto, le vienen regalados. Debido a estos datos metafísicos de hecho, el dar las gracias a las personas humanas siempre exige que agradezcamos a alguien más allá de ellas. Así pues, la gratitud no es jamás, a fin de cuentas, algo mera y exclusivamente interhumano, sino un básico acto metafísico de la persona, que en cada agradecimiento dirigido a personas humanas agradece también muchas otras cosas en tal modo que el destinatario de dicha gratitud sobreabundante no puede ser otro ser humano u otra persona contingente.

---

130 En contra de algunos principios de su ética estoica, el filósofo griego antiguo Epicteto nos enseña esto: «No digas nunca de una cosa: La perdí, sino: La devolví. Un niño se te murió: tú lo devolviste. Tu mujer se te murió… ¿Qué te preocupa, si fue reclamada por el que te la dio?» Cf. Epicteto: *Handbüchlein der Moral* (*Enchiridion*), 10, en *Epiktet Teles und Musonius. Wege zu glückseligem Leben*, traducción e introducción de W. Capelle (Artemis Verlag, Zúrich 1984), p. 31. En sus *Diatribas*, Epicteto nos proporciona un texto mucho más rico sobre esta dimensión metafísica de la gratitud: «Porque si teníamos entendimiento, ¿qué otra cosa debíamos hacer allí más que elogiar y alabar a la divinidad y expresarle los sentimientos de nuestra gratitud de la manera más completa?». Cf. *Epiktet Teles und Musonius. Wege zu glückseligem Leben*, edición de W. Capelle, op. cit., p. 100.

Hemos reconocido que la gratitud puede depender sólo de una persona libre como sujeto y dirigirse hacia otra persona libre como destinataria. Pues bien, en este «plus de gratitud» nos dirigimos hacia otra persona distinta de las humanas. Por ello, en el agradecimiento hacia los seres humanos se halla siempre un con-agradecer, un *syn-eucharizein*, haciendo libremente nuestras las palabras de Antígona en la tragedia de Sófocles cuando dice a Creonte: «No estoy aquí para con-odiar sino para con-amar».[131] Del mismo modo en que Antígona invoca un «amar con», podemos nosotros hablar aquí de un «agradecer con», en el preciso sentido de que cada agradecimiento dirigido a un hombre va más allá de él y con-agradece a la fuente última de todos los dones. Nunca podemos agradecer sola y exclusivamente a personas humanas, a largo plazo. En cada caso, si no olvidamos su contingencia y sus límites percibimos que la persona humana no es en un sentido radical la exclusiva autora de los dones que recibimos; así, la gratitud se extiende más allá de ella a la fuente última y primera de todos los beneficios.

También una reflexión sobre nosotros como sujeto de la gratitud confirma esta dimensión metafísica del agradecimiento en cuanto dirigido a una persona absoluta como destinataria ulterior. Porque el sujeto humano de la gratitud y del agradecimiento es igualmente contingente; si existiéramos de forma necesaria y poseyéramos por nosotros mismos toda perfección, de modo que no la hubiéramos recibido de otra persona, no podríamos estar agradecidos por ella porque seríamos Dios.

(En la fe trinitaria, el cristiano cree que la gratitud no es una mera virtud humana o angélica sino una perfección pura que existe en Dios mismo. La fe cristiana afirma que existe gratitud de las dos personas divinas que reciben eternamente todo lo que son de otra persona divina, en el misterio abismal de la generación del Hijo y

[131] «No nací para compartir el odio, sino el amor». Traducción castellana de Carlos Miralles: *Áyax. Antígona. Edipo rey*, Salvat Editores y Alianza Editorial, Madrid 1969, p. 94. [N. del T.]

de la procesión del Espíritu Santo del Padre y del Hijo, como se expresa en los discursos de Jesús durante la última cena. Es interesante que, con mucha menos razón teológica, el Islam incluya la gratitud como perfección pura divina en los cien –noventa y nueve– nombres de Alá, bajo el nombre número treinta y cinco: *Al-Shakur*, «El agradecido». Una reflexión sobre esta metafísica de la divina gratitud en una teología monopersonal y no trinitaria podría hacernos descubrir también dimensiones metafísicas más profundas encerradas en la doctrina personalista del agradecimiento.)

La gratitud humana siempre se co-funda en la conciencia de que no poseemos ni nuestro ser ni nuestro valor por nosotros mismos. Sólo si conocemos y reconocemos esta nuestra contingencia podemos ser adecuadamente agradecidos. Así pues, la gratitud contiene un elemento esencial de humildad y es siempre también gratitud por el don de poseer nuestro ser y nuestro ser persona, tal y como Max Scheler ha explicado profundamente[132] y como

---

[132] Cf. Max Scheler: *Zur Rehabilitierung der Tugend*, en Scheler, M.: *Vom Umsturz der Werte* (Francke-Verlag, Berna / Múnich 1955); también: *Zur Rehabilitierung der Tugend* (Arche Verlag, Zúrich 1950), pp. 18 ss.: «Allí donde (...) soltando nuestro propio yo, todo su valor posible y su respetabilidad y dignidad –a los que el orgulloso se aferra con fuerza–, realmente nos «perdemos» a nosotros mismos, nos «abandonamos» (…), somos «humildes» (…). ¡Atreveos a asombraros agradecidamente de que existís, de que hay algo en absoluto y no más bien nada! Atreveos a renunciar (…) a cualquier pretensión de ser «dignos» de algún tipo de felicidad y de concebirla de otro modo que sólo como un don: ¡únicamente así sois humildes! (…) «A la felicidad misma queremos preferir, mi querido Lucilio, el ser dignos de poseerla»: así hace hablar Addison a su estoico. La frase reproduce también una idea básica de la ética de Kant. Pero esa frase (…) no es ni parcialmente correcta, ni falsa… sino diabólica. Acepta agradecidamente cualquier felicidad, desde la más nimia, el placer más pequeño que roza tus nervios, hasta la dicha más profunda que, al propagarse en ti, te lleva a ti y a todas las cosas a la luz divina; acéptalas *agradecidamente* y no pretendas «merecer» ni siquiera su parte más pequeña: así reza el mandamiento de la humildad. ¿Hay amor más puro que el que consiste en conceder al otro de buen grado la dicha del amor, en concederle incluso a las cosas, que sólo casualmente nos convienen, la apariencia de un cierto bien? Y esto, incluso allí donde el mundo establece una así denominada «pretensión de justicia» respecto del servicio que alguien nos presta sólo por amor, o respecto del que nos proveen casualmente las cosas (como la silla, que está ahí cuando nos queremos sentar, o el rayo de Sol, cuando no tenemos paraguas). Y ¿no merece aún agradecimiento que el mundo contenga un justo, aun cuando éste obre casualmente de manera «justa» hacia nosotros? (…) El orgulloso, cuyo ojo está pendiente –como cautivado– de su valor,

Matthias Claudius lo expresa en un bellísimo poema que contiene estas líneas:

> Doy gracias con gozo a Dios,
> como niño en Navidad con su regalo,
> de que soy, ¡soy!, y de que a ti yo
> te tengo, hermoso semblante humano...[133]

---

vive necesariamente en noche y tinieblas. Su universo de valores se oscurece minuto a minuto, dado que cada valor que atisba se le antoja robo y secuestro de su propio valor. ¡Así se convierte en diablo y negador! Encerrado en la prisión de su necedad, crecen y crecen los muros que le clausuran la luz diurna del mundo. ¿Veis el ojo avaro y celoso de sí cuando frunce la ceja? En cambio, la humildad *abre* el ojo del espíritu hacia todos los valores del mundo. ¡Sólo ella, que parte de que *nada* es merecido y de que *todo* es regalo y maravilla, hace ganarlo *todo*! Ella hace sentir todavía cómo sea espléndido el espacio en el que los cuerpos se pueden desplegar sin desintegrarse; y cuánto más maravilloso y de agradecer sea que haya espacio, tiempo, luz y aire, mares y flores, incluso –cosa que siempre descubre de nuevo con alegría– que haya pies y manos y ojos, así como todas esas cosas cuyo valor nos cuidamos de ser capaces de ponderar cuando son escasas y los demás no las poseen. ¡Sé humilde e inmediatamente te convertirás en rico y poderoso! ¡Allí donde no «mereces» nada más, te será regalado todo! La humildad, en efecto, es la virtud de los ricos, como la altanería la de los pobres. *Todo* orgullo es «orgullo de pordiosero». (...) ¿Cómo podría sentir y entender el *sentido* del mundo el orgulloso, que «no se deja regalar» nada ni reconocidamente deja que se tome nada de él?». Véase también Epicteto: op. cit., p. 147; Styczeń, T.: «To live means to thank: gratias ago, ergo sum», en PAV publications (texto disponible en línea: <http://www.academiavita.org>); «Danken heisst Beschenken«, en Seifert, J. (ed.): *Danken und Dankbarkeit. Eine universale Dimension des Menschseins* (Universitätsverlag C. Winter, Heidelberg 1992), pp. 63-75.

133 Véase el profundo y metafísico poema sobre la gratitud compuesto por Matthias Claudius, *Täglich zu Singen* (1, en particular los versos 1-4): «Doy gracias con gozo a Dios, / como niño en Navidad con su regalo, / de que soy, ¡soy!, y de que a ti yo / te tengo, hermoso semblante humano; / de que el Sol, los mares y las peñas / y las frondas y la hierba puedo contemplar; / de que bajo el cielo nocturno de estrellas / y bajo la querida Luna puedo caminar; / de que ahora, como entonces, yo canto, / cuando veníamos en infantil tropel / y contemplábamos lo que el Cristo santo / nos había regalado, ¡amén! / Con la cítara a Dios alabo / por no haber monarca nacido; / sucumbido hubiera al halago / y, quizá, en la corrupción caído. / De corazón también le pido / yo, viajero en esta tierra, / sin ser hombre grande y rico / en él tampoco me convierta. / Honor y riqueza inflan y mueven, / peligros varios ellos llaman, / a muchos el corazón ellos retuercen / que antes vigilante siempre estaba. / Y todos los bienes y el dinero / de muchas cosas son la prenda; / pero salud, sueño y ánimo bueno / no logran, no, que tú los tengas. / Ellos son, a sol y sombra, / bendición grande y premio bueno, / de ahí que yo sin más no corra / a causa del mucho dinero. / Sólo pido que cada día me dé Dios, / mientras yo lo necesite, el respirar. / Se lo da sobre el tejado al gorrión: / ¡cómo a mí no me lo ha de dar!».

Solamente la humildad acepta con alegría su propia contingencia, que en cambio resulta intolerable para nuestro orgullo. De hecho, puedo estar agradecido en un sentido radical, dice Scheler, sólo en la medida en que acepto y reconozco mi contingencia humilde y alegremente. Entonces agradezco el don originario de mi existencia y el de la existencia de otras personas como condición de todos los demás regalos, un don del que ningún hombre puede ser donante. La gratitud intersubjetiva muestra un «exceso» o una trascendencia, y en ese «exceso» va siempre más allá de los donantes humanos y de todos los dones que ellos procuran. En efecto, todas las personas humanas son regaladas a sí mismas y a otras; en consecuencia, el movimiento esencial de la gratitud tiene que empujar siempre más allá y ascender hasta el origen de todo don. Su destinatario último puede ser sólo un ser personal que únicamente regala y es regalo, sin ser regalado a sí mismo o creado ni causado por otra persona a la que Él mismo tuviera que deber gratitud. Así pues, la dinámica del sentimiento de gratitud –incluso del más sencillo– dirigido hacia una persona humana no puede pararse hasta que alcance a una persona de una naturaleza originaria en sentido absoluto, un ser personal igualmente absoluto y bondadoso: «Toda dádiva buena y todo don perfecto viene de lo alto, desciende del Padre de las luces, en quien no hay cambio ni sombra de rotación».[134]

Sin alcanzar este punto, y aunque posea un alto valor y resulte necesaria para la humanidad de nuestra vida, la gratitud intersubjetiva quedaría sin fundamentación última. Si esta fundamentación y dicho término último del dinamismo de la gratitud no existieran, la gratitud contendría, por un lado, una relación esencial con un ser personal bondadoso y absoluto mientras que, por otro, este ser no existiría y el mensaje metafísico inherente a la gratitud –a saber, que su destinatario último existe y busca el bien– sería, a fin de cuentas, una absurda mentira.

[134] St 1, 17. [N. del T.: traducción de R. Leconte / S. García: *Biblia de Jerusalén*, Descleé de Brouwer, Bilbao 1984, pp. 1735.]

Llegados a esta comprensión más profunda, atisbamos una disyuntiva. Sólo existen dos opciones: la tesis de que el acto fundamental humano de gratitud sea absurdo e infundado y aquella otra que afirma que la gratitud, que es un acto humanísimo y exigido moralmente, se halla firmemente enraizada en los fundamentos metafísicos que enseña por su esencia misma. En este caso, la gratitud posee en sí el carácter profético atribuido por Gabriel Marcel al amor.[135] Anuncia, por su esencia necesaria y no susceptible de invención, la verdad de sus fundamentos últimos, metafísicos y personalistas.

He aquí nuestra conclusión: que los presupuestos metafísicos de la gratitud no constituyen meras propuestas o imperativos subjetivos sino verdades objetivas demostradas por la esencia de la gratitud misma. Considerando nuestra propia experiencia de la gratitud y teniendo en cuenta su acoplamiento necesario con la libertad, la solidaridad y la realidad personal y su orientación hacia una fuente última de todos los dones, reconocemos que un acto tan inteligible como la gratitud no puede ser reducido a un absurdo o a una mentira metafísica. La existencia de la libertad de la persona, la existencia autónoma de otras personas, la capacidad de auténtica benevolencia y ese movimiento de «exceso» trascendente, todo ello nos viene a ser confirmado por la gratitud más allá de cualquier duda.

Así, en la experiencia de la gratitud, central en la existencia humana, cada acto de agradecimiento anuncia y enseña una luminosa metafísica personalista que se muestra a la reflexión filosófica profunda y claramente, aunque encapsulada en cada acto de dar las gracias. La filosofía, como una buena comadrona,[136] solamente ayuda

[135] Cf. Gabriel Marcel: *Présence et immortalité: Journal métaphysique (1939-1943) et autres textes* (Flammarion, París 1959); vid. también la obra de Roger Troisfontaines S. J. *De L'Existence à l'Être. La Philosophie de Gabriel Marcel, Lettre Préface de Gabriel Marcel,* 2 vols. (Nauwelaerts / Vrin, Lovaina / París 1953; 1968).

[136] Sócrates, hijo de una comadrona, caracterizó al filósofo en estos términos. Véase el magnífico escrito de Platón *Teeteto*, 149d-151a. Cf. también la obra

a dar a luz a esta criatura espléndida, fruto de una metafísica personalista, escondida en el útero de la experiencia, humana y común, del agradecimiento.

II. Pruebas a partir del amor

La más profunda entre las pruebas personalistas que parten de la esencia y del objeto de los actos personales es la prueba a partir del amor. Ésta tiene dos formas básicas y numerosas clases subordinadas: algunas de éstas parten del amor humano, otras del amor divino.

1. Pruebas a partir del amor humano

La primera serie de estos argumentos a favor de la existencia de Dios, de los que vamos a ocuparnos en primer lugar, parte de nuestra experiencia del amor humano:

Se trata, antes de nada, de la experiencia de que la persona humana, el niño, el cónyuge, el padre, la madre o el amigo son *dignos de ser amados*. Esta experiencia e intuición de que un ser humano posee un valor absoluto ante el cual sólo el amor es una respuesta adecuada –*persona amanda est propter seipsam*, tal y como lo formulan los personalistas polacos en torno a Karol Wojtyła– nos puede mover a preguntarnos por la fuente de este valor personal (ser digno de ser amado): ¿requiere esta dignidad de la persona a un Dios no sólo creador espiritual, libre y todopoderoso, sino también amoroso, como fuente suya? ¿Cómo podría explicar una causa no personal, o incluso una persona fría y carente de amor, ese maravilloso valor de la dignidad de ser amado y de la belleza de una persona *qua* persona, que ya en la sonrisa de un niño pequeño se desvela de modo único? Ese valor de una persona contingente, ¿no ha de

---

de Paola Premoli de Marchi *Chi è il filosofo? Platone e la questione del dialogo mancante* (Franco Angeli, Milán 2008).

tener su fuente en el amor? Es como si en cada sonrisa de un niño, en la que se irradia su dignidad de ser amado, nos sonriese el mismo amor absoluto que es su fuente.

También esa característica de todo amor que Dietrich von Hildebrand en sus profundas obras sobre el tema denomina *intentio benevolentie*[137], y que va dirigida a todos los bienes objetivos *para la persona amada*, sería sin Dios trágica y quedaría sin realizar. En efecto, ¿cómo habríamos de hacer feliz o de ver feliz al amado por encima de la vejez, de la enfermedad, de la muerte, amantes en nuestra impotencia? ¿Cómo –incluso en los momentos más dichosos de nuestro amor– le haremos tan plenamente feliz como anhelamos y como hemos de anhelar para él o para ella? Así, sin Dios como sumo bien del amado, como único que puede realizarla, la *intentio benevolentiae*, que es un talante y deseo esencial e indispensable del amor –el bienquerer del amor–, resulta eternamente inalcanzable. Se podría decir que, si Dios no existe, la *intentio benevolentiae* es trágica.

Pero también la *intentio unionis*, el anhelo vivo de unidad, comunidad y de una unión que presupone la reciprocidad, presente en todo amor, conoce innumerables obstáculos externos y también internos; en su orientación última hacia una comunidad fundada en el valor más profundo y en la reciprocidad consumada del amor, sin Dios y en la vida presente esa intención queda sin realizar plenamente. Sólo a través de Dios, el bien absoluto y personal, la *intentio unionis* es realizable en toda su profundidad y dimensión metafísica.

La comunidad y la unión son posibles, por otra parte, sólo en la medida en que dos personas se encuentran en un plano de valor

---

137 Dietrich von Hildebrand: *Metaphysik der Gemeinschaft. Untersuchungen über Wesen und Wert der Gemeinschaft*, en D. von Hildebrand: *Gesammelte Werke*, vol. IV (J. Habbel, Ratisbona 1975[3], edición revisada por el autor); id.: *Das Wesen der Liebe*, en D. von Hildebrand: *Gesammelte Werke*, vol. III (J. Habbel, Ratisbona 1971; segunda edición, ítalo-alemana, en Bompiani, Milán 2003), cap. 7; id.: *Reinheit und Jungfräulichkeit* (Oratoriums Verlag, Colonia / Múnich / Viena 1927; Kösel & Pustet, Múnich 1928[2]; Benziger, Einsiedeln / Zúrich / Colonia 1950[3], edición con nuevo prólogo; Eos Verlag, St. Ottilien 1981[4], con una introducción de Leo Scheffczyk); id.: *Man and Woman* (Franciscan Herald Press, Chicago 1966).

objetivo, en algo en sí pleno de valor, que es capaz de unirlas por medio de su fuerza unitiva (su *virtus unitiva*)[138] cuando ambas se orientan a él y le responden de manera adecuada. Dichos valores unitivos no son sólo aquéllos que se dan *en los amantes* y que con arreglo a ello juegan un papel significativo en su unidad personal, sino también aquellos valores que existen más allá de las personas unidas en el amor y a los que éstas contemplan juntos, que ambos experimentan unidos y a los que se dirigen en una adecuada respuesta de valor. Si bien es cierto que los valores y bienes finitos –como la belleza en la Naturaleza y en el arte, los valores morales y el valor de la persona–, cuando se los conoce y se les responde, despliegan su fuerza unitiva, sólo la bondad infinita de Dios puede fundamentar la unidad última entre las personas; la *unio* personal queda esencialmente limitada cuando sólo se fundamenta en valores y bienes finitos.

Por un motivo ulterior y todavía más profundo, la realización de las intenciones últimas del amor humano resulta imposible sin Dios: sólo cuando el amado humano se sitúa en el lugar adecuado en el mundo de los valores y viene reconocido y amado en su finitud vemos, por un lado, su valor más profundo (que se halla precisamente en la relación con Dios) y evitamos, por otro, esa idolatría de la persona humana amada que se da frecuentemente y que conduce a un «falso amor», fuente de muchas tragedias en las relaciones de amor humano. Amamos mejor al otro cuando lo hacemos en la verdad del amor humano, no cuando lo endiosamos.

Aún merece comentario otra relación esencial del amor humano con Dios, a saber: la formación y configuración del amor humano por el amor divino. Sólo cuando amamos en Dios a la persona amada, sólo cuando la experimentamos como amada y aceptada por el

[138] Sobre este concepto, Cf. Dietrich von Hildebrand: *Metaphysik der Gemeinschaft. Untersuchungen über Wesen und Wert der Gemeinschaft*, en D. von Hildebrand: *Gesammelte Werke*, vol. IV (J. Habbel, Ratisbona 1975[3], edición revisada por el autor).

Amor mismo, la amamos en la verdad. Muy sucintamente se podría, por ello, formularlo así: sin Dios –sólo en quien y por quien podemos amar plenamente a la persona amada– no se daría el amor en su plenitud; y al revés, la realidad de Dios se revela en todo amor verdadero en la medida en que es tal.

Sólo cuando vemos a la persona humana como si la contempláramos a través de la mirada de su ser amada por Dios podemos quererla de manera total y completa, independientemente de la categoría de amor en la que lo hagamos (con amor paterno, filial, fraterno y conyugal, de amistad, etc., o de otra categoría de amor, quizás misteriosa e innominada). Remitiéndose al cántico del amor en la primera epístola a los corintios (1 Cor 1, 13) y a toda la tradición cristiana, Dietrich von Hildebrand ha caracterizado este amor humano más alto, que sólo resulta posible sobre el fundamento del amor de Dios, como *caritas* o *agape* y ha mostrado que la cualidad de *caritas* presupone necesariamente el amor de Dios[139], que se irradia a todo hombre, lo que incluye hasta el amor al prójimo con quien no nos une ninguna amistad u otro amor específico y al enemigo (aunque en modo alguno coincide aquélla con éstos). No sucede así únicamente porque la *caritas* viva y halle su fuente en primera instancia en el amor divino, sino porque, además de contener todo amor humano en su pleno carácter específico (en lugar de destruirlo o de nivelarlo), es como si lo atrajese hacia sí misma.[140]

Ahora bien, si el acto más precioso de que el hombre es capaz –el amor– sólo por medio del amor divino despliega su verdadero *logos* y supera sus diversas barreras y límites, ¿cómo podrá entonces ser una ilusión la condición y el garante de lo más lleno de sentido, de lo más pleno de valor y también de lo más verdadero que hay en el mundo, a saber, el amor?

139 Y, en su figura más plena, el amor a Cristo.

140 Cf. Dietrich von Hildebrand: *Das Wesen der Liebe*, en D. von Hildebrand: *Gesammelte Werke*, vol. III (J. Habbel, Ratisbona 1971; segunda edición, ítalo-alemana, en Bompiani, Milán 2003), cap. 11.

Del auténtico amor humano –aun cuando se trate del más imperfecto– se podrían colegir aún otras pruebas de la existencia de Dios. Entre ellas, la más importante se articula sobre el carácter del amor como perfección pura; será desarrollada ulteriormente en el breve tratamiento de la séptima vía (la *quarta* de Tomás de Aquino) en el octavo capítulo.

2. Pruebas a partir del amor a Dios

Una prueba de la existencia de Dios a partir del acto del amor a Dios parece ser un absurdo y una clara *petitio principii*. En efecto, está claro que aquél que ama a Dios presupone ya la existencia de éste: ¿cómo podría amarlo si no? Mientras que el amor humano y los valores morales o la conciencia se dan también en la vida del ateo y no presuponen convicción alguna de la existencia de Dios, el acto del amor a Dios presupone su conocimiento o la fe en él. Por ello, este argumento se distingue en línea de principio de las precedentes pruebas personalistas.

Que y por qué, no obstante, sea posible una prueba de la existencia de Dios a partir del amor a Dios y que quizá sea éste el más profundo argumento a partir del mundo, resultará claro al final de estas reflexiones. Pero dirijámonos antes de nada a la pregunta sobre la naturaleza del amor a Dios:

A. Amor a Dios como mandamiento supremo, como acto moral más sublime y como parte de la ética natural

El amor a Dios es el más elevado acto moral bueno y la obligación suprema para todo hombre que reconoce la existencia de Dios, *por encima del cual nada mayor puede ser pensado*, tal y como San Anselmo de Canterbury caracteriza su esencia: Dios como «algo por encima de lo cual nada mayor puede ser pensado», *aliquid quo maius nihil cogitari potest*[141], es precisamente por ello incomprensible para

[141] Anselmo de Canterbury: *Proslogion* y *Ad Proslogion*, en Anselmo de Canterbury (de Aosta): *S. Anselmi Opera Omnia*, edición de Franciscus Salesius

el hombre en su sublimidad, un *maius quam cogitari possit*[142], pero a la vez resulta, no obstante, suficientemente cognoscible por la razón humana para entender que ha de ser objeto del supremo amor.

Esta suprema exigencia moral y, sobre todo, el sublime valor del amor a Dios puede ser conocido con ayuda de la razón y de la penetración ética, tal y como escribe Anselmo de Canterbury:

> Puesto que nada es más evidente que el que una criatura dotada de razón ha sido creada para amar al ser supremo por encima de todos los demás bienes, precisamente porque Él solo es el bien supremo; la criatura provista de razón ha sido creada para que no ame otra cosa que este ser por mor de sí mismo u otro por su causa; porque este ser es bueno por sí mismo y ninguna otra cosa es buena si no es por su medio. Sin embargo, la criatura puede no amar a este ser [perfecto por encima de toda medida] cuando no lo tiene presente y no trata de conocerlo. Es, pues, claro que la criatura dotada de razón habrá de orientar toda su fuerza y voluntad para acordarse del bien supremo, comprenderlo y amarlo; ya que la persona creada entiende haber [recibido] su propio ser en orden a esta finalidad.[143]

Schmitt, 2 vol. (Friedrich Frommann / Günter Holzboog, Stuttgart / Bad-Cannstatt 1968), vol. I, pp. 89-139; id., cap. II, 8, p. 101. Poco antes dice: «[Credimus te esse aliquid] quo maius nihil cogitari possit» (cap. II, id., p. 101, 5). En id., cap. 14, modifica el orden de las palabras y dice: «aliquid quo nihil maius cogitari potest». En id., cap. II, p. 101, línea 18, e igualmente en cap. IV, p. 104, línea 2, caracteriza a Dios como «id quo maius cogitari non potest» y en id., líneas 18-19, emplea la fórmula del «id ipsum quo quo maius cogitari non potest»; en cap. II, p. 102, líneas 2-3, dice de Dios: «aliquid quo maius cogitari non valet». En el cap. III, id., p. 102, líneas 8-9, llama a Dios «id qui maius nequit cogitari» y en id., líneas 9-10, «id ipsum quo maius cogitari nequit». En el cap. 5, p. 104, línea 11, llama a Dios «quo nihil maius valet cogitari» y en id., líneas 15-16, habla de Dios en forma personal y le atribuye sobre todo predicados de valor: «Tu es itaque iustus, verax, beatus, et quidquid melius esse quam non esse»; similarmente en el *Proslogion*, cap. IX, p. 107, líneas 7-8: «totus summe bonus es», y en la p. 108, línea 6: «es summe bonus». En el mismo capítulo, p. 108, línea 12, aparece un fascinante modo de expresarse: «iustum est te sic esse bonum, ut nequis intelligi melior»; una versión ética similar aparece en *Prosl.*, cap. XI, p. 109, línea 11: «Justum quippe est te sic esse iustum, ut iustior nequis cogitari». En el cap. XIV, p. 111, línea 9-10, llama a Dios «quiddam summum omnium, quo nihil melius cogitari possit».

142 Id., cap. 15.

143 «Nihil igitur apertius quam rationalem creaturam ad hoc esse factam, ut summam essentiam amet super omnia bona, sicut ipsa est summum bonum; immo ut nihil amet nisi illam aut propter illam, quia illa est bona per se, et nihil

Sobre todo, la racionalidad del ser humano reside en que puede conocer y amar al mejor y más elevado de todos los bienes («id, quod optimum et maximum est omnium»)[144], que no sólo ocupa la posición más elevada en una serie de bienes sino que, a la vez y sobre todo, es el *id quo maius nihil cogitari possit* (por encima del cual nada mayor puede ser pensado), tal y como Anselmo afirma en el *Proslogion*.[145]

Apenas el espíritu finito reconozca que existe un bien supremo e insuperablemente alto, entenderá también que ningún otro bien ha de ser adorado y amado por mor de sí mismo en mayor medida que este bien y que todo su ser está creado para amar por encima de todo a este bien supremo y absoluto, puesto que le corresponde el más elevado amor.

---

aliud est bonum nisi per illam. Amare autem eam nequit, nisi eius reminisci et eam studuerit intelligere. Clarum ergo est rationalem creaturam totum suum posse et velle ad memorandum et intelligendum et amandum summum bonum impendere debere, ad quod ipsum esse suum se cognoscit habere.» Anselmo de Canterbury: *Monologion*, 68.

Sobre la base de la capacidad de todo hombre para conocer a Dios como bien supremo y del deber moral de amar a Dios por encima de todo, Anselmo de Canterbury construye un profundo argumento filosófico para afirmar la inmortalidad del alma, que es tan original como su conocida prueba de la existencia de Dios pero no constituye aquí nuestro tema. Cf. Anselmo de Canterbury: *Proslogion* y *Ad Proslogion*, en Anselmo de Canterbury (de Aosta): *S. Anselmi Opera Omnia*, edición de Franciscus Salesius Schmitt, 2 vol. (Friedrich Frommann / Günter Holzboog, Stuttgart / Bad Cannstatt 1968), vol. I, pp. 89-139. Cf. también Josef Seifert: *Gott als Gottesbeweis. Eine phänomenologische Neubegründung des ontologischen Arguments* (Universitätsverlag C. Winter, Heidelberg 1996, 2000²); id.: «L'ordinamento naturale dell'uomo alla visione beatifica di Dio e alla comunione d'amore col bene infinito», en Manfred Hauke / Paolo Pagana (eds.): *Eternità e libertà* (Franco Angeli, Milán 1998), pp. 69-107.

144 Anselmo: id., 67.

145 El concepto del *id quo maius nihil cogitari possit* y aquél del *summum bonum* son muy distintos, aun coincidiendo ambos temáticamente; tanto esta distinción conceptual como su convergencia objetiva resultan decisivas para el argumento ontológico desarrollado en el *Proslogion* de Anselmo. Con arreglo al significado, el *summum bonum* puede designar también un bien finito que sólo ocupa de hecho el puesto supremo en una serie de bienes, mientras que el *id quod maius nihil cogitari possit* designa el bien absoluto e infinito. Cf. mi *Gott als Gottesbeweis* (Universitätsverlag C. Winter, Heidelberg 1996), caps. 1, 5, 11.

Por ello, el más alto conocimiento de Dios, constitutivo para la razón del ser humano, fructifica únicamente cuando el hombre realiza el que sobre la base de aquél es el único acto adecuado al incondicionado amor a Dios, acto que viene requerido por el núcleo de la racionalidad y de su conocimiento fundamental de la jerarquía de bienes y del bien supremo. Sobre la base de este conocimiento del amor que corresponde a Dios, el ser humano se decidirá también libremente por Dios. Sin este acto supremo de la libertad –el amor a Dios–, todo conocimiento racional de Dios sería inútil:

> Este poder, no obstante, es completamente inútil y huero para aquél que no ama o desecha conforme al juicio de su discernimiento aquello que ha distinguido y conocido. De ahí se sigue con claridad suficiente que todo ser racional existe para amar más o menos o para rechazar aquello que con el discernimiento de la razón juzga como más o menos bueno o como no bueno.[146]

Por ello, también el bien moral culmina en el amor a Dios. El espíritu finito realiza, pues, la justicia más alta cuando ama a Dios, el bien supremo, por encima de todos los bienes finitos, y actúa de modo supremamente injusto cuando lo desprecia.[147]

El mandamiento del amor a Dios es el primero y mayor de todos los preceptos no sólo según la fe cristiana, sino también según la judía y la musulmana, aun cuando se trata también –como afirma Anselmo– de un objeto del conocimiento filosófico de Dios y de la ética.[148]

---

146 Anselmo de Canterbury: *Monologion*, 68.

147 Anselmo de Canterbury: *Monologion*, 70-71.

148 Que el amor a Dios representa el mayor precepto en el Antiguo Testamento y, aún más claramente, en la fe cristiana, es conocido: «Escucha, Israel. Yahveh nuestro Dios es el único Yahveh. Amarás a Yahveh tu Dios con todo tu corazón, con toda tu alma y con toda tu fuerza. Queden en tu corazón estas palabras que yo te dicto hoy. Se las repetirás a tus hijos, les hablarás de ellas tanto si estás en casa como si vas de viaje, así acostado como levantado; las atarás a tu mano como una señal, y serán como una insignia entre tus ojos; las escribirás en las jambas de tu casa y en tus puertas.» (Deuteronomio 6, 4-9.) [N. del T.: traducción de H. Cazelles / Manuel Revuelta: *Biblia de Jerusalén*, Descleé de Brouwer, Bilbao 1984, p. 199.]

Sin embargo, el amor a Dios en cuanto acto religiosamente motivado llega –por lo que respecta a su contenido e índole– mucho más allá que el amor a Dios puramente natural.[149] En este contexto, aquellas cualidades y motivos del amor a Dios que manan de la fe islámica, judía y cristiana y que respectivamente les corresponden son profundamente diferentes entre sí.

B. Lo que el amor y el amor a Dios no son: no sólo una pasión orientada a la propia satisfacción, no sólo el elevado amor hacia una idea abstracta o un ser impersonal

Partamos, antes de nada, del amor en cuanto tal y tomemos en consideración cómo en el amor a Dios asume una dimensión completamente nueva e incomparablemente más profunda.

Cf. también el Corán con pasajes como, entre otros, el siguiente: «Y, sin embargo, hay gente que se coloca otros objetos de adoración en lugar de Alá, y que ama como en el amor a Alá. No obstante, los creyentes son más fuertes en su amor a Alá.» (Segunda sura, «la vaca», 2.165.) El Corán subraya también la conexión entre el amor a Dios y el amor al prójimo. Cf. en este sentido el escrito de 138 sabios islámicos de alto rango dirigido al Papa Benedicto XVI y a otros representantes de confesiones cristianas, *En nombre de Dios, el pietoso, el misericordioso: con motivo de Eid al-Fitr al-Mubarak 1428 A. H. (13 de octubre de 2007) y del primer aniversario de la carta abierta de 38 sabios musulmanes a Su Santidad el Papa Benedicto XVI:* «Sobre la necesidad de amar a Dios, dice Dios en el santo Corán: Y recuerda el nombre de tu Señor y dirígete a Él de todo corazón (Al-Muzzamil, 73:8). De la necesidad de amar al prójimo dijo el profeta Mahoma: Ninguno de vosotros ha obtenido la fe mientras no desee para su prójimo lo que desea para sí mismo».

En el Nuevo Testamento dice Jesucristo: «[El primer mandamiento es:] Escucha, Israel: El Señor, nuestro Dios, es el único Señor, y amarás al Señor, tu Dios, con todo tu corazón, con toda tu alma, con toda tu mente y con todas tus fuerzas. El segundo es: Amarás a tu prójimo como a ti mismo. No existe otro mandamiento mayor que éstos.» (Marcos 12, 29b-31.) [N. del T.: traducción de J. Huby / Pedro Núñez: *Biblia de Jerusalén*, Descleé de Brouwer, Bilbao 1984, p. 1450.]

[149] Esto resulta válido, en primera instancia, respecto del amor a Dios específicamente cristiano. En efecto, en el hecho –que sacude a toda razón humana– de un Dios trino, que por un amor inabarcable hacia nosotros envía a su único hijo al mundo, hasta la más amarga muerte en la cruz, y que anuncia un mensaje de misericordia, de paz y de infinita disposición al perdón y a la reconciliación, barruntamos una amabilidad de Dios –una dignidad de ser amado– que ninguna filosofía nos puede desvelar y podemos en cierto sentido arrojar una mirada, más allá de todo conocimiento racional, al corazón de la bondad divina.

¿Qué es 'amor'? El amor puede ser entendido en una acepción tan amplia que todo depender de algo venga caracterizado como amor, como cuando alguien dice que el bebedor ama el vino y que Don Juan ama a las mujeres. Ahora bien, cuando sólo entendemos la mera atracción sexual hacia una mujer o la cualidad puramente subjetiva de un vino agradable no hablamos de 'amor' más que en un sentido muy superficial y no, en absoluto, en aquel único sentido en que puede ser considerado algo en sí mismo pleno de valor.

No obstante, aun cuando entendamos el amor en esta última y más propia acepción, podemos referirnos a él en el sentido más amplio en el que podemos amar también a seres no personales.

Existe, por un lado, el amor a objetos abstractos como, por ejemplo, una idea, la música clásica en cuanto tal, el arte, la Naturaleza o la belleza en general, la filosofía, etc. En este sentido, diversos autores han interpretado el amor a Dios como amor hacia una idea abstracta de plenitud – así, Immanuel Kant[150] o también Hermann Cohen. En su fundamental obra de madurez *La religión de la razón desde las fuentes del Judaísmo*, éste intenta fundamentar como sigue su tesis de que *no se podría amar otra cosa que una idea:*

> Incluso en el amor sensual se ama sólo a la persona idealizada, sólo a la idea de la persona (...) Sólo puedo amar el ideal, y no puedo aferrar el ideal de otro modo que amándolo.[151]

El amor en sentido propio y el amor a Dios como amor *per eminentiam*, en cambio, no pueden ser aplicados jamás a una figuración abstracta, a una mera idea. Aun cuando tenga sentido hablar también del amor por una idea o por una plenitud ideal, la existencia real es

---

150 «Adorar a Dios como idea es religión; hacerlo como ídolo por medio del *cultus* dirigido no a nosotros mismos sino a él, es superstición» (Immanuel Kant: *Nachlaß*, Ak XXIII 433).

151 Hermann Cohen: *Religion der Vernunft aus den Quellen des Judentums* (Wiesbaden 1927), pp. 185-187.

una condición originaria del auténtico amor y no puede aplicarse a figuración abstracta alguna.

Con mucha claridad lo percibe el gran filósofo judío Martin Buber, cuando contra Cohen repone brillantemente:

> Pero incluso si fuese cierto que en el amor «sensual» (más aún: en el amor que abarca la sensualidad) sólo se amase a la persona idealizada, con ello no se habría dicho en modo alguno que se amara sólo la idea de la persona: también la persona idealizada sigue siendo una persona y no se convierte en idea; sólo porque la persona que idealizo existe realmente puedo amar a la idealizada.[152]

Junto al amor hacia figuraciones abstractas e impersonales, amor en un sentido amplio que nunca ha de ser identificado con el amor propiamente dicho y con el amor a Dios, hay aún un amor por seres concretos que, sin embargo, no son personas – como, por ejemplo, el amor hacia un perro, un gato, una obra de arte muy concreta, etc. Ahora bien, tampoco estos seres no personales pueden ser amados en el sentido propio de la palabra.

C. Las notas esenciales del amor personal en general y su decisiva variación en el amor a Dios

Sólo una persona –sólo un ser racional, cognoscente, sapiente, libre, capaz del bien en la acepción moral de la palabra– puede ser, en sentido estricto, objeto de amor. Cuando hablamos del amor a Dios o, sobre todo, cuando de hecho amamos a Dios, reconocemos, pues, su carácter personal, cuando menos tácitamente. En efecto, sólo un Dios personal puede ser amado.

a. La variación y el perfeccionamiento fundamental del principio personalista persona est affirmanda (amanda) propter seipsam *en el amor a Dios*

Pero ¿por qué amamos a una persona? No amamos a una persona sólo porque es un bien para nosotros o nos hace felices sino, en

152 Martin Buber: *Gottesfinsternis*, en M. Buber: *Werke*, vol. I (Múnich 1962), p. 70, 71.

primera instancia, en virtud de ella misma: porque es, en sí misma, buena y preciosa. Por ello Karol Wojtyła (Papa Juan Pablo II) puede cifrar así la ley fundamental de la ética: *persona est affirmanda (amanda) propter seipsam* – la persona ha de ser apreciada (amada) por sí misma.[153]

Ahora bien: el valor de la persona, que descansa en ella misma y es propio de toda persona en cuanto tal, asume en Dios una dimensión infinita, no comparable con ningún otro. Por ello debemos a Dios un amor con todo nuestro corazón, con toda nuestra mente, con todas nuestras fuerzas: precisamente porque Dios es *infinitamente* bueno y santo y precioso.

De ello ha deducido Duns Escoto un penetrante argumento contra aquel eudemonismo que Aristóteles[154] introdujo y según el cual todo amor y toda moral estarían motivados únicamente por el objetivo de la felicidad, tesis que el nuevo personalismo polaco[155] y fenomenológico[156] ha reconocido como un profundo error ético; un error del que tampoco Tomás de Aquino se halla del todo libre, cuando afirma que todo amor habría de tener su origen en el amor de sí mismo y en la aspiración a la felicidad. El beato Escoto objeta, partiendo precisamente del amor a Dios, que en tal caso no seríamos capaces de cumplir el primer mandamiento y de *amar* a Dios *sobre todas las cosas*, ya que a lo sumo podríamos amarlo como a noso-

---

[153] Cf. Tadeusz Styczeń / Andrzej Szostek / Karol Wojtyła: *Der Streit um den Menschen. Personaler Anspruch des Sittlichen* (Kevelaer 1979).

[154] Cf. Aristóteles: *Ética a Nicómaco = Ethica Nicomachea* (London University Press, Londres 1962), libro I.

[155] En esto me remito a la escuela de Karol Wojtyła. Cf., por ejemplo, Tadeusz Styczeń: «Karol Wojtyła – Philosoph der Freiheit im Dienst der Liebe», en K. Wojtyła / Johannes Paulus II: *Erziehung zur Liebe* (Seewald Verlag, Ausburg 1979), pp. 156ss.

[156] Cf. Max Scheler: *Der Formalismus in der Ethik und die materiale Wertethik* (Francke, Berna / Múnich 1966^5); Dietrich von Hildebrand: *Ethik*, en D. von Hildebrand: *Gesammelte Werke*, vol. II (Kohlhammer, Stuttgart 1973); id.: *Das Wesen der Liebe*, en *Gesammelte Werke* III (J. Habbel, Ratisbona 1971); Cf. también Josef Seifert: *Was ist und was motiviert eine sittliche Handlung?* (Universitätsverlag A. Pustet, Salzburgo 1976).

tros mismos. No: el auténtico amor existe sólo allí donde amamos a una persona por sí misma, y por esto amamos a Dios sólo cuando lo amamos por su infinita bondad y por sí mismo. Por otra parte, el mismo Tomás de Aquino ha visto esto cuando –olvidando en cierto sentido su asunción del planteamiento eudemonista (construido sólo sobre la aspiración a la felicidad)– sobre la base de su propio contacto temático con la esencia del amor dice, en una de sus muchas intuiciones personalistas, que el amor a Dios es una virtud más grande que la esperanza, puesto que la esperanza sólo ansía a Dios como *nuestro* bien supremo, mientras que el amor se adhiere a Él por sí mismo.[157]

Además, el amor se dirige hacia una persona en un modo totalmente especial: no sólo hacia algo valioso *en* ella o *adherido a* ella –como la admiración hacia un gran violinista *qua* violinista–, sino hacia la persona en cuanto tal. Amamos a una persona en cuanto tal y en su totalidad. Este valor global de la persona viene alimentado por varias fuentes, pero se fundamenta sobre todo en dos pilares tratados aquí por nosotros: por un lado, en una dignidad y un valor ontológicos de la persona en cuanto tal que no le pueden ser arrebatados; por otro, en una bondad que únicamente puede convenir a una persona por medio de valores morales que manan de su libertad.[158] Propiamente hablando, no podríamos amar a una persona perversa hasta la médula. En efecto, aun cuando incluso un diablo siguiese siendo digno de amor y de adhesión sobre la base de su valor ontológico, no estaríamos legitimados para un amor incondicional hacia un ser eternamente malvado.

---

[157] Cf. Tomás de Aquino: *Summa Theologica*, en *Opera Omnia (ut sunt in indice thomistico additis 61 scriptis ex aliis medii aevi auctoribus)*, 7 vols., ed. de Roberto Busa S. J. (Stuttgart / Bad Cannstatt 1980), vol. III, Iia Iiae, Q. 18, a. 1. Aún más bella y sucintamente en id., Q. 23, a. 6, co.

[158] En otro lugar me he ocupado de las cuatro fuentes de la dignidad y del valor digno de amor de la persona, de las cuales dos (el despertar consciente y la gratuita *dignidad conferida*) omito aquí. Cf. Josef Seifert: «Die vierfache Quelle der Menschenwürde als Fundament der Menschenrechte», en Burkhardt Ziemske (ed.): *Staatsphilosophie und Rechtspolitik. Festschrift für Martin Kriele zum 65. Geburtstag* (Verlag C. H. Beck, Múnich 1997), pp. 165-185.

Este universal rasgo esencial de todo amor –que conviene a la persona en cuanto tal sobre la base de su valor global, el cual brota de ambas fuentes citadas– asume su más perfecta forma en el amor a Dios. En efecto:

En primer lugar, el valor de una persona finita es inmensurablemente alto, pero, no obstante, finito y limitado también; en Dios, por el contrario, el valor personal es infinito, por lo cual resulta infinitamente más digno de amor que cualquier criatura.

En segundo lugar, ambas dimensiones de la dignidad de ser amada propias de la persona (a saber, su perfección ontológica y moral), que en el ser humano pueden no coincidir –estando la segunda siempre en peligro en el caso del hombre en este mundo–, se hallan necesaria y esencialmente unidas en la santidad de Dios; por ello, Dios puede y debe ser amado en un modo *incondicional* completamente distinto, ya que la bondad de Dios no está amenazada en modo alguno.

En tercer lugar, en Dios amamos a la fuente de todas las demás personas, al creador de todos los ángeles y seres humanos, seres que le debemos a Él. La dignidad de ser amados y su bondad no pueden, por ello, equipararse jamás a la bondad y a la dignidad de ser amado propia de Dios, sino que pueden ser sólo un magnífico –aunque más débil– reflejo de la gloria de Dios, que reúne en sí *todo* bien de las criaturas y que ante todo lo rebasa infinitamente.

En cuarto lugar, para llegar en el hombre al ser y a la esencia auténticos y dignos de amor de su persona –en cuanto algo que en gran medida es una llamada de la persona que ésta aún no ha realizado– debemos pasar por copiosas imperfecciones y sombras que invaden ese valor personal. En cambio, en la perfección divina *todo* es perfecto y *digno de amor*; la hermosura de su ser y de su esencia no se esconde tras obstáculo, fallo o insuficiencia alguna, sino que consiste en una belleza infinitamente pura.

A causa de esta precariedad del bien y, con él, de la dignidad de ser amada propia de cada persona finita, en la adhesión amorosa a una persona creada en cuanto tal se halla también siempre un elemento de esperanza en que pueda perseverar en el bien y elegir definitivamente a Dios – pero, al mismo tiempo, también un momento de preocupación: preocupación por que el ser y la esencia auténticos de esta persona se realicen.

En Dios, en cambio, tanto el valor ontológico de su ser como su bondad y su santidad morales, que lo hacen infinitamente digno de amor, son no sólo ilimitadas e irrestrictas, sino que se hallan también más allá de toda corrupción posible.

A esto se añade algo totalmente nuevo: la ilimitada y autosuficiente plenitud de valor de Dios, su santidad, en la que la suprema perfección ontológica y moral se enlaza con lo *numinoso*, con lo *pleno de misterio*[159], merece un amor completamente distinto, sin límites, incondicionado e irrestricto, la respuesta de un amor en adoración que no sería adecuada y ni siquiera estaría permitida respecto de ningún otro ser. Hacia toda otra criatura, esta forma de amor pleno, absoluto e irrestricto en adoración y plegaria –que ante Dios, por sí mismo y *esencialmente* plenitud de todo bien, constituye la única respuesta adecuada– sería idolatría.

b. Cuatro criterios del ordo amoris *como argumentos sobre por qué hemos de amar a Dios por encima de todo*

También desde otro modo de consideración se podría reconocer por qué hemos de amar a Dios, más que a todas las otras criaturas y por encima de todo. En efecto, los cuatro planteamientos del *ordo amoris* en sentido estricto hallan su aplicación más elevada en el amor a Dios y requieren que amemos a Dios –a la vez, con una distancia prácticamente infinita– más que a todas las criaturas.[160]

(1) *Altura de valor del amado*: ya que Dios es infinito, sólo Él es también *infinitamente* digno de amor. De ahí que le corresponda

[159] Cf. Rudolf Otto: *Das Heilige. Über das Irrationale in der Idee der Göttlichen und sein Verhältnis zum Rationalen* (Verlag C. H. Beck, Múnich 1962).

[160] Cf. Dietrich von Hildebrand: *Das Wesen der Liebe*, en *Gesammelte Werke* III (Ratisbona 1971), cap. 14.

un amor por encima de todo otro amor, a saber, *incomparablemente* mayor que todo otro amor. Este 'más' requerido aquí entraña una mayor intensidad, un afecto y un empeño de nuestra voluntad más profundos y fuertes pero, sobre todo, un 'más' cualitativamente superior, que se corresponde con la bondad y la santidad infinitas de Dios. Es este 'más' el que resulta adecuado a la 'posición', jerárquicamente suprema e insuperable, de Dios.

(2) *Orientación hacia el amado*: en otras categorías de amor –como el conyugal y el de amistad– se presupone una especial orientación y afinidad, una misteriosa correspondencia esencial interna que no nos viene dada en absoluto con todos los seres humanos. En cambio, respecto de Dios existe una orientación y una correspondencia mucho más profunda y perfecta, tan esencial y de un modo tal como no se da en ningún otro amor, por lo cual no se precisa aquí ninguna orientación especial que un ser humano pudiera tener hacia Dios y otro en cambio no: toda consumación última del conocimiento, de la felicidad, de la bondad en el ser humano es realizable plenamente sólo en esta relación con Dios. Agustín de Hipona ha expresado como sigue una pequeña parte de esta consideración, que atañe a toda la vida moral, a todas las virtudes, a toda la vida religiosa y a toda la beatitud eterna:

> Puesto que nos has creado para Ti, y nuestro corazón está inquieto hasta que no descansa en Ti.[161]

Podemos citar aquí también a un testigo nada sospechoso, el filósofo ateo Friedrich Nietzsche, que con incomparable fuerza expresa esta orientación del ser humano hacia Dios precisamente cuando se dirige al ateo:

> *¡Excelsior!* Ya no rezarás jamás, ya no adorarás jamás, ya no descansarás jamás en una confianza infinita; te niegas a detenerte ante una sabiduría definitiva, un bien definitivo, un poder definitivo mientras

[161] Agustín de Hipona: *Confessiones* I, 1.

> logras desarrendar tus pensamientos –ya no tienes a un vigilante ni a un amigo permanente para tus siete soledades; vives sin la vista a la montaña que tiene la cima nevada y brasas en su corazón. No existe ya para ti nadie que te vengue, nadie que pueda mejorarte a última hora; ya no hay razón de lo que te sucede, ningún amor en lo que te sucederá–; no queda ya disponible ningún lugar tranquilo para tu corazón, donde sólo haya que encontrar y ya no más buscar; te defiendes contra toda paz definitiva (...); tú, hombre de la renuncia, ¿acaso pretendes renunciar a todo? ¿Quién te dará la fuerza necesaria para ello? ¡Pero si nadie ha tenido aún esa fuerza![162]

Con ello, Nietzsche alude a aquella orientación última y suprema que constituye uno de los motivos por los cuales hemos de amar a Dios por encima de todo.

(3) *El grado en el ser amados por el otro*: un planteamiento más general, por el cual hemos de amar a una persona más que a otra, es la cuestión de cuánto somos o hemos sido amados por la otra persona. *Ceteris paribus* habríamos de amar más a aquella persona que más nos ama. En el amor no hay sólo una respuesta a la dignidad de la persona de ser amada, sino también una respuesta al ser amados, al amor de los otros, a la otra persona misma en la medida en que se dirige y se adhiere a nosotros por el amor. Éste

[162] Friedrich Nietzsche: *Die fröhliche Wissenschaft*, «Excelsior», IV, 285 [traducción castellana de Germán Cano Cuenca: *La ciencia jovial*, en F. Nietzsche: *Obras*, vol. I, Gredos, Madrid 2009, p. 737, N. del T.]. Tanto en la segunda parte de este pasaje como en el *Antichrist* y en otras obras, Nietzsche se opone al núcleo de esta intuición, en cuanto se percibe a sí mismo como ese superhombre que por primera vez tiene la fuerza de vivir consecuentemente como ateo y de consumar una «inversión de todos los valores». Cf. también, en este orden de cosas, el siguiente y otros muchos pasajes: «¿Adónde ha ido Dios? ¿Nos hemos bebido entonces el mar hasta la última gota? ¿Qué esponja era aquélla con la cual borramos todo el horizonte en derredor nuestro? ¿Cómo conseguimos eliminar esa línea eterna a la que hasta ahora se referían todas las líneas y medidas, conforme a la cual hasta ahora todos los maestros de obras de la vida edificaron, sin la cual parecía no haber ninguna perspectiva, ningún orden, ningún arte de edificar?». Cf. Eugen Biser: «Nietzsches Kritik des christlichen Gottesbegriffs und ihre theologischen Konsequenzen», en Íd.: *«Gott ist tot»: Nietzsches Destruktion des christlichen Bewußtseins*. V. también Balduin Schwarz: *Antwort an einen Atheisten* (Reden zur Zeit, vol. 26, Würzburg 1968), p. 28, 31. Cf. también Friedrich Nietzsche: *Die fröhliche Wissenschaft*, nº 125.

es uno de los motivos por los cuales hemos de amar a los propios padres –que nos aman y que en un matrimonio bien dispuesto nos han regalado la vida por amor– más que a otros seres humanos, que nos han amado menos. Hay una exigencia de responder con la correspondencia del amor al regalo de ese amor y casi de restituir el regalo de amor que hemos recibido. El «amor con amor se paga» es una ley del amor.

Ahora bien, precisamente bajo este punto de vista debemos a Dios un amor no comparable a ningún otro. En efecto, nadie nos ama más o nos ha dado más que Dios.

(4) *Un «más» como consecuencia de una categoría del amor*: también la particular idiosincrasia y estructura categorial de un amor, el *logos* que corresponde a la categoría de amor subyacente, puede requerir un «más». *Ceteris paribus*, por ejemplo, el amor conyugal requiere, en virtud de su esencia, un «más» de amor comparado con el amor de amistad o al amor de los hijos. De nuevo resulta claro, bajo este punto de vista, que de la esencia y estructura categorial del amor a Dios –de esta clase de *amor* más completo, total y *adorante*– se sigue que, como amado con este amor, Dios haya de ser amado más que el amado en cualquier otra categoría de amor.

c. *La completamente nueva donación de sí en el amor adorante a Dios*

Con la plenitud irrestricta del valor absoluto de la persona amada en el amor a Dios, y con los otros motivos por los cuales hemos de amar a Dios por encima de todos los seres, rozamos un ulterior momento general de este amor que en el amor a Dios llega a su realización más alta: no sólo se adhiere a la persona amada por sí misma y *en su integridad* –lo cual respecto de Dios resulta adecuado en un modo totalmente nuevo–, sino que también el sujeto *se da a sí mismo* en el amor *en su integridad*, se le dona todo entero. No es sólo que entreguemos en el amor algo de nuestra persona, tal y como sucede en la admiración (en la que damos una respuesta de valor[163] a algo hermoso), sino que es siempre la persona misma la que en el amor se dona y se entrega, en la gran paradoja de la donación personal. Por una parte, ninguna persona debe ni *puede* ser entregada o entregarse a sí misma como posesión; ninguna persona puede jamás ser poseída de forma objetivamente válida, razón por la cual incluso los esclavos romanos debían ser declarados primero una cosa, una *res*, antes de que alguien pudiera fundamentar una relación de posesión respecto de ellos. Por otra parte, sin embargo, *sólo* una persona puede a la vez entregarse y darse *completamente* a sí misma, cosa que sólo puede suceder por medio de un amor personal del que ni las cosas ni los animales son capaces. De ahí que sea sólo una paradoja aparente la que rige aquí: en realidad, el acto de *donación personal a la persona amada* se diferencia radicalmente de toda incoación de una relación posesiva (relación que sólo resulta posible respecto de entes impersonales).[164]

Esto vale respecto de todo amor, pero es un elemento que experimenta una enorme variación según los diferentes tipos y categorías de amor; obviamente, en el amor esponsal uno se entrega y se da mucho más entera y literalmente que en un amor de amistad o filial. Ahora bien, lo que vale respecto de todo amor –que en él se dona el ser mismo de la persona– pero se diferencia profundamente en las diferentes categorías de amor resulta válido en un modo totalmente nuevo respecto del amor a Dios. En efecto, en el amor adorante se realiza esta donación de sí en un modo completamente distinto, más real y más comprehensivo, que respecto de cualquier criatura sería idolatría. Así lo describe Tomás de Aquino.[165]

---

[163] Sobre este concepto, Cf. Dietrich von Hildebrand: *Ethik*, en D. von Hildebrand: *Gesammelte Werke*, vol. II (Kohlhammer, Stuttgart 1973), caps. 17-18; asimismo Josef Seifert: «Karol Cardinal Karol Wojtyła (Pope John Paul II) as Philosopher and the Cracow/Lublin School of Philosophy», *Aletheia* II (1981) 130-199.

[164] Karol Wojtyła: *Amour et Responsabilité* (París 1978), pp. 87ss.

[165] «Adoro Te devote, latens Deitas, quae sub his figuris vere latitas. Tibi se cor meum totum subicit, quia, Te contemplans, totum deficit.»

En esta real y total donación de sí en el amor a Dios, la persona se consigna completamente con todo lo que tiene y es, en una forma de entrega y sumisión absolutas que sólo resulta adecuada respecto de Dios (no respecto de criatura alguna), pero que posee una auténtica analogía en el amor humano y, sobre todo, en el auténtico y puro amor conyugal.[166]

d. El amor a Dios y la belleza divina

Por otra parte, el amor –y, ante todo, ese amor pleno que requiere una respuesta del corazón– es posible únicamente cuando no se aprehende sólo aquella majestad del valor personal que nos prohíbe herir su dignidad con la brutalidad o la injusticia, sino también cuando se capta la belleza y la delectabilidad internas del valor de la persona amada y ésta nos conmueve. En el amor a Dios se halla también la expresión más pura de que el amor está conectado con la íntima contemplación interna del valor del amado, con la percepción de su belleza, y de que está motivado por el movimiento del alma y del corazón que tiene lugar gracias a la contemplación global de la hermosura de la persona amada *en cuanto tal* –la belleza de su ser, de su mismidad más profunda–, hecho sobre el cual ya Platón llama la atención magistralmente.[167] Para poder *amar* a Dios con todo el corazón se debe aprehender ese íntimo aspecto interno de la plenitud de valor de Dios, que se manifiesta en su hermosura, en la irradiación de su bondad, en su fragancia y su esplendor; se ha de ser afectado e implicado por él en lo más hondo. A este aspecto de todo amor –que para amar a una persona no se ha de aprehender sólo su imponente majestad sino también su belleza– le ha dado expresión Agustín de Hipona, cuando califica a Dios como la belleza misma y divisa como fundamento último de la amabilidad de Dios –de su dignidad de

---

166 Cf. los pasajes citados *supra*, así como Juan Pablo II: *Uomo e donna lo creò* (Città Nuova Editrice / Libreria Editrice Vaticana, Ciudad del Vaticano 1987).

167 Cf. Platón: *Alcibíades*, 131 b-132 c.

ser amado– el hecho de que su absoluta hermosura sobrepasa toda belleza.[168]

e. El amor a Dios y la afectividad

De este modo rozamos otra importante característica esencial del amor: que no es exclusivamente un acto del querer o, incluso, del pensar, por mucho que éstos incluyan o requieran también actos libres e intelectuales –como la libre adhesión al otro en el 'sí' pleno dado en el amor– y una profunda convicción interna del valor personal del amado. Hay, en cambio, una profunda afectividad espiritual perteneciente no sólo a los seres humanos sino a *toda persona*, un sentimiento que no está en nuestro poder y que se distingue del querer, que corresponde de forma coherente a la realidad, a los bienes y a los males, sin el cual la persona estaría espiritualmente tullida. Sentimientos como, por ejemplo, la gratitud no son en modo alguno «todos ellos irracionales», tal y como filósofos o teólogos racionalistas nos hacen creer a menudo; más bien poseen lo que Blaise Pascal denomina *lógica del corazón* (*logique du coeur*).[169] En su forma más alta, sentir espiritualmente la alegría, el arrepentimiento, la paz o el amor pertenece en su esencia a la vida espiritual de la persona. Así, por ejemplo, la felicidad no puede en absoluto existir realmente si es sólo pensada o querida y no sentida.[170] La voz del corazón, la respuesta del centro de la vida afectiva en la persona, también pertenece al amor y es indispensable por su plenitud.

---

168 «Sero te amavi, pulchritudo tam antiqua et tam nova, sero te amavi!» Agustín de Hipona: *Confessiones* X, 27; Cf. también íd.: «Transgredi debui prae amore tuo, mi pater summe bone, pulchritudo pulchrorum omnium. o veritas, veritas, quam intime etiam tum medullae animi mei suspirabant tibi» (*Confessiones* III, 6).

169 Cf. Blaise Pascal: *Gedanken* [*Pensamientos*], traducidos y editados por Ewald Wasmuth (Universitätsverlag C. Winter, Heidelberg 1963). Cf. También Balduin Schwarz: «Der Dank als Gesinnung und Tat», en J. Seifert (ed.): *Danken und Dankbarkeit. Eine universale Dimension des Menschseins* (Universitätsverlag C. Winter, Heidelberg 1992), pp. 15ss.

170 Cf. Dietrich von Hildebrand: *Über das Herz. Zur menschlichen und gottmenschlichen Affektivität* (Josef Habbel, Ratisbona 1967), cap. 2.

Aunque la voluntad como centro libre posee un poder y una fuerza de disposición únicos que al corazón le faltan –y una especie de llave insustituible hacia lo más íntimo de la persona, en virtud de la cual sólo en libertad se puede donar totalmente el ser humano–, la respuesta del corazón en la persona proporciona igualmente algo que la voluntad no puede sustituir. En su realidad completa, el acto de amor abraza por ello a ambos: a la voluntad y al corazón.

En el amor a Dios, y aun cuando el hombre medio sólo raramente lo *sienta*, el sentimiento asume un significado inédito y profundo que llega hasta el éxtasis espiritual y la beatitud, hasta un gozo indescriptible y el arrobo sobrenatural del místico: algo que en el auténtico enamoramiento humano halla su trasunto, aunque éste no pueda jamás alcanzarlo.

Incluso la experiencia de la noche y de la aridez espiritual de la que hablan los místicos (vista meramente desde el *punto de vista moral*, la más alta forma de amor) testimonia el papel insustituible del corazón en el amor a Dios; no sólo porque dicha aridez sea sentida dolorosamente, sino porque en tal dolor se manifiesta hasta qué punto al amor pleno le pertenecen la alegría y el amor sentidos, cuya ausencia constituye para el místico una tremenda cruz.

f. El amor a Dios y la alabanza: otra metamorfosis de una característica esencial del amor en el amor a Dios

El deleite y el fuego del amor se expresan también en la gratitud y en la alabanza de la persona que amamos, cuyo cumpleaños celebramos, a la cual dedicamos quizá una canción o un poema, a la que ensalzamos, como en el *Fidelio* de Beethoven: «Quien una esposa tal se ha procurado, únase a nuestro gozo; nunca será ensalzado en demasía el ser salvadora del esposo».

También este deseo de ensalzar al amado y su belleza o de cantarle y dedicarle poemas y canciones –presente en particular en el amor humano más profundo, el conyugal– adopta una forma completamente nueva en el amor a Dios: la adoración y la alabanza litúrgica a Dios que proceden del amor y que manan de aquella respuesta plena y total del ser más íntimo de la persona. A ninguna criatura le corresponde una tal alabanza pública y liturgia sagrada.

El amor tiene que ver con la alegría y la alabanza, y también con un espíritu festivo. Celebramos la existencia y el regalo que constituye la persona amada, por ejemplo, cuando festejamos su cumpleaños o su santo. No obstante, esto vale respecto del amor a Dios en la medida más alta: la alabanza, la celebración, la glorificación divinas pertenecen al anhelo más íntimo del amor a Dios. Pensemos en la profunda intuición de este rasgo esencial del amor a Dios por parte del filósofo pagano Epicteto, cuando escribe:

> Y ¿qué palabras bastarían para describirla y ensalzarla convenientemente? Si tuviésemos entendimiento, ¿haríamos otra cosa –todos juntos y cada uno por su cuenta– que loar y alabar a la divinidad y llevar los sentimientos de nuestra gratitud a su expresión más plena? (...) Si fuese un ruiseñor, haría sonar la voz del ruiseñor; si fuese un cisne, la del cisne. Pero soy un ser dotado de razón: de ahí que deba ensalzar a la divinidad. Ésta es mi vocación, esto es lo que hago; y no abandonaré este puesto mientras me sea concedido y os exhorto al mismo canto de alabanza.[171]

g. *El amor a Dios y el triple regalo del amado, del ser querido y del amor*

Todavía otro momento de todo amor encuentra una nueva expresión en el amor a Dios: el carácter de regalo propio del amor. Regalo y amor están conectados entre sí de múltiples maneras: la persona amada misma es un regalo, su amor y su donación a nosotros –posible sólo por medio del amor– son un regalo y nuestro amor, el poder amar y el atreverse a ello son igualmente un gran regalo. Todo esto halla su cumplimiento en el amor a Dios.

---

[171] Cf. Epicteto: *Diatriben*, «Von der Vorsehung» [*Diatribas*, «Sobre la Providencia»], en Wilhelm Capelle (ed.): *Epiktet, Teles und Musonios* (Artemis, Zúrich 1948), p. 100.

h. Regalo y libertad en el amor a Dios

A pesar quizá del carácter de regalo del amor –y con ello tocamos un ulterior y profundo rasgo de todo amor, que asume una forma incomparable en el amor a Dios–, también a la libertad le corresponde en él un rol relevante: a saber, tanto en la preparación al recibimiento de este regalo como también *en el interior de este amor gratuito y afectivo mismo* que exige ser sancionado y apropiado por la libre voluntad, la cual une su voz a la del corazón.

Todo esto vale, en particular, para el amor a Dios. El papel subsidiario de la libertad viene a gala de un modo completamente nuevo en el amor a Dios cuando aprobamos libremente el regalo del amor del corazón, nos adherimos a él en nuestro interior, nos lo apropiamos totalmente y lo aprehendemos con lo más íntimo de nuestro libre centro personal, de manera que este amor no se convierte en un sentimiento accidental sino que, por medio del enlace de nuestra libertad con él, se nos torna *algo propio*.[172] La prueba del amor a Dios en hechos del amor y en la observancia de los mandamientos divinos muestra igualmente el fabuloso papel de la libertad como signo y expresión del amor a Dios, pero también como una cierta realización y cumplimiento suyo.[173]

i. El papel del salto y de la 'prolongación de las líneas' en la fe y en la esperanza, fundamentalmente distintos en el amor humano y en el amor a Dios

Todas las formas de amor se caracterizan además por un momento de crédito de la fe que hemos de depositar en la persona amada para amarla verdaderamente. En efecto, la belleza integral de la

---

[172] Cf. Dietrich von Hildebrand: *Ethik* (Kohlhammer, Stuttgart o. J., 1973), cap. 25; Cf. también Andreas Laun: «Die mitwirkende Freiheit bei Dietrich von Hildebrand und die geistliche Lehre des hl. Franz von Sales», en *Truth and Value. The Philosophy of Dietrich von Hildebrand* (*Aletheia*, vol. V, Peter Lang Verlag, Berna 1991), pp. 258-264.

[173] Lo hallamos expresado en la palabra de Cristo: «Quien custodia mis mandamientos y los observa, ése me ama. Y quien me ama será amado de mi padre y yo lo amaré y me manifestaré a él» (Jn. 14, 21).

persona no nos es dada jamás de modo completo, en particular por cuanto depende también de su bondad moral. De ahí que debamos «prolongar las líneas» de dicha belleza de la otra persona en cuanto tal para lograr la imagen completa que proporciona el fundamento para el amor.

Tomándolo en consideración de modo más preciso, este crédito fiduciario del amor atañe a tres dimensiones muy distintas.

La primera se relaciona simplemente con el hecho de que la belleza integral de la persona, como valor que en cuanto tal le es propio, en cierto modo se nos manifiesta pero, desde otro punto de vista, queda oculta; requiere, por ello, un salto infinito para pasar, desde aquel poco que de la otra persona nos es dado en intuición plenificada, por encima del abismo que se halla oculto a nuestro conocimiento (todo aquello que no hemos contemplado ni experimentado aún de la esencia de la otra persona). Tal y como veremos, este paso presupone necesariamente un crédito de fe en el amor humano –no, sin embargo, en el amor a Dios–, ya que a partir de lo que experimentamos y sabemos de otro hombre por medio de un saber puro tenemos que realizar un salto cognoscitivo hacia las dimensiones desconocidas de su esencia, salto que podría incluso desviarse de lo que podremos experimentar de la persona amada en el futuro. De ahí que en el amor a un ser humano se halle también una forma propia de la audacia del amor, del exponerse a una posible decepción por parte de la otra persona ahí donde creemos en ella y en su global belleza. He aquí una irradiación particular del fenómeno, mucho más general, de la audacia e intrepidez del amor.[174]

En el caso del amor a Dios, este salto del hombre religioso puede ser llevado a cabo igualmente por medio de una fe profunda en toda la belleza divina que no vemos. En principio, dicho salto puede ser realizado también en el caso de un conocimiento puramente

[174] Cf. también Sigfried Johannes Hamburger: «Kühnheit der Liebe», en Balduin Schwarz (ed.): *Wahrheit, Wert und Sein* (J. Habbel, Ratisbona 1970), pp. 99-106, en particular pp. 99-100.

filosófico y también de un conocimiento evidente que da un paso especulativo más allá de todo lo dado por sí mismo. Un tal paso, movido por la evidencia cognoscitiva desde lo conocido hacia la desconocida e incognoscible belleza divina, resulta imposible en el amor a un ser humano. Con esto tocamos un ulterior asunto.

El segundo momento con el que se relaciona el crédito de la fe atañe a una particular carencia de nuestro saber seguro sobre la belleza global de un *ser humano*, carencia que no se halla determinada por el carácter incompleto de nuestro conocimiento –y por el consiguiente paso necesario por encima de todo lo conocido inmediatamente y de lo dado por sí mismo– sino por la imperfección y la contingencia, por las ambivalencias e incertezas de la libre vida interior de toda persona humana. No podemos conocer ni todo lo que la persona amada ha sido en su pasado ni todo lo que es ahora. Esta carencia de saber seguro no se fundamenta sólo en la incompleción de nuestra *experiencia* de la otra persona –que se da igualmente, y con mayor razón, en el amor a Dios– sino también en la contingencia de la personalidad misma del ser humano, que no nos permite saber cierto alguno sobre la belleza integral y el carácter global de la persona amada.

Sólo el crédito de la fe y la confianza puede, pues, salvar el abismo que separa la fracción de aquello que sabemos, en sentido propio, del interior de una persona humana de aquello que debemos creer para poderla amar. Debemos creer en la persona y confiar en que posee aquella dignidad de ser amada, aquella belleza y fidelidad que constituyen el fundamento de nuestra amistad o de nuestro amor conyugal; y esto, también en aquellas profundidades de su ser y de su vida anímica que no sólo se nos ocultan sino que son objetivamente precarias y contingentes, en aquellos momentos de su vida en los que estaba y está separada de nosotros.

Un *tercer* momento objetivo con el que se relaciona este crédito de la fe es la indeterminación del futuro y de las decisiones futuras de la libertad humana. ¿Resistirá el otro a todas las pruebas? Dado que no podemos saber con seguridad lo que el otro será en el futuro, nos debemos relacionar con ello en una forma particular de la fe en él y de la esperanza de que aquella global belleza de su personalidad, a la que nos dirigimos en nuestro amor hacia él, también abraza el futuro de su personalidad. Así pues, todo amor humano se edifica sobre la fe en el contenido positivo del futuro contingente de la persona amada.

Ahora bien: en el amor a Dios, la fe en lo que no vemos de Él se realiza en una forma completamente nueva. Por un lado, dicha fe desaparece totalmente; por otro, es como si se topase con un mar infinito, que requiere un salto mucho mayor para cruzarlo. Lo último vale para la *primera dimensión*, el salto puro desde lo conocido de Dios, fragmentariamente y sólo como en un espejo, a partir de sus criaturas, hacia las infinitas profundidades de la bondad y belleza divinas.

Con todo, y a diferencia del amor humano, podemos realizar el salto desde un conocimiento imperfecto de Dios hasta la perfección de su esencia incluso sin fe; esto sucede cuando penetramos racionalmente la necesidad interna de la esencial bondad infinita de Dios – por ejemplo, por medio de las pruebas a partir de la contingencia o de la prueba ontológica.[175] Por otra parte, podemos saber con certeza y establecer de modo inamovible que la bondad infinita de Dios permanece por siempre. De ahí que, desde una perspectiva meramente natural-filosófica no debamos *creer* en esta 'belleza global' de Dios (como en el caso del ser humano que amamos) ni nos esté oculta la bondad futura del amado (como sucede con un ser humano y contingente).

---

[175] Cf. Anselmo de Canterbury: *Monologion*, en *S. Anselmi opera omnia*, 2 vols., ed. de F. S. Schmitt (Friedrich Frommann / Günter Holzboog, Stuttgart / Bad Cannstatt 1968), vol. I, pp. 1-87; Cf. íd.: *Monologion*, en Rudolf Allers (editor y traductor): *Anselm von Canterbury, Leben, Lehre, Werke* (Hegner, Viena 1936). Cf. también Josef Seifert: «Die natürliche Gotteserkenntnis als menschlicher Zugang zu Gott», en Franz Breid (ed.): *Der Eine und Dreifaltige Gott als Hoffnung des Menschen zur Jahrtausendwende* (Ennsthaler Verlag, Steyr 2001), pp. 9-102, y *Gott als Gottesbeweis* (Universitätsverlag C. Winter, Heidelberg 2000^2).

En el amor a Dios no desaparece sólo la incertidumbre del saber relativo al ser futuro de una persona –una falta de saber cierto que tenemos con respecto a la belleza global de las personas contingentes–, sino también la necesidad de una fe en la persona amada debida a la contingencia y al riesgo de la libertad humana.

La referencia de nuestra fe a la belleza global de la persona amada –en la que siempre podríamos vernos defraudados y que ha de ser salvada gracias al crédito de la fe– no existe en el amor a Dios. Así pues, aquel crédito de la fe que en las categorías humanas del amor desempeña un rol significativo e insoslayable desaparece. Con mayor razón, ese crédito relativo a los fallos de los seres amados – que consiste en que no los etiquetamos con ellos, sino que más bien los vivimos como un desecho de su *verdadera esencia*– desaparece completamente en el caso del amor a Dios.[176]

Por otra parte, sin embargo, nuestra situación cognoscitiva respecto del objeto del amor a Dios no es mejor que respecto del amor humano bajo todos los puntos de vista. En efecto, no es que en la forma terrena del amor a Dios aparezca Él mismo en nuestra experiencia de un modo tan presente como la otra persona humana.

Entre la percepción de la belleza y amabilidad divinas, por un lado, y la de los sufrimientos y fatigas del ser humano así como de las maldades de este mundo, por otro, existen asimismo tales misterios insondables y conflictos aparentes con la bondad de Dios, que en la penetración puramente filosófica de la bondad divina nosotros mismos debemos dar un salto que se halla conectado con el crédito de la fe en tanto en cuanto implica saltar hacia lo insondable del misterio de la belleza global de un Dios que parece callar ante esos crímenes y sufrimientos.

En este sentido, en la base del amor a Dios se halla siempre el misterio de una fe más allá de la experiencia. Job es el gran ejemplo de este misterio. El íntimo aferrarse a la bondad de Dios, a pesar de

[176] Cf. Dietrich von Hildebrand: *Das Wesen der Liebe*, cap. 3.

todos los sufrimientos y enigmas, y el primado de la gratitud y del amor a Dios por encima de toda queja –admirablemente expuesto por Søren Kierkegaard en uno de sus *Discursos edificantes*– se corresponde aquí, en cierto sentido, con ese crédito de la fe concedido a los seres humanos del que hablábamos antes.

De hecho, subyace aquí una especial entrega a Dios. De ahí que en este amor se halle un salto de la fe, un aferrarse a aquello que no vemos.

En todo amor existe también un crédito de esperanza.[177] Cuando amamos a un ser humano, esperamos que también en los abismos de su ser sea tan hermoso como lo experimentamos y que pueda seguirlo siendo en el futuro. Esperamos también que un acto suyo, aparentemente injusto o incluso malvado, pueda ser bueno o que no haya sido cometido por él. De Dios esto lo sabemos y no necesitamos esperarlo.

No obstante, en el amor a Dios existe también un momento de esperanza análogo al amor humano y, desde otro punto de vista, infinitamente más elevado, en un modo totalmente nuevo y a la vez de forma lejanamente emparentada. En efecto, no esperamos sólo en la unión con Dios, sino también en la contemplación de todas las dimensiones ocultas de su bondad y en la resolución de todos aquellos enigmas que, vista su omnipotencia y su silencio ante los pavorosos males del mundo, resultan aún más misteriosos de cuanto lo serían considerados en sí mismos y, en cierto modo, nos ocultan su belleza aún más de lo que lo harían en una persona amada, que no es omnipotente y no puede por ello impedir todo el mal en el mundo. En este sentido, a la fe y la esperanza les corresponde en el amor a Dios una significación todavía más alta que en el amor a un ser humano, aunque sea de una forma totalmente distinta.

Ante todo, la esperanza propia del amor a Dios no atañe en primera instancia a Dios mismo o a su bondad interna, sino a nuestra

---

177 Sobre estas dimensiones del crédito del amor, Cf. las innovadoras investigaciones de Dietrich von Hildebrand en su *Das Wesen der Liebe*, en *Gesammelte Werke*, vol. III (Ratisbona 1971), cap. 3.

relación con Él, a nuestra salvación. Y esta esperanza unitiva, que vive también en el amor humano, halla en el amor a Dios una característica completamente nueva, profunda, metafísica, conectada con lo más íntimo de la vida moral y dirigida a Dios, el Justo y Misericordioso.

j. La intentio benevolentiae *en el amor a Dios*

La *intentio benevolentiae* es otro rasgo básico del amor. Consiste, por un lado, en el anhelo, en el deseo ardiente, de que la persona amada alcance todo bien y toda felicidad; por otro, en el anhelo de hacer nosotros feliz al amado por medio de nuestro amor y en virtud suya; finalmente, en la alegría por su felicidad y su fortuna. En el amor a Dios, esta *intentio benevolentiae* no se da como en el amor humano. Sería absurdo desear a Dios bienes que no poseyese aún, orar por su suerte o pretender hacerle feliz por medio de nuestro amor, como si necesitase de él para su felicidad.[178]

No obstante, esto no excluye que nos alegremos con la dicha divina ni que en el misterio del amor a Dios y del amor de Dios hacia nosotros se dé algo así como un *ser un don para Dios* y un *procurar alegría a Dios* en los cuales la criatura «hace feliz» a Dios y en cualquier caso Él «se complace» en ella, de manera que también Dios puede en cierto sentido dar gracias a la criatura.

En este contexto resulta interesante que los noventa y nueve nombres que el Corán atribuye a Dios incluyan también el de «el Agradecido». *Al-Shakur* es el trigésimo quinto de los cien nombres de Dios[179] según el Islam. Ahora bien, ¿cómo puede ser agradecido Aquél que todo lo tiene por sí mismo y que de nadie lo ha recibido? Quizá exista una respuesta puramente divina al bien, similar a la gratitud, que se expresa en la traducción de *Al-Shakur* como 'el que retribuye el bien'. Junto a esto, en el *reconocimiento de todo bien*

---

178 Algunas de las enseñanzas místicas de Angelus Silesius expresan y muestran esto de un modo altamente problemático, que parece disolver la infinita distancia entre Dios y el ser humano bajo este punto de vista.

179 De los noventa y nueve, uno es innombrable.

por parte de Dios se halla un momento ligado a la gratitud, que se corresponde también con la palabra francesa para 'agradecimiento', *reconnaissance*.

Por cuanto la gratitud y la retribución y premio de todo bien sean dos actos y perfecciones muy diferentes, presentan no obstante una profunda conexión interna a la que alude el nombre *Al-Shakur*, a saber: que nada queda sin su correspondiente reconocimiento, que nada queda sin su correspondiente premio.

La aplicación de planteamientos filosóficos acerca del *bien objetivo indirecto de la persona*[180] puede ayudarnos quizá a entender aquellas misteriosas palabras de Jesús por medio de las cuales, según la fe cristiana, Dios mismo hablará a los buenos: «En verdad os digo: lo que hicisteis al más pequeño de mis hermanos, a mí me lo hicisteis». De modo admirable, en su relato *El cuarto rey* E. Schaper ha descrito este supremo regalo de sí mismo del (cuarto) rey ruso, empobrecido a causa de su bondad.

k. La consumación y la en principio nueva forma de la intentio unionis *en el amor a Dios*

Otro rasgo básico de todo amor es el anhelo de unidad e incluso de unión con la persona amada. Este anhelo del amor hacia la unión con el amado puede ser satisfecho sólo cuando se da un amor mutuo.

Pues bien, este anhelo del amor alcanza precisamente en el amor a Dios su más elevada irradiación. En efecto, el amor aspira aquí a una tal unión postrera con el amado que su gozo es capaz de colmar la entera eternidad en un sentido infinito. En el amor a Dios este anhelo de unidad posee, pues, una forma totalmente nueva. En primer lugar, es más grande y profundo, puesto que se dirige esencialmente a una unidad última y abisal que no resulta pensable respecto de persona creada alguna. Se dirige también a

180 Cf. Dietrich von Hildebrand: *Das Wesen der Liebe*, en *Gesammelte Werke*, vol. III (J. Habbel, Ratisbona 1971; segunda edición, ítalo-alemana, en Bompiani, Milán 2003), cap. 7.

una unidad que para la realización más profunda de la persona es constitutiva y necesaria. Dado que la beatitud eterna –y, con ella, *toda* felicidad verdaderamente *última*– depende de esta unión, la aspiración a ella es desigualmente más profunda que la que vive en un amor humano.

Por otro lado, y haciendo abstracción de la experiencia mística, en este anhelo de unión con el amado en el amor a Dios se halla una tal dimensión trascendente que la *unio* es aquí mucho más objeto del anhelo y de la esperanza que de la realización. De hecho, esto vale también en cierto modo para todo amor humano, ya que éste ansía una unidad tan perfecta que prácticamente nunca la halla realizada en este mundo. Con todo, aquí se dan al menos el estar juntos con la persona amada, el abrirse mutuamente, la conversación, la comunicación y la puesta en común de los sentimientos o la unión corporal en el matrimonio: todas estas dimensiones de la unidad son experimentadas realmente; se dan en la experiencia humana normal de una forma cuya realización en la unión con Dios la mayoría de los fieles sólo confía y espera, sin alcanzar a experimentarla ya en este mundo.

l. La forma nueva fundamental en la relación entre felicidad y amor a Dios

Un rasgo ulterior de todo amor es su conexión con la felicidad. Nada hace más feliz a un ser humano que el amor, el sentirse amado y la persona amada misma. Esta felicidad, este deleite con la existencia de la persona amada, con el acto mismo del amor, con el sentirse amado por su medio y con la unidad con él, asume en el amor a Dios un carácter infinitamente más alto que en todo otro amor – aunque, bajo cierto punto de vista, sea vivencialmente menos perfecto en este mundo. Puesto que sólo Dios es nuestra *felicidad última*.

D. El amor a Dios como fundamento del amor al prójimo

Sólo en el amor a Dios –ante todo, en sus dimensiones religiosamente motivadas– puede brillar toda la dignidad de ser amado propia de cada prójimo e incluso de nuestro enemigo.[181]

E. ¿El amor a Dios, prueba de la existencia de Dios?

En el amor a Dios, Anselmo de Canterbury ha avistado una prueba filosófica de la inmortalidad del alma; partiendo del amor a Dios, ha desarrollado la prueba más simple de la inmortalidad –enraizada en el núcleo de lo eterno en el ser humano– en el *Monologion*, tomando como punto de arranque de la prueba el conocimiento de la existencia de Dios y de la adecuación a Él de la respuesta del amor a Dios.[182]

Ahora bien, ¿resulta posible desarrollar también una prueba de la existencia de Dios partiendo del amor a Dios? Tal y como se hizo notar al principio, esto parece imposible, ya que el amor a Dios se edifica ya sobre la base del conocimiento de Dios.

Y, sin embargo, una prueba de la existencia de Dios a partir del amor a Dios, que también puede ser propuesta al ateo, es pensable. Se puede intentar una tal prueba de dos modos:

(1) El primero de ellos descansa sobre una consideración general de la esencia y *logos* del amor y sobre la constatación –que hemos desplegado en la precedente sección de este capítulo– de cómo todos los elementos esenciales del amor encuentran su realización y una consumación única en el amor a Dios. Entonces, ¿cómo puede

---

[181] Cf. Dietrich von Hildebrand: *Das Wesen der Liebe*, en D. von Hildebrand: *Gesammelte Werke*, vol. III (J. Habbel, Ratisbona 1971; segunda edición, ítalo-alemana, en Bompiani, Milán 2003), cap. 11. Cf. también Giovanni Reale (ed.): *Agostino. Amore assoluto e «terza navigazione». Commento alla prima lettera di Giovanni: dieci discorsi. Commento al Vangelo di Giovanni: secondo discorso* (Rusconi Libri, Milán 1994), IX 11, así como Josef Seifert: «Von der Gottesliebe», **ΦΙΛΟΘΕΟΣ** - *Philotheos. International Journal of Philosophy and Theology* 7 (2007) 3-37.

[182] Anselmo de Canterbury: *Monologion*, 68-74. Para una breve exposición de este argumento, Cf. Josef Seifert: «Del amor a dios», op. cit.

ser ilusorio el objeto necesariamente presupuesto por el amor en su forma más perfecta (que, por otra parte, plenifica todo otro amor puramente humano), a saber, Dios? La verdad, la necesidad y el valor ontológicos e internos del amor, así como el dato de hecho de que éste halla su forma más elevada y pura en el amor a Dios, son tomados aquí como prueba de la verdad y realidad de su objeto. Como único destinatario posible de la forma suprema de amor, Dios no puede ser una ilusión –tan poco como puede serlo el amor mismo.

(2) La segunda forma de esta prueba pregunta más bien cómo la esencia necesaria del *acto* del amor a Dios pueda abrir el acceso a la esencia necesaria y a la objetividad de su objeto. Del mismo modo en que el fenómeno originario del arrepentimiento, su inteligibilidad interna y su esencia permiten el acceso a la realidad de su objeto y de los presupuestos de éste (a saber: responsabilidad moral, libertad y culpa) sin presuponerlos, así sucede también aquí:

Esta suprema y más perfecta forma de amor, cuya esencia y valor podemos conocer –si bien depende de la realidad de su único objeto posible y adecuado, Dios, de cuya existencia quizá aún dudemos–, revela la realidad de su objeto. Este acto de amor adorante, que sobrepasa todo otro amor y en el cual, no obstante, el *logos* del amor culmina, demuestra el sentido, la necesidad y la realidad de Dios, su objeto.

Para entender la validez y profundidad de esta paradójica prueba a partir del amor a Dios resultará útil la exposición de la prueba ontológica; pretendemos ocuparnos de ella después de tomar en consideración la mayor dificultad para todo conocimiento de Dios: la realidad del mal.

Capítulo 7
EL MAYOR PROBLEMA PARA EL CONOCIMIENTO RACIONAL DE DIOS Y EN PARTICULAR PARA LOS ARGUMENTOS TELEOLÓGICOS Y PERSONALISTAS: LA PREGUNTA DE LA TEODICEA SOBRE CÓMO SE COMPADECE LA INFINITA PERFECCIÓN Y BONDAD MORAL DE DIOS CON LA EXISTENCIA DE INCONTABLES MALES

Por descontado, todos estos argumentos –sobre todo aquellos que proceden a partir de la dotación de sentido del cosmos y del ser de las personas contingentes, tal y como brevemente los hemos tratado en los dos precedentes capítulos– deben ser confrontados con la terrible realidad del mal moral y de todos los demás males (en primera instancia, del sufrimiento inocente). Pensemos en el indecible sufrimiento que visitó al justo Job o en aquél al que se hallan expuestos los niños y las víctimas inocentes de toda clase de delitos, o en el «mar de sufrimiento» del que habla el Hamlet de Shakespeare, o también en el tremendo mal de los errores, que configura el problema central en la teodicea de Descartes[183], o en todo lo feo de lo que el mundo está lleno (fundamentalmente, en cualquier caso, a causa de la propia actividad humana).

La abundancia de estos males tan espantosamente eficientes parece derribar todas las pruebas racionales de la existencia de Dios y la imagen de un Dios bondadoso o, al menos, ponerlas en tela de juicio. En efecto –así preguntará el escéptico–, si se apunta al orden y la belleza del mundo y a la ordenación moral como punto de partida de las pruebas de la existencia de Dios, ¿de dónde proceden entonces todos estos males del mundo?

---

183 René Descartes: *Meditationes de Prima Philosophia*, en *Oeuvres de Descartes* (edición de Charles Adam y Paul Tannery), vol. VII (J. Vrin, París 1983), pp. 1-561, meditación IV.

Incluso si se aceptara que todos los males de este mundo brotasen exclusivamente, en última instancia, de nuestra mala voluntad y de la corrupción del bien (que procede sólo de Dios), no terminarían las preguntas: si existe, ¿cómo puede un Dios infinitamente bueno y poderoso *permitir*, con todo, este «mar de plagas», aun cuando no pueda ser su causa? ¿Por qué no impide Dios que los niños pequeños sean violentados y torturados hasta la muerte, cuando incluso nosotros, con nuestro limitado poder, percibiríamos como un delito no correr en su ayuda pudiendo hacerlo? Un Dios que posee todo poder en cielo y tierra y que no interviene para impedir los delitos contra los inocentes, ¿no es él mismo peor que nosotros? ¿Quién de nosotros podría, sin grave culpa, comportarse pasivamente si tuviera el poder de impedir un solo asesinato? ¿Cómo puede Dios dejar pasar Auschwitz y millones de asesinatos y otros delitos y no intervenir?

Si, en cambio, estos sufrimientos –contemplados desde un punto de vista más elevado, divino– son castigos para malas acciones, ¿cómo es posible que el justo Job sufra tan terriblemente mientras muy a menudo al malvado le va bien en la Tierra?

La razón humana no puede jamás desentrañar del todo la respuesta a esta pregunta de Job y a miles de cuestiones similares, pero quizá nos aproximemos a una respuesta si reflexionamos sobre una realidad clarificadora que de nuevo procede exclusivamente de la esfera de las personas: la magnitud del bien supremo en el mundo, del bien moral, que sobrepasa todos los valores no morales. El bien moral es posible tan sólo por medio de la libertad, en virtud de la cual el mal –respecto del que tanto el hombre libre como el ángel libre tienen poder– viene permitido. De ahí que una «defensa de Dios» (frente a las objeciones a Él dirigidas a causa de su enigmático silencio ante la atrocidad del sufrimiento) sólo pueda cumplir su objetivo si se comprende que el mal moral personal es un mal mucho peor que el sufrimiento y que un mundo lleno de sufrimientos y de mal en el que existen valores morales es incomparablemente mejor de lo que sería un mundo sin sufrimiento alguno pero también sin valores morales.

Más aún: no sólo los propios males morales brotan del abuso de la libertad, de modo que este abuso *de la libertad* produce también el grueso de las causas de todo sufrimiento (de las cuales resulta claro que una gran parte es la consecuencia del rencor, la codicia y delitos de todo tipo, que vienen cometidos tanto en guerra como en paz). El mal moral puede ser el único fundamento último de *todo* mal, tal y como lo creen cristianos, judíos y musulmanes.

El mal moral personal arroja también nueva luz sobre el problema del mal extramoral y, en particular, del sufrimiento. A la luz de la existencia del mal moral reconocemos que los sufrimientos no son simplemente males sin sentido, sino que poseen distintos valores: como castigo o también como oportunidad para la reparación por los actos moralmente malos, como ofrecimiento por otros, etc.

A la luz de una distinción fundamental entre el mal moral y el sufrimiento reconocemos aún algo más: que el mal moral, el pecado, posee una orientación (anti)teocéntrica. El mal moral se dirige en primera instancia contra Dios; ante el hecho de que sea permitido, nos asombramos de la longanimidad e indulgencia de Dios, que no erradica *ipso facto* por sus delitos al pecador que lo maldice y ultraja.

En cambio, los sufrimientos tienen una orientación antropocéntrica. Son males que, a diferencia del mal moral, no se dirigen *en primera instancia* contra Dios, sino contra la criatura (sobre todo, contra el ser humano). Sólo a causa de la distinción entre *carácter teocéntrico del mal moral* y *carácter antropocéntrico del sufrimiento* puede estar justificado que suframos por nuestra maldad y nuestros pecados (y que, de este modo, no se añada simplemente un mal a otro).

La sublimidad del bien moral, que constituye la glorificación suprema de Dios y la más elevada realización del ser humano y que sin libertad sería absolutamente imposible, puede explicar también que Dios deje un margen provisional al «poder en orden al mal» en la Historia. Ciertamente, en el final escatológico el poder del mal ha de ser aniquilado; será imposible que los malhechores que violentan y mutilan a una muchacha o que torturan maliciosa y sádicamente a un chiquillo queden, como en esta vida, sin castigo alguno por parte de Dios. Paradójicamente, en esta vida el mal moral –aún más temible que cualquier otro tipo– arroja luz sobre el espantoso mal del sufrimiento. Así, el dato de hecho del bien moral y del mal moral (el primero, centrado en Dios; el segundo, contrario a Él) arroja luz tanto sobre el sufrimiento en cuanto castigo justo y merecido como sobre el sufrimiento injusto, en la medida en que éste es un efecto del mal moral – permitido sólo por mor del bien moral (el cual, a su vez, resulta posible únicamente por medio de la libertad).

A la luz de esta diferencia jerárquica y de orientación entre el mal moral y el sufrimiento se puede defender –también desde un punto de vista puramente filosófico– la bondad de Dios frente a la tentación de la más profunda forma de ateísmo ante el mal en el mundo y ante el aparentemente insoportable silencio del Omnipotente; y esto, sin que precisemos negar (como distintos pensadores han hecho a raíz de Auschwitz, entre ellos Hans Jonas)[184] la omnipotencia divina –fundamentada con evidencia última en la infinita plenitud de todas las perfecciones puras que es Dios y sin cuya posesión Dios no sería Dios– o sin deber afirmar en absoluto (como algunas feministas) que la idea de la omnipotencia divina no sea otra cosa que el fruto de la absolutización del poder político masculino y una proyección antropomórfica de la representación del *male power* en Dios.[185]

---

[184] Cf. Hans Jonas: *Der Gottesbegriff nach Auschwitz. Eine jüdische Stimme* (Suhrkamp, Fráncfort 1987).

[185] Véase el siguiente texto, antepuesto como lema al ensayo de Peter Byrne «Omnipotence, feminism and God», *International Journal for Philosophy of Religion* 37 (1995) 145-165: «But for feminism, the further monarchical monotheism rationalises the object of its experiences, the more obviously susceptible it becomes to deconstruction as an anthropomorphic projection which divinises mate political power».

Por supuesto, estos argumentos puramente racional-filosóficos propios de una teodicea, aquí meramente esbozados, no han de poner en duda que el cristiano vea en la encarnación, pasión, muerte y resurrección de Cristo una respuesta incomparablemente más profunda al misterio del sufrimiento que la que la filosofía pueda dar con ayuda de la razón pura. En efecto, a la vista de las penetrantes preguntas del ateo acerca de un «Dios tras Auschwitz» y del dato de hecho de que en la Historia ha habido incontables sufrimientos y horrores que claman al cielo, cuyo consentimiento por parte de Dios resulta incomprensible para nuestra razón, la filosofía se topa manifiestamente con límites sensibles y sobrecogedores; según Giovanni Reale, dichos límites constituyen el fundamento que explica por qué la pregunta por el mal fue planteada y tratada con relativamente poca seriedad en la filosofía antigua.[186]

El filósofo como tal debe aplicar una teodicea puramente filosófica a las indicaciones sobre los clarificadores argumentos apenas mostrados y señalar la incapacidad del ateo a la hora de refutar tanto estos argumentos como los fundamentos posibles del consentimiento divino del mal – sin poder conocer, sin embargo, aquel abismo de sentido del sufrimiento que sólo puede ver aquel que cree en la muerte y la resurrección del Mesías e Hijo de Dios.[187]

En el marco de una investigación en torno a la cuestión de la teodicea encauzada por los caminos de la razón, el filósofo deberá señalar ante todo que incluso las incontables preguntas y dificultades irresueltas a la hora de conciliar la irrebatible realidad del mal con la existencia de Dios no refutan ni las evidencias concluyentes acerca de la existencia de Dios ni la verdad de las respuestas específicamente religiosas a la pregunta de cómo se compatibilizan el sufrimiento y

[186] Giovanni Reale: *Saggezza antica. Terapia per i mali dell'uomo di oggi* (Raffaello Cortino Editore, Milán 1995).

[187] Cf. Papa Juan Pablo II: *Salvifici Doloris*. Cf. también Josef Seifert: «Zur Herkunft des Glaubens. Gründe und Hintergründe. Reflexionen über das Problem einer Theodizee angesichts der Leiden und Übel in der Welt», en *Glaube im Unglauben der Zeit* (Dialogsekretariat, Ausburgo 1983).

otros males con la bondad de Dios. En efecto, el que no podamos comprender el «cómo» de la compatibilidad de dos verdades no nos legitima para dudar sobre el *que* de ambos lados de la dificultad cuando vemos éste con claridad. Y es que no comprender no puede constituir jamás una refutación de una intuición y de unas pruebas conocidas positivamente.[188]

[188] Cf. sobre este punto las profundas exposiciones del cardenal Newman en John Henry Newman: *Parochial and Plain* Sermons, sermón XIX: «The Mysteriousness of our Present Being». Cf. también Gabriel Marcel: *The Mystery of Being*, traducción de Rene Hague (Chicago, 1970[6]), así como mis distinciones sobre aporías, antinomias y paradojas lógicas en Josef Seifert: *Überwindung des Skandals der reinen Vernunft. Die Widerspruchsfreiheit der Wirklichkeit – trotz Kant* (Karl Alber, Friburgo / Múnich 2001) / *Superación del escándalo de la razón pura. La ausencia de contradicción de la realidad, a pesar de Kant* (Biblioteca filosófica, «El carro alado», traducción de Rogelio Rovira, Ediciones Cristiandad, Madrid 2007).

Capítulo 8
LA ASCENSIÓN DESDE UN MUNDO LIMITADO E IMPERFECTO HASTA UN DIOS PERFECTO: LA «SÉPTIMA VÍA» Y EL CONOCIMIENTO DE LAS PERFECCIONES PURAS COMO FUNDAMENTO DE TODO EL CONOCIMIENTO FILOSÓFICO DE DIOS

I. La séptima vía («cuarta vía» de Tomás de Aquino) como prueba cosmológica y metafísica más perfecta, que demuestra la perfección y bondad del primer principio y es por ello una prueba de la existencia de Dios

Esta nuestra «séptima vía», la *quarta via* de Tomás de Aquino, toma en consideración la naturaleza específica del mundo mucho más profundamente que las primeras tres vías tomistas y se enlaza orgánicamente a ellas (en particular, a la tercera); en cuanto prueba metafísica y personalista fundamentadora, va más allá que dichas tres vías y permite el acceso a distintos aspectos de las pruebas personalistas, hasta el punto de que le dedicamos un capítulo propio.

Arrancando de la prueba a partir de la contingencia, el espíritu avanza hasta el conocimiento ulterior de que un ser necesariamente existente no puede poseer, como el mundo, una perfección finita. En efecto, los límites exactos de un ser finito –en el contexto de un espectro de límites posibles infinitamente variados–, así como su ser limitado, no pueden hallar jamás su última explicación en el ser limitado mismo, sino que son tan contingentes y no necesarios como su existencia. De ahí que ningún ser finito y limitado pueda responder la pregunta: ¿por qué tengo precisamente estos límites y no otros? Ningún ser finito puede tampoco explicarse a sí mismo hasta el final. El único ser fuera del cual o sobre el cual no debemos preguntar nada –por qué es y por qué es como es– es un ser *infinitamente* bueno: Dios.

Esta infinita perfección de Dios, que conecta en unidad suprema la plenitud de todas las perfecciones puras –las cuales constituyen su carácter de «algo por encima de lo cual nada mayor puede ser pensado» y, con ello, el núcleo más íntimo de la esencia divina–, viene a ser presentada de manera explícita por Tomás de Aquino en la así llamada «cuarta vía», a partir de la creación. Se puede objetar que precisamente esta *quarta via* está formulada de modo muy imperfecto en Tomás de Aquino, entre otros motivos porque no distingue con claridad entre máximo relativo y absoluto y entre perfecciones necesariamente finitas y perfecciones puras infinitas.[189] Con todo, en este argumento se encierran los planteamientos más importantes de todo conocimiento filosófico sobre Dios.

En esta «cuarta vía» –tal y como podemos interpretar libremente a Tomás de Aquino, a la luz de sus enfoques temáticos más profundos– se parte del planteamiento de que en el mundo toda finitud de las perfecciones deja sin responder la pregunta de por qué existen los límites no necesarios de estas perfecciones: ¿por qué estoy aquí en el espacio en lugar de allí, vivo en este tiempo en lugar de en cualquier otro? Preguntas en las que Pascal hace hincapié cuando escribe:

> Cuando considero la poca duración de mi vida, absorbida en la eternidad precedente y siguiente (...) el pequeño espacio que ocupo e incluso que veo sumido en la infinitud inmensa de los espacios que ignoro y que me ignoran, me espanto y me asombro de verme más bien aquí que allá, porque no hay ninguna razón para que esté más bien aquí que allá, para que sea ahora más bien que entonces. ¿Quién me ha puesto en él? ¿Por orden y autoridad de quién este lugar y este tiempo me han sido destinados? [190]

---

[189] Cf. a este respecto Josef Seifert: *Essere e persona. Verso una fondazione fenomenologica di una metafisica classica e personalistica* (Vita e pensiero, Milán 1989), cap. 11.

[190] «Quand je considère la petite durée de ma vie absorbée dans l'éternité précédente et suivante (...) le petit espace que je remplis et même que je vois abîmé

Nosotros podemos ampliar esta pregunta, así como el planteamiento de Pascal en ella implícito, más allá de las fronteras de espacio y tiempo: ¿por qué soy más o menos listo, por qué no soy más hermoso o menos de lo que soy, etc.? Un ser limitado no puede contestar todas estas preguntas, para estos límites suyos –desde sí mismo, inexplicables– no existe en el ser finito un fundamento explicativo último. Así pues, en sus *límites de perfección* también éste –lo mismo que relativamente a su (no necesaria) existencia [tercera vía]– es igualmente contingente y, por lo tanto, no necesario.

Ahora bien, de todo lo anterior resulta claro –en un paso completamente nuevo– que sólo un ser infinitamente perfecto, que no podría ser mayor de lo que es sino que es «algo por encima de lo cual nada mayor puede haber ni puede ser pensado», puede también existir necesariamente y ser, por tanto, Dios. Con esto, sin embargo, las vías cuarta y tercera de Tomás de Aquino fundamentan (*juntas*) no ya sólo la existencia de algún arquitecto del mundo o la de una primera causa inmóvil, sino la del auténtico ser divino (la *perfección infinita*) y fundamento originario de la Creación. En efecto, si Dios tuviera algún límite de perfección, no podría ni existir necesariamente ni contener en sí mismo el fundamento último de su ser o el fundamento último de explicación del mundo.

Ahora bien, este Dios infinitamente perfecto no puede ser materia, ya que ésta se halla limitada en su esencia de manera necesaria y posee una perfección finita, de modo que no puede explicarse a sí misma. Tampoco puede ser un hombre, un animal, una planta o un Universo, puesto que todos estos son necesariamente finitos e imperfectos conforme a su naturaleza, a la par que existen de modo contingente. En la esencia divina, por ello, no puede existir sombra

dans l'infinie immensité des espaces que j'ignore et qui m'ignorent, je m'effraye et m'étonne de me voir ici plutôt que là, car il n'y a point de raison pourquoi ici plutôt que là, pourquoi à présent plutôt que lors. Qui m'y a mis? Par l'ordre et la conduite de qui ce lieu et ce temps a-t-il été destiné à moi?». Blaise Pascal: *Pensées*, fragmento 68 (205). [N. del T.: traducción castellana de Carlos R. de Dampierre, ediciones Alfaguara, Madrid 1981, p. 370.]

alguna de imperfección, ya que, de ser así, Dios sólo encontraría explicación y existiría por medio de un ente infinitamente perfecto «fuera de Él» – por lo tanto, por medio de algo superior, que sólo *gracias a su infinita perfección* podría *existir* de modo *necesariamente* real.

Para penetrar en esta última verdad es necesario aprehender que tanto la esencia divina como sus atributos y perfecciones puras poseen una *necesidad interna iluminadora y no susceptible de invención* y que jamás podrían integrar una «idea de Dios» pensada por nosotros de manera puramente subjetiva – tema sobre el que volveremos en el último capítulo, que trata sobre la coronación de todas las pruebas de la existencia de Dios.[191]

II. La pregunta, fundamental para todo conocimiento de Dios, acerca de las perfecciones puras y de las consecuencias éticas y metafísicas de la negación de su cognoscibilidad: trascendentales y perfecciones puras como condición para toda prueba de la existencia de Dios y para todo discurso legítimo sobre Dios

El conocimiento de Dios e incluso un mero discurso con sentido en torno a Dios –como aquél por encima del cual nada más perfecto puede existir o ya sólo ser pensado–, un discurso como el que debe hallarse al principio y al final de nuestra exposición del conocimiento natural de Dios (pero también de toda teología), no es posible si no podemos reconocer lo que descubrieron el presocrático Jenófanes y con más claridad Platón y Aristóteles, algo que grandes filósofos medievales caracterizaron con dos nombres al hablar, por un

[191] He intentado mostrar esto en otros trabajos, Cf. Josef Seifert: «L'Homme aurait-il pu avoir inventé Dieu? Réflexions sur la non-inventabilité de Dieu et son rapport avec la foi», *Atheism and Dialogue* XXIII, 1 (Segretario per i non credenti, Città del Vaticano 1988); *Essere e persona. Verso una fondazione fenomenologica di una metafisica classica e personalistica* (Vita e Pensiero, Milán 1989), cap. 14; y *Gott als Gottesbeweis. Eine phänomenologische Neubegründung des ontologischen Arguments* (Universitätsverlag C. Winter, Heidelberg 1996, 2000²).

lado, de los trascendentales y, por otro, de las «perfecciones puras» – es decir, de aquellas propiedades cuya posesión es, por excelencia y de modo absoluto, mejor que carecer de ellas.[192]

1. Las perfecciones puras como lo que es absolutamente mejor que todo aquello que resulta incompatible con ellas

Los trascendentales y las perfecciones puras se distinguen de todo lo esencialmente limitado (de las así llamadas «perfecciones mixtas»); de estas últimas vale decir que su posesión no es absolutamente mejor que su carencia, porque poseerlas excluye otras y superiores perfecciones. Así, todas las especies y géneros del mundo animal y vegetal, la naturaleza humana o angélica, la temporalidad o el modo de pensar del ser humano, que procede paso a paso y discursivamente, son en sí limitados. Entendemos, pues, que no es absolutamente mejor poseer características como éstas o como también la materialidad, porque por lo que respecta a su esencia, a su valor y a su rango de ser, excluyen la posesión de cualidades y naturalezas superiores.

De ahí que fuese antropomórfico y completamente inadmisible adscribir tales atributos a Dios, ya que resultan incompatibles con perfeccciones superiores. En efecto, no pueden corresponder al Dios por encima del cual nada es posible o puede incluso ser pensado. Haber adscrito a los dioses atributos humanos esencialmente limitados e incompatibles con más altas perfecciones configura el radical antropomorfismo del mundo de los dioses griegos, que fue rehusado por los filósofos griegos por medio de una crítica, racional y lícita, de la religión.

En cambio, otras propiedades –como el ser en cuanto tal, la realidad, la vida, pero también la personalidad, el espíritu, el conocimiento,

---

[192] Hallamos uno de los análisis de esta distinción más claros e innovadores en el *Monologion* de Anselmo de Canterbury, en *S. Anselmi opera omnia*, 2 vol. (edición de F. S. Schmitt, Friedrich Frommann / Günter Holzboog, Stuttgart / Bad Cannstatt 1968), vol. I, pp. 1-87, cap. 15.

la felicidad o la omnisciencia, el ser necesario y la bondad infinita– pueden ser comprendidas como no esencialmente limitadas. Así pues, se trata de perfecciones por antonomasia, y es absolutamente mejor poseerlas que no poseerlas.

Se disocian estas perfecciones «insuperables» en tres «grupos», *todos* los cuales fueron calificados por Duns Escoto –con buen criterio– como «trascendentales», ya que todos ellos carecen de fronteras esenciales, son aplicables a Dios y no se hallan limitados a esferas de ser y categorías finitas ni excluyen cualquier perfección superior.[193] El primer grupo de tales perfecciones puras, a las que la mayoría de pensadores medievales (como Tomás de Aquino) denominaron simplemente «trascendentales» (situados por encima de todas las categorías y límites), a saber: el ser (*ens* y *esse*), la esencia (*res*), la unidad interna (*unum*), el ser algo y, con ello, el ser en sí mismo y el ser distinto de la nada y de otros seres (*aliquid*), la verdad y la cognoscibilidad del ser (*verum*) y el bien (*bonum*), así como la belleza (*pulchrum*), no puede faltar totalmente a ningún tipo de ser ni a ente alguno en general y tiende de este modo un puente entre todo lo que es.[194] Precisamente a causa de esta absoluta universalidad e insuperabilidad, y dado que no pueden faltar tampoco al infinito ser absoluto, sino que deben ser realizadas en él en el modo supremo, constituyen perfecciones por antonomasia.

---

[193] Cf. Duns Escoto: *Ordinatio* 1 d, 8 q. 3, así como el texto «Non oportet ergo transcendens ut transcendens dici de quocumque enti» («Así pues, no es necesario que lo trascendente en cuanto trascendente [los trascendentales] pueda ser dicho de todo ente»), *Opus oxoniense*, 1 d. 8, q. 3, n. 19. Cf. también Alan Wolter: *The Transcendentals and their Function in the Metaphysics of Duns Scotus* (Franciscan Institute Publications, St. Bonaventure, Nueva York 1946).

[194] Cf. Tomás de Aquino: *Quaestiones disputatae de veritate*, en *Opera Omnia (ut sunt in indice thomistico additis 61 scriptis ex aliis medii aevi auctoribus)*, 7 vols., edición de Roberto Busa S. J. (Stuttgart / Bad Cannstatt 1980), vol. III, pp. 1-186; traducción alemana de Edith Stein, 1931, v. Quaestio 1. Cf. también Josef Seifert: *Wahrheit und Person. Vom Wesen der Seinswahrheit, Erkenntniswahrheit und Urteilswahrheit. De veritate – Über die Wahrheit*, vol. I (Ontos-Verlag, Fráncfort / París / Ebikon / Lancaster / New Brunswick 2009), cap. 1.

Junto a éstas existen perfecciones puras tales (como la vida, la sabiduría, la libertad, el conocimiento o el amor) que pertenecen sólo a algunos entes en el mundo, no a todos, y que conforme a su perfección insuperable tampoco excluyen cualquier tipo de perfección superior (como aquéllas universales).[195]

En tercer lugar, hay perfecciones puras que constituyen propiedades exclusivamente divinas, como el ser un ser por sí mismo (un *ens a se*), la necesaria existencia real, la infinitud absoluta, la omnisciencia, la omnipotencia, la ubicuidad, el poseer una eternidad sin comienzo o el ser la suprema encarnación de la moralidad y el sumo juez.

En cada caso se debería poner de manifiesto –por medio de un planteamiento inmediato y desde la contradicción en la que se incurre al negar las perfecciones puras– cómo resulta imposible ser más perfecto que lo que es, sin ser; más perfecto que lo bueno, sin ser bueno; y más perfecto que el ser personal que se posee conscientemente a sí mismo, sin poseerse conscientemente a sí mismo de manera personal.[196]

2. *Las perfecciones puras pueden ser infinitas*

Sólo estos atributos, que en su interna forma esencial no son superables y cuya posesión es absolutamente mejor que su carencia, no están limitados necesariamente y no son finitos de modo necesario sino que, muy al contrario, o admiten la infinitud (pueden ser

[195] Cf. Josef Seifert: «El amor como perfección pura: una metafísica del amor como himno filosófico del amor», en *Humanitas* (Anuario del Centro de Estudios Humanísticos, Universidad Autónoma del Nuevo León 2004), pp. 65-82.

[196] De entre los filósofos clásicos y medievales es Duns Escoto el que ha investigado con mayor profundidad en la esencia de las perfecciones puras. Cf. Alan Wolter: *The Transcendentals and their Function in the Metaphysics of Duns Scotus* (Franciscan Institute Publications, St. Bonaventure, Nueva York 1946), así como una extensa investigación fenomenológico-metafísica acerca de las perfecciones puras en Walter Hoeres: *Der Wille als reine Vollkommenheit nach Duns Scotus* (Múnich 1962); v. también Josef Seifert: *Verso una Fondazione fenomenologica della metafisica classica* (edición de Giovanni Reale, Ricerche di Metafisica, Milán 1986), cap. V.

infinitos en algo, aunque sean limitados en el mundo), como el ser, o son esencialmente infinitos –como la omnisciencia[197]– y, por lo tanto, sólo ellos pueden suministrar el fundamento a un concepto válido de Dios. No basta con esto: se puede conocer que la *ratio formalis* (Duns Escoto), el ser puro de estos atributos, permite la infinitud absoluta – más aún: que las perfecciones puras sólo son *verdaderamente* (y esto quiere decir aquí «en sentido pleno») sabiduría, conocimiento, ser, etc., es decir, «ellas mismas», cuando son infinitas. El conocimiento finito es a la vez desconocimiento, la justicia finita no es plena justicia, el ser finito es a la vez un no ser.

Lo que conforme a su *ratio formalis* es plena y totalmente, verdaderamente en un sentido absoluto: ser, conocimiento, sabiduría, justicia, poder, libertad, felicidad, etc. corresponde sólo a un ser *infinitamente* perfecto; por tanto, cuando podemos reconocer una perfección pura en su insuperabilidad absoluta comprendemos que en su plena y verdadera forma originaria le corresponde exclusivamente a Dios como el ser infinito. Si asignamos a Dios estos atributos en su forma infinita no decimos, pues, algo meramente objetivo y no antropomórfico, sino que es mucho más verdadero atribuir al ser absoluto el ser fundamental de las perfecciones puras –aprehendido así correctamente– que afirmar las perfecciones puras respecto de entes finitos. Así pues, podemos decir incluso lo que sigue:

Sólo Él ES verdadero, VIVE verdaderamente, es SABIO, CONOCE y SABE *realmente*, es LIBRE y DICHOSO en sentido pleno y es, sencillamente, aquel SER MISMO que a la vez ha de

[197] Volveremos más tarde sobre la infinitud de las perfecciones divinas y sobre la opinión de algunos autores de que la omnisciencia divina pudiese o debiera ser interpretada como un mero y finito «saber de todo lo cognoscible» y de que también los restantes atributos divinos hubiesen de ser entendidos como finitos. Cf. Daniel von Wachter: *Die kausale Struktur der Welt. Eine philosophische Untersuchung über Verursachung, Naturgesetze, freie Handlungen, Möglichkeit und Gottes kausale Rolle in der Welt*, en línea: <http://causa.von-wachter.de>, pp. 283ss., y las fuentes citadas por el autor. Cf. también Peter Geach: *Truth and Hope: The Fürst Franz Josef und Fürstin Gina Lectures Delivered at the International Academy of Philosophy*, 1998 (University of Nôtre Dame Press, Big Bend 2001).

ser el personal YO SOY EL QUE SOY, porque ser persona, ser alguien y no algo impersonal, es una perfección pura.[198] Cuando podemos reconocer la existencia de Dios –tal y como esperamos haber mostrado y mostrar aún ulteriormente– comprendemos que las perfecciones puras no sólo son reales *incluso en* Dios sino que éste *es* estas perfecciones puras mismas, es *el* ser, *la* justicia, *la* sabiduría, *la* beatitud misma, en la unidad consumada de su ser personal.

Con todo, lo dicho no ha de ser entendido como si en el mundo no existieran en absoluto las perfecciones puras, sino más bien en el sentido de que en su limitada forma éstas sólo pueden ser de un modo imperfecto y en un sentido menos elevado lo que aprehendemos como su esencia y su *ratio formalis*. La justicia humana se halla considerablemente lejos de ser *la* justicia misma; esto es válido respecto del ser, la vida, el saber y todas las otras perfecciones puras en su configuración finita y humana.

En ello corresponde a Dios, de manera objetiva y real, no sólo lo que las perfecciones puras son en sí –aunque esto resultaría radicalmente desconocido para nosotros– sino también *lo que* entendemos de ellas, lo que constituye objetiva e inteligiblemente el ser, el conocimiento, etc. en su naturaleza esencial que, aunque siendo en sí e independiente de nuestro conocer, es conocido por nosotros en cuanto tal de forma verdadera aun cuando incompleta. Esta afirmación de que no todo discurso humano sobre Dios haya de ser antropomorfo (en el sentido de que atribuyamos a Dios propiedades humanas y finitas que en realidad no posee) descansa sobre la anteriormente expuesta distinción de Anselmo y Escoto[199] entre perfecciones puras y mixtas y sobre el planteamiento anselmiano

[198] Esto lo ha elaborado con gran profundidad Edith Stein: *Endliches und ewiges Sein. Versuch eines Aufstiegs zum Sinne des Seins*, en *Edith Steins Werke*, vol. II, edición de L. Gerber (Viena 1962^2; tercera edición, no modificada, en Herder, Friburgo 1986).

[199] V. Anselmo de Canterbury: *Monologion*, cap. XV. Duns Escoto ha ampliado esencialmente la doctrina de Anselmo sobre las perfecciones puras; también Leibniz ha realizado amplias contribuciones.

de que las perfecciones puras están real y literalmente presentes en Dios porque poseerlas es absolutamente mejor que no poseerlas o que tener una naturaleza incompatible con ellas (cuestión ésta que Duns Escoto desarrolló en profundidad) y porque consienten la infinitud, más aún, porque es en su forma infinita que se realizan plenamente en cuanto tales.[200]

De este modo se distinguen las perfecciones puras (en cuanto atributos de Dios no antropomórficos) de las antropomórficas, que atribuyen a Dios –en un modo de hablar humano o incluso demasiado humano– algo que no posee realmente sino que sólo puede ser una analogía respecto de los verdaderos atributos divinos, cuyo débil reflejo son estas propiedades esencialmente limitadas que sólo estamos legitimados para atribuir a Dios en un sentido metafórico y análogo.

Ciertamente, también se puede atribuir a Dios de un modo más legítimo propiedades esencialmente limitadas, pero ha de ser entonces en un sentido simbólico y análogo que encierra un significado especial de predicación análoga y supereminente, es decir, en un sentido en el que Dios precisamente *no* puede poseer las propiedades a Él atribuidas sino sólo otras completamente diferentes (a las cuales las limitadas se asemejan en un cierto modo). Cuando se atribuye a Dios propiedades tales como el arrepentimiento, la modificación de los propósitos, el ir a pasear a un jardín, etc., como sucede en el Antiguo Testamento o en las parábolas de Jesús, aquéllas han de ser interpretadas metafóricamente; en cambio, en una correcta interpretación se debe separar las perfecciones puras tal y como son entendidas a lo largo de las parábolas (como la misericordia, la omnisciencia, la presencia o la justicia de Dios) de las perfecciones mixtas que aparecen en el discurso metafórico (como el salir de viaje, pasear por el jardín, el aprendizaje de la verdad como consecuencia de haber escuchado las argumentaciones humanas, etc.).

[200] Duns Escoto demuestra también que todas las perfecciones puras han de ser compatibles entre sí e irreduciblemente simples (*simpliciter simplex*).

En ello, el valor y la posibilidad de todo conocimiento de Dios –incluso del metafórico– depende de la cognoscibilidad de aquellas perfecciones puras que corresponden a Dios de manera objetiva y en un sentido no antropomórfico y que admiten infinitud y, precisamente por esta razón, deben ser atribuidas en su forma infinita y verdadera solamente a Dios.

3. Compatibilidad y suprema unidad de todas las perfecciones puras

Ambos conocimientos (del sentido absoluto en el cual poseer las perfecciones puras es mejor que todo aquello que sea incompatible con ellas, y de su infinitud potencial o real) los conectamos ahora con una imponente tercera perspectiva sobre la esencia de las perfecciones puras, a saber: que se da una perfecta armonía recíproca y estricta compatibilidad de todas las «perfecciones puras» que puede ser colegida además, de manera puramente lógica, de lo dicho hasta aquí: en efecto, cuando reconocemos realmente que la posesión de una propiedad en sentido absoluto es mejor que su no posesión y, además, que toda perfección pura es potencialmente infinita, conocemos a la vez que las perfecciones puras en su globalidad han de ser compatibles entre sí. Puesto que si fuesen incompatibles no podría ser verdadera la afirmación unívocamente dada de que un ente que es, que conoce, que piensa, etc. es absolutamente mejor que uno que carece de estas propiedades. Si, por ejemplo, conocer y ser son perfecciones puras por antonomasia, esto significa precisamente que es absolutamente mejor conocer y también ser; ahora bien, esto implica necesariamente su compatibilidad. En efecto, una incompatibilidad entre perfecciones puras tendría como consecuencia que si, por ejemplo, el ser, el amor y el conocimiento son perfecciones puras (de manera que poseerlas es absolutamente mejor que no poseerlas), a la vez sería también absolutamente mejor no poseerlas – por ejemplo, no conocer, ya que el conocimiento contradiría al ser o al amor.

Vemos así que, de hecho, toda demostración de la incompatibilidad de una propiedad *X* respecto de una perfección pura *A* real o supuesta demostraría que *X* o *A* o ambas no son perfecciones puras. Si se reconoce, por ejemplo, la simplicidad y la suprema unidad como perfecciones puras, toda prueba de que una tal unidad resulta incompatible con el conocimiento sería una prueba de que el conocimiento no sería una perfección pura. Si, a causa de la dualidad entre conocimiento y conocido, la capacidad de conocer contradijese la simplicidad suprema[201] y ésta última (entendida como simplicidad indiferenciada, lo cual haría imposible todo conocimiento) fuese una perfección pura, el conocer no sería perfección pura alguna y con razón quedaría excluido por Plotino del Absoluto.[202]

Ahora bien: apenas reconocemos que poseer algo es absolutamente mejor que no poseerlo –por la razón que sea– conocemos también que es compatible con todas las demás perfecciones puras, por mucho que el infinito brillo de las perfecciones puras en su forma consumada supere toda nuestra comprensión global, lo cual pertenece a la esencia de la infinitud absoluta en relación con el espíritu finito. De ahí que diga también Anselmo que, puesto que Dios es un «algo por encima de lo cual nada puede ser pensado», es también mayor que lo que puede ser conocido por nosotros[203]; y Descartes añade: «Para que [la infinitud] sea auténtica, no puede ser comprendida en modo alguno, ya que su incomprensibilidad misma se halla en la esencia formal de lo infinito».[204] No obstante, el conocimiento de esta incomprensibilidad por parte del espíritu finito no

---

201 Aludimos aquí a una tesis de Plotino.

202 Para un análisis de otros rasgos esenciales de las perfecciones puras Cf. una investigación más detallada en J. Seifert: *Essere e persona*, op. cit., cap. 5.

203 Puesto que Dios es *id quo maius nihil cogitari possit*, ha de ser también *maius quam cogitari possit*. Anselmo de Canterbury: *Proslogion*, cap. 15.

204 «Ut sit vera nullo modo debet comprehendi, quoniam ipsa incomprehensibilitas in ratione formali infiniti continetur». René Descartes: *Meditationes de Prima Philosophia*, en *Oeuvres de Descartes* (edición de Charles Adam y Paul Tannery), vol. VII (J. Vrin, París 1983), pp. 1-561, *Quintae Responsiones*, pp. 368, 2-4.

impide que por medio de las perfecciones puras podamos lograr un verdadero entendimiento de los atributos divinos y también de su infinitud, lo cual más bien se sigue precisamente de dicho conocimiento. Sólo a la luz de las perfecciones puras y de la comprensión de su infinitud podemos entender su incomprensibilidad (en el sentido de su impenetrabilidad) para un espíritu finito, así como la esencia de la finitud, de modo similar a como no podríamos conocer lo torcido sin entender previamente qué es lo recto, como dice Buenaventura.[205] Tampoco podríamos conocer ni las proporciones de la ignorancia humana ni la infinitud del saber posible sin la comprensión de la verdadera infinitud de estas perfecciones puras.

4. La irreductibilidad y el carácter «simpliciter simplex» de las perfecciones puras

Prescindo aquí de una exposición más extensa de un ulterior rasgo esencial e importante de las perfecciones puras, que Duns Escoto ha visto y fundamentado genialmente y que he expuesto con mayor detalle en otro lugar: su irreducible simplicidad.[206] Baste con observar aquí lo que sigue.

Una perfección pura no permite ser reconducida ni a una perfección «mixta» –esencialmente limitada– ni a otra perfección pura, ni puede ser entendida como una mera combinación de aquéllas, sino que toda perfección pura se da originariamente de modo propio e irreducible. El carácter fenoménico de las perfecciones puras –como el del conocimiento y la voluntad libre–

---

[205] Cf. la referencia a los correspondientes pasajes y la explicación de esta tesis en Étienne Gilson: *Die Philosophie des hl. Bonaventura* (Hegener, Colonia 1960²).

[206] Cf. la traducción de Duns Escoto llevada a cabo por Alan Wolter: *Philosophical Writings* (Nueva York 1962⁴), así como íd.: *The Transcendentals and their Function in the Metaphysics of Duns Scotus* (Franciscan Institute Publications, St. Bonaventure, Nueva York 1946). Cf. también Josef Seifert: *Essere e persona. Verso una fondazione fenomenologica di una metafisica classica e personalistica* (Vita e Pensiero, Milán 1989), caps. 5 y 9.

significa que, incluso en su absoluta forma divina, una perfección pura no puede ser idéntica a otra por definición y sin distinción alguna. Así, por ejemplo, incluso la justicia más pura no puede ser simplemente idéntica a la misericordia, que consiste en parte en cancelar el castigo (adecuado desde el punto de vista de la justicia) o en perdonar el pecado y, de este modo, en hacer algo que *no* brota de la pura justicia ni reproduce su exigencia sino que representa un libre don, una gracia o un regalo, que van más allá de los requerimientos de la justicia. Tampoco pueden coincidir simplemente el conocimiento infinito con la voluntad creadora, ya que si así fuese (al margen de su evidente distinción) todos los mundos posibles que Dios conoce deberían existir y ser creados; de igual modo, la voluntad imperativa de Dios no puede coincidir por definición con la voluntad divina que condona y a la vez condena, ya que de lo contrario Dios ordenaría los delitos más abominables y los querría en el sentido de un mandamiento. Naturalmente, aquel tipo de distinción y diferencia real de las capacidades y perfecciones que éstas poseen en su configuración finita no puede radicar en su forma infinita; en cierto modo, todas las perfecciones –que se complementan recíprocamente y que sólo realizan su *ratio formalis* en su unidad última con todas las demás– han de coincidir en el sentido de que su ser mismo puede subsistir sólo en el ser personal y en el conocimiento y el amor plenos (y no separado de ellos) y de que se relaciona de un modo similar con todas las demás perfecciones puras –también con aquéllas que en un nivel inferior parecen contraponerse, como la justicia y la misericordia–, de manera que tampoco la justicia perfecta sería ella misma sin una misericordia consumada. Esta misteriosa «coincidencia diferenciada», en la que las irreducibles diferencias de las perfecciones puras vienen conservadas y a la vez, en cierta medida, trascendidas, no puede constituir aquí el objeto de un examen más detallado por nuestra parte, a causa de las limitaciones propias del contexto; con todo, podemos mantener ambos momentos de su correspondiente e irreducible identidad, junto con su perfecta unidad en su forma infinita.[207]

5. La «comunicabilidad» de todas las perfecciones puras

Hay una quinta y fascinante característica de las perfecciones puras –su comunicabilidad a más de un individuo– que Duns Escoto ve ciertamente en estrecha conexión con la teología trinitaria, perspectiva de cuya aceptación se sigue de manera imperativa[208] y sin la cual –en un monoteísmo unipersonal, según el cual «ser Dios» sería inseparable de ser «esta única persona», este único sujeto de naturaleza supremamente racional y perfecta– esta tesis no sería defendible. Por ende no es inteligible de modo meramente filosófico[209] (si bien, en el mundo de los entes y de las personas finitas no puede constituir jamás una perfección pura ser esta persona en lugar de aquella otra y hay una cierta evidencia filosófica de que el ser persona no puede ser perfecto sin una pluralidad de personas y una *communio personarum,* como vamos a ver enseguida). A la vez, la afirmación de que toda perfección pura haya de ser «comunicable» y poder estar en más de un individuo procura grandes dificultades a una metafísica personalista y realista, puramente filosófica,

[207] El carácter de *simpliciter simplex* propio de toda perfección pura, tan agudamente percibido y subrayado por Duns Escoto, podría ser considerado contradictorio respecto del dogma católico de que en Dios no existe distinción alguna fuera de las relaciones; sin embargo, opino que no se halla una tal contradicción si se entiende correctamente el dogma en el sentido de que éste llevaría a descartar toda desigualdad de las tres personas divinas o incluso el carácter creado del Hijo y del Espíritu Santo y a expresar la suma igualdad esencial y substancial de las tres personas, así como la absoluta unidad de Dios, que en la doctrina de la *pericóresis* y de la suprema unidad en el amor (doctrina que ha de ser entendida en clave personalista) se expresa de un modo aún más profundo que en las categorías abstractas de la relación y la substancia.

[208] Ésta no puede admitir que el ser Padre o Hijo o Espíritu Santo sea una perfección pura, ya que, si lo fuese, a las tres personas divinas les habrían de faltar perfecciones – cosa que resulta inconciliable con su infinita perfección divina.

[209] En efecto: si, como cree el Islam, Dios fuese sólo una única persona, ser Dios –y, por ello, ser *esta única* persona divina– sería con seguridad la perfección más pura de todas las perfecciones.

que reconozca el ser persona como una de las perfecciones puras centrales. En efecto, a la esencia de la persona pertenece en lo más profundo su ser-esto-aquí y, con ello, su existencia no comunicable, singular y única (*persona est individua et alteri incommunicabilis*) o, tal y como Ricardo define la existencia incomunicable, individual e irrepetible de la persona, «la persona es algo que existe por sí solo en el modo singular de una existencia dotada de razón».[210]

Además de las deformaciones egocéntricas, eudemonistas e individualistas del concepto de persona en distintas filosofías occidentales, quizá sea esta dificultad objetiva una concausa de que los filósofos orientales no consideren el ser persona como una perfección sino, debido a este momento de singularidad, como una imperfección y un aislamiento de toda persona individual que han de ser superados y que no pueden ser atribuidos al ser absoluto.[211] Como ha quedado explicado en detalle en otro lugar, se puede resolver esta dificultad mostrando que ser persona y poseer con ello una existencia ontológicamente *no comunicable* (aun cuando sea comunicable, en el más elevado sentido personal, por medio de la moralidad y del amor) es una perfección pura, pero que no puede ser una perfección pura ser *esta* en lugar de *aquella* persona. Por otro lado, ser *esta* (en lugar de *aquella*) persona no puede ser tampoco una perfección «mixta» esencialmente limitada, por lo cual existen también cosas altamente valiosas que se encuentran más allá de esta pareja de términos contrapuestos («perfección pura» / «perfección mixta») – de

210 En *De Trinitate* 4, 24, Ricardo de San Víctor define el ser persona justamente por medio de esta singularidad incomunicable y absolutamente individual: «[Persona est] existens per se solum juxta singularem quamdam rationalis existentiae modum».

211 Cf. sobre ello la fascinante contribución de Ismael Quiles «La personalidad e impersonalidad del absoluto segun las filosofías de Oriente y Occidente», en Sociedad Católica Mexicana de Filosofía (ed.): *El Humanismo y la Metafisica Cristiana en la Actualidad, Segundo Congreso Mundial de Filosofía Cristiana*, vol. IV (Monterrey, N. L., México 1986), pp. 39-52, así como íd.: *Filosofía de la persona según Karol Wojtyła. Estudio comparado con la antropología in-sistencial*, en *Obras de I. Quiles* (Ediciones Depalma, Buenos Aires 1987).

manera que no se puede aplicar a esta contraposición, que no es contradictoria[212], el principio del tercero excluso.[213]

Para reconocer el carácter del ser personal como perfección pura y conjurar el prejuicio de que el ser persona sea un concepto que se restringe a sí mismo en un modo esencialmente eudemonístico querríamos adjuntar en este lugar la explicación de la prueba de la existencia de Dios que parte del amor como perfección pura, ya que se adecua del modo más orgánico como conclusión de este capítulo y como «avance» del tema del próximo.

La prueba de la existencia de Dios a partir del amor como perfección pura

¿Es posible fundamentar la afirmación central de la revelación cristiana, que el amor es una perfección pura y que por ende Dios es «el amor» mismo, de manera puramente filosófica? Parecería que no, porque Platón, quizás el más grande filósofo antiguo del amor, en el *Banquete* rechaza la tesis de que el amor es un Dios y le atribuye una imperfección inherente, un anhelo incumplido, así que lo llama un hijo de Poros (riqueza) y Penia (pobreza). Únicamente uno de los personajes en este diálogo, Aristón, considera el amor algo divino. En las siguientes páginas, quisiera defender —como tesis puramente filosófica, pero con argumentos mejores que los de Aristón— que Aristón tiene razón contra Sócrates y Diotima, que el amor es una perfección pura y que entonces, también filosóficamente hablando, debe ser una perfección divina, quizás la más alta y sublime de todas. Podemos reconocer que el amor es una perfección pura a partir de varios motivos:

1. El primer argumento, que es, en realidad, más bien una comprensión inmediata, consiste sólo en tomar en cuenta las características del

---

212 En cuyo caso no se daría una tercera posibilidad en la pareja de términos contradictorios (como ser y no ser).

213 Cf. Josef Seifert: «Essere persona come perfezione pura. Il Beato Duns Scoto e una nuova metafisica personalistica», *De Homine, Dialogo di Filosofia* 11 (Herder / Università Lateranense, Roma 1994) pp. 57-75.

amor y reconocer, en consecuencia, la imposibilidad de que un ser que no ama sea más perfecto que un ser que ama. El amor incluso podría considerarse como la más pura y alta de todas las perfecciones puras. Sólo en él afirma una persona el valor de otra; sólo en él se entrega verdaderamente, sólo en él vive una benevolencia como en ningún otro acto, una bondad muy superior a los elementos de la benignidad en otros actos de la persona, como el elemento de la benignidad contenido en el respeto por una persona. En el amor, además, se da una fuerza unificadora como ningún otro acto la posee, así como un llevar a efecto una unidad más alta entre personas que sólo es posible entre personas que se aman y que supera a cualquier unidad que encontramos en seres impersonales. El amor como donación de la persona misma a otra posee una perfección absolutamente no superable por un ser incapaz de amor. Sin embargo, esta comprensión directa del amor como perfección pura puede ser confirmada también de manera indirecta por una serie de argumentos.

2. Primero hay que reconocer que la persona misma es una perfección pura. Es absolutamente imposible que un ente o un absoluto que no sea persona, que no despierte a la conciencia de su propio ser, que no sea capaz de conocimiento y no sea libre o feliz, pueda ser más perfecto que una persona. De esto se pueden deducir dos argumentos a favor del amor como perfección pura. El primero es el siguiente: el amor es la única respuesta realmente capaz de corresponder a la persona *qua* persona. *Persona est amanda propter seipsam* (la persona tiene que ser amada por sí misma), así lo formula el personalismo ético polaco de un Wojtyła, un Styczeń o un Szostek como norma fundamental de la ética. El respeto a una persona no afirma a la persona en su conjunto; de modo parecido el entusiasmo o la admiración, por ejemplo, responden a una persona sólo de cierto modo, *secundum quid.* Sólo el amor comprende y afirma a la otra persona en su totalidad, en su identitad última y entera. Presumiendo que poseer la dignidad única y el valor único de una persona es

una perfección pura, se concluye que responder a esta dignidad de persona y afirmarla en la manera última, adecuada y completa debe ser igualmente una perfección pura. Esto, en efecto, sólo se realiza en el amor.

3. Partiendo del hecho de que el ser persona mismo es una perfección pura, se sigue otro argumento a favor del amor como perfección pura. Pues sólo por y en el amor la persona se actualiza completamente a sí misma. Mientras una persona sólo conozca, pero no ame, se actualiza y activa, en cierto modo, sólo su intelecto, y no la persona entera. La persona como tal que ama se realiza únicamente dedicándose a otra en el amor, donándose en el acto del amor, y en la trascendencia única del amor de poder afirmar a otra persona por ella misma. Dado que el ser personal, que por sí mismo es una perfección pura, sólo se puede realizar y actualizar completamente en el amor, se deduce, a su vez, que el amor también tiene que ser una perfección pura.

4. El carácter del amor como perfección pura también se deduce del hecho de que otras perfecciones puras en la persona llegan a su realización completa solamente a través del amor. Como primera está la libertad. Se podría decir que sólo la libertad del que ama está plenamente unida en su profundidad, y a la vez realizada como libertad en su sentido más hondo; es decir, en la forma más alta de la adhesión libre e incondicionada a una persona por sí misma, sobre todo a la persona absoluta. Mientras el acto de la libertad sólo se refiera a cosas y estados de cosas, o también —de manera periférica— a valores *en* personas, sin afirmar el valor más íntimo de éstas, la libertad de la persona está privada de su posibilidad más profunda y más maravillosa: la de entregarse al servicio del amor. No es por la mera acción, sino únicamente por la libre autodisposición de la persona, que es poseedora de sí misma en libertad; sólo por la libre autoentrega exclusiva del amor es que la libertad se realiza en su sentido más profundo. Lo mismo que se dice de la libertad, que

por sí misma es una perfección pura y que sólo llega a realizarse por completo en el amor, se dice también del papel cooperativo de la libertad junto con el amor, en tanto que éste no sea sólo una respuesta de la voluntad, sino también del corazón. Hildebrand ha demostrado en su *Ética* que la actualización más alta de la libre voluntad sólo se realiza en su cooperación con respuestas de carácter donativo y afectivo y, sobre todo, con el amor.

5. Con esto tocamos otro argumento a favor del amor como perfección pura. El amor no es sólo un acto del libre albedrío. Aun y cuando el amor, como entrega puramente voluntaria, sin sentimiento, sea una entrega quizá heroica de la voluntad, sería, de todos modos, manifiestamente imperfecto e incompleto como amor si el corazón quedase callado. Pues dentro de una metafísica de la persona tenemos que reconocer, además del entendimiento y del libre albedrío, también el corazón, como sede de los sentimientos y de las respuestas afectivas, como centro y dimensión independiente e indispensable para el ser integral de la persona. La primera característica que distingue esencialmente la afectividad espiritual —que, otra vez, ha destacado particularmente Hildebrand— de la voluntad es que no está en nuestro poder, sino que posee un carácter donativo y que se despliega en nosotros sin que podamos ordenarla por la voluntad.[214] La segunda diferencia esencial entre la afectividad espiritual y la voluntad es el fenómeno irreductible del sentir mismo. Y, en tercer lugar, la esfera afectiva es de una riqueza totalmente diferente y diferenciada, por cuyo contenido conocemos incontables palabras, al contrario del carácter más lineal y homogéneo de la voluntad como tal. El amor, por el contrario, siendo experimentado en la forma irreductible del sentir, poseyendo el carácter donativo de una respuesta afectiva fuera de nuestro poder, posee incluso el carácter más afectivo entre todas las experiencias afectivas.

[214] Véase Dietrich von Hildebrand: *El corazón. Un análisis de la afectividad humana y divina* (Ediciones Palabra, Madrid 1997), cap. 1-2.

Mientras una persona sólo sienta respeto o entusiasmo, mientras sólo sienta añoranza o sea afectada por o conteste a las cosas de otra manera, lo más íntimo del corazón de la persona queda como no realizado. Este carácter único, profundamente afectivo, del amor se expresa con un sinnúmero de símbolos; por ejemplo, la flecha que atraviesa el corazón. Sólo el amor es capaz de hacer realidad aquella dimensión espiritual completa, íntima y afectiva de la persona, su corazón como sede del sentir. Sólo cuando también se siente amor, acompañado por el encanto de la persona amada, también la persona misma puede darse a otra en el sentido más completo y verdadero de la palabra. Mientras el sentimiento se quede callado, esta zona más íntima, que es el corazón, no hablará. Y aunque el amor quede incompleto sin la respuesta de voluntad, aunque la persona seca pueda afirmar a otra persona con un esfuerzo heroico de la voluntad y amarla en sentido más profundo con la voluntad, tal amor queda dolorosamente incompleto; así los místicos lo experimentan en el estado de la sequía espiritual y de la noche oscura del alma. Pues faltando el amor experimentado del corazón como sede de la afectividad aquella dimensión del ser de la persona y del amor personal, dimensión que sólo puede ser realizada por la voz del corazón, queda irrealizada.

Si, por tanto, se reconoce la circunstancia general metafísica de la persona; es decir, que sólo el vivir afectivo, sólo el corazón realiza una dimensión personal ni siquiera alcanzable por la admirable libertad como tal, y si se reconoce también que el amor actualiza esta dimensión afectiva del ser y hacer espirituales de la persona de tal manera y perfección e integridad como no lo hace ninguna otra respuesta, tiene que ser, pues, el amor igualmente una perfección pura, cuya posesión es absolutamente mejor que su no-posesión, como el ser personal y la afectividad espiritual mismos.

6. Hay otra consideración más, muy relacionada con lo ya dicho, que demuestra el carácter del amor como perfección pura. Ya

Aristóteles reconoce que la felicidad, la *eudaimonia,* es una perfección pura de la persona; incluso opina que todo afán de la persona sólo tiene el único objetivo de alcanzar la felicidad. Estamos lejos de afirmar su eudaimonismo, que la felicidad misma sea una perfección más alta que el amor o lo éticamente bueno, o incluso que el amor sólo sea un medio para alcanzar el propósito de la felicidad, lo que ya han refutado Robert Spaemann o Tadeusz Styczeń, así como M. Scheler, D. v. Hildebrand y V. Frankl. Sin embargo, coincidimos completamente con Aristóteles cuando califica —como lo harán, más tarde, Anselmo de Canterbury o Tomás de Aquino— a la felicidad como una perfección personal pura, sin la cual una persona nunca encontrará su última realización. Ciertamente el ser humano también puede ser feliz en cierta medida sin amar. Puede ser feliz por la realización de sus intereses, por el conocimiento filosófico de la verdad, por seguir su conciencia o actuar bien, por su sinceridad, por el contacto con lo bello y con el arte. No obstante, sigue siendo cierto que ningún otro bien más que el amor puede proporcionar a una persona una felicidad tan perfecta y completa: ya el acto de amar mismo, la entrega del ser propio y del propio corazón a otra persona, es la fuente de una felicidad como ningún otro acto de la persona. ¿Cuánto más se podría decir del ser-amado, de aquella afirmación de la propia persona en su conjunto, en su valor único e insustituible, afirmación sólo posible por el amor? ¿Cuánto más de la comunidad y unión con otra persona únicamente posible por el amor, cuya ausencia hace imposible la verdadera felicidad? La fuerza unificante exclusiva del amor se demuestra sobre todo tomando en consideración que incluso la forma más alta de unión física, la unión sexual, carece de toda fuerza unitiva personal y llega a ser hasta algo separador y repugnante si no es expresión y realización del amor mutuo. Aquí también se puede reconocer que la felicidad nunca puede ser perfecta sin amor. Veremos que todas las demás fuentes de felicidad del ser humano o de la persona no logran en absoluto alcanzar ésta. Por tanto, de este argumento también se sigue necesariamente que el amor es una perfección pura, porque la felicidad en su forma más alta es fruto del amor.

7. El amor también es una perfección pura porque una serie de otras perfecciones puras sólo puede llegar a motivarse y realizarse a través de él. He aquí primero la benignidad. La benignidad representa, de cierta manera, el valor ético más central, la benevolencia auténtica hacia otra persona, el interés altruista, afirmativo y vivo por su felicidad y prosperidad. La voluntad moralmente buena, a pesar de carecer de amor propiamente hablando, también tiene que demostrarse en la acción, en el amor activo; promueve la felicidad y prosperidad de la otra persona. Esta voluntad puede ser benévola e incluye, en este caso, la dimensión voluntaria del amor. Sin embargo, sobre toda otra forma de bondad excede aquel calor del interés por la felicidad de otra persona y por su bien que es propio del amor, no sólo gracias al valor intrínseco de las otras personas, sino también porque su felicidad y todos los demás dones son un bien objetivo *para* el otro. En otras palabras, como lo demuestra Hildebrand en un maravilloso capítulo de su obra *La esencia del amor*,[215] es parte de la bondad que en cierto modo participemos en el punto más íntimo de la otra persona, al cual se dirige, en cada persona individualmente diferente, el bien objetivo para ella, el bien de su ser, su felicidad, prosperidad y bienestar. Por tanto, mientras una persona sólo haga bien a otra, porque esto es, por sí mismo, valioso, pero sin afirmar en solidaridad amorosa su bien como bien objetivo para ella, no posee aquella característica de la bondad, de la benevolencia más auténtica, que sólo reside en el amor. Sin embargo, esta perfección pura y más alta entre todos los valores éticos, que es la benignidad, es exclusivamente realizable por el amor. Sólo cuando amamos a otra persona y la afirmamos en su conjunto, en su dignidad de ser amada y su preciosidad, sólo en la transcendencia única

[215] Dietrich von Hildebrand: *La esencia del amor* (EUNSA, Pamplona 1998), cap. 7.

de nuestra vida interior y nuestra experiencia de la felicidad en el amor, podemos realizar la auténtica bondad hacia la otra persona.

Similar es el caso de la perfección pura de la misericordia, del amor que perdona o mitiga la miseria del otro. Un ser humano que carezca por completo de amor tampoco podría ser auténticamente misericordioso. La misericordia le sería imposible. Podríamos citar aquí los maravillosos discursos que Shakespeare hace pronunciar a diversos personajes femeninos en algunos de sus dramas; por ejemplo, a Porcia en *El mercader de Venecia,* o en *Mucho ruido y pocas nueces,* donde se elogia la perfección más alta de la misericordia y se glorifica su fuente en el libre amor. Dado que la misericordia posee el carácter de perfección pura, al igual —o tal vez aún más— que la justicia, siendo exclusivamente posible y pensable por amor, llegamos nuevamente al carácter del amor como perfección pura. Parecido es el caso de una serie de valores concretos, como el perdón, la solidaridad, etc.

8. El conocimiento mismo, sobre todo el conocimiento de otra persona como tal, el comprender a la otra persona también es fruto del amor y fundamenta por su parte un amor más grande; así se puede decir que el conocer, por lo menos el auténtico descubrir a una persona, tampoco logra alcanzar su perfección sin amor (aun más, que finalmente no es posible en absoluto, como lo afirmó Scheler). Pero como el conocimiento es una perfección pura, también el amor debe serlo.[216]

9. La escolástica también reconoce que la unidad, el *unum,* es una perfección pura. Siguiendo a Platón y Plotino, los filósofos de la Edad Media incluso defienden la unidad como perfección que corresponde en cierta manera a todo ente. Sin embargo, 'unidad' es, indudablemente, un término analógico y presenta una gradación en su ser y

216 Max Scheler, «Liebe und Erkenntnis« (1916), en Max Scheler: *Schriften zur Soziologie und Weltanschauungslehre* (Gesammelte Werke), Bd.6. 3e. Aufl. (Bouvier Verlag, Bonn 1987)

valor, según el grado del ser donde se encuentra la unidad, su medida y su forma. Pero en el amor la unidad (el *unum* como *unio*) alcanza una forma completamente nueva, que es, probablemente, la más perfecta. Pues dos personas entre sí, al igual que la persona en sí misma, no pueden encontrar la paz y la unidad interior si no las realizan por medio del amor. Lo mismo se puede decir de la unidad entre personas, que trataremos más adelante. Ya Empédocles ve esto, diciendo en el fragmento 423 que las cosas se juntan por amor y se separan por la discordia.

No obstante, esta unidad no es fusión, ni renuncia a la identidad, sino la forma más alta de la unidad, que conserva la identidad incomunicable necesaria para las personas; ésta, empero, no queda como algo que separa, sino que se convierte en el fundamento de la más alta participación y unidad.

10. El *bonum*, el valor, sobre todo como algo precioso en sí mismo, también está realizado de manera única en el amor. El *agathon*, lo bueno, el valor más claro, también es una perfección pura y podemos estar de acuerdo con Dante en que el amor es de un «valor infinito». Aquí encontramos otro argumento para demostrar que el amor es una perfección pura.

11. Sin embargo, hay que destacar en particular una perfección que es parte de la concepción del ser humano como persona y que Aristóteles denomina como carácter de la persona, en cuanto ζῶον πολιτικόν, su ser social. La persona no puede entenderse simplemente como entidad aislada, sino que está orientada, según su naturaleza, hacia un «tú», así como hacia un «nosotros»: en una palabra, hacia la comunidad. La conversación, el diálogo, así como las incontables formas de vida comunitaria humana, no sólo comprueban un importante hecho antropológico sobre el humano como ser orientado hacia la comunidad, sino también una característica inseparable del ser personal. Hasta se puede decir que no sólo la misma

persona, que es y se puede considerar como un mundo en sí mismo, es una perfección pura, sino también la comunidad entre personas, por lo menos en el sentido de que como dimensión de la unidad entre personas posee el carácter de perfección pura necesaria para la realización del ser personal. Esto es, a su vez, reconocible en el hecho de que la plena felicidad de la persona solitaria no es posible sin comunidad.

Reconociendo esto, resulta inevitable admitir el carácter del amor como perfección pura, porque una verdadera comunidad entre personas —por lo menos el vínculo entre personas formando un cuerpo de comunidad, vínculo que está basado en experiencias, más allá de una asociación, un estado u otras comunidades objetivas fundadas sin amor— sería, sin amor, imposible e impensable[217]. Por tanto, también la perfección de la comunidad confirma el carácter del amor como perfección pura.

12. Consideremos finalmente un argumento bien diferente. Recordemos la dificultad, incluso imposibilidad, que cree ver Parménides para que pueda surgir, a partir de un ser necesariamente existente y eterno, un mundo en el tiempo, y cuya existencia no sea necesaria. Esto es realmente una aporía fundamental de la filosofía. Aunque Parménides hubiera tomado en cuenta la única causa posible de tal surgimiento, es decir, un acto libre de creación como tal, como lo ha hecho de cierta manera Platón en el *Timeo* —lo que Giovanni Reale expone de manera impresionante en su libro sobre Platón— todavía le hubieran faltado las verdaderas razones de semejante desarrollo del mundo a partir del ser absoluto y divino. Hegel menciona como aparentemente única razón plausible del surgimiento del mundo a partir del absoluto, que Dios sólo podría crear el mundo si él mismo se autorrealizara por medio de esta creación, es decir si él mismo desarrollara y realizara su propio ser por el proceso de negarse a sí mismo y de entrar al mundo o salir de

---

[217] Cf. Dietrich von Hildebrand: *Metaphysik der Gemeinschaft.*

él. La creación sería entonces una suerte de egoísmo divino, o sea una forma de autorrealización divina.

No obstante, si la infinitud absoluta de la perfección divina, la cual podemos reconocer por diversas razones, prohíbe comprender la creación del mundo como autorrealización de Dios, sólo queda una sola razón inteligible que es capaz de explicar el acto libre de la creación: el amor. Esta razón ya la toca el presocrático Empédocles, para quien el amor es, aun cuando al lado de la discordia, uno de los últimos principios divinos, sin los cuales no existe unidad alguna. Aún más claro queda en textos de Platón y Plotino y de otros filósofos de la antigüedad, según los cuales la carencia interior de envidia en la naturaleza divina y el carácter de lo bueno como *diffusivum sui* —causa que se difunde y explica por sí misma— son la causa de la creación del mundo, a partir del principio fundamental divino. Sin embargo, lo que finalmente explica la difusividad de lo bueno es el amor de un ser personal; sólo éste puede ofrecer una razón últimamente inteligible para el hecho de que sin necesidad surja un mundo finito a partir del ser eterno y del Dios necesario y existente.

Además, sólo un origen semejante del mundo y sobre todo de las personas que se encuentran en él —un origen por amor— le conviene a la persona. Podemos reconocer aquí como último principio metafísico de la causa del ser personal la tesis de la declaración del Vaticano en *Donum Vitae,* contra la procreación de seres humanos *in vitro,* de que sólo el amor es el origen digno de la existencia de personas. También encontramos este principio en nuestra experiencia, pensando en los niños procreados sin amor paternal y aceptados como meros hechos, incluso incómodos. ¡Qué tragedia se encuentra en el niño no amado! Tanto sólo es por amor que la persona puede afirmarse finalmente como persona, cuanto es sólo por el amor que puede llegar a existir. Un origen frío y sin amor de la persona contradice al sentido y a la dignidad de su ser.

Quizá en este aspecto de una metafísica del amor se halle la relación interior más profunda entre la razón y la fe, entre una metafísica de índole filosófica y la revelación cristiana. Es como si la comprensión filosófica más profunda en cuanto al amor como perfección pura pudiera completarse exclusivamente por la revelación. Al mismo tiempo, la revelación sí contiene, en un brillo superior a todo lo que la razón humana es capaz de pensar por sí misma, aquella comprensión más profunda de la filosofía sobre el amor, y la conserva, a saber, como perfección pura, por antonomasia e insuperable, incluso como perfección de todas las perfecciones y síntesis de las perfecciones puras.

Este carácter del amor como perfección pura descubierto por una metafísica del amor, pues, es uno de los aspectos en los que la inmensa gloria de Dios presenta una razón profundísima de la fe en Jesucristo. La manera en que Cristo es la encarnación del amor mismo, que ES el amor mismo y lo revela al mismo tiempo, esta manera que supera toda la filosofía del amor, y que la realiza al mismo tiempo completamente, le hace reconocible de manera única como el logos eterno y la luz verdadera que ilumina a todos los seres humanos.

6. Observaciones críticas sobre dos críticos de las perfecciones puras: Jean-Luc Marion y Josef Fuchs S. J.

A. Algunas observaciones sobre el rechazo de las perfecciones puras en Jean-Luc Marion

Que existen tales «perfecciones puras» cognoscibles es negado hoy en el discurso sobre la «absoluta trascendencia» de Dios en virtud de su absoluta y paradigmática incognoscibilidad. Incluso el conocido filósofo católico francés Jean-Luc Marion ha intentado negar estas perfecciones puras de la metafísica clásica sobre Dios, en su investigación –ligada a un hermoso dicho de Bossuet– en torno a un Dios que es «más divino que un *ens a se*»[218]; en este contexto, no

[218] Cf. Jacques Bénigne Bossuet: *Discours sur l'Histoire Universelle*, II, 1: «Nuestro Dios (...) se halla elevado infinitamente por encima de la primera causa y de aquel primer motor que los filósofos han conocido sin adorarlo».

sólo establece que Descartes haya empleado la expresión *ens infinitum* así como la de *causa sui* en la tercera Meditación y en cambio la de *ens summe perfectum* en la Meditación quinta[219], sino que afirma también que estas tres determinaciones de Dios serían incompatibles entre sí y, por encima de todo, «ídolos». Siguiendo a Levinas ve en todas las afirmaciones sobre Dios un antropomorfismo y hasta una blasfemia, una tesis a la que se ha referido críticamente una serie de autores.[220]

Afirmaciones de tal índole no pueden ser legitimadas. En efecto, cuando se entiende la *causa sui* no como causa eficiente de sí misma (cosa, en efecto, en sí absurda y contradictoria) sino como primera causa incausada y como el fundamento de sí misma –por lo tanto, siendo desde sí misma y poseyendo en sí el fundamento suficiente de su propio ser–, entonces este atributo divino no se autocontradice ni existen contradicciones entre las tres perfecciones puras divinas nombradas por Descartes. Al contrario, todo ente causado por otro ser presupone algo que existe por sí mismo y que tiene en sí el fundamento de su propio ser. Y si la suma plenitud de valor se halla conectada objetivamente con el carácter del *ens a se*, no se puede buscar ningún Dios distinto o «más divino» que el ser que es desde sí mismo; sólo se puede buscar un conocimiento más comprehensivo y profundo de este Dios que además del ser-desde-sí-mismo y del «ser la primera causa incausada» también es infinitamente perfecto desde el punto de vista del valor y digno de adoración. Estas y todas las demás perfecciones puras no son en modo alguno incompatibles

---

[219] Cf. Jean-Luc Marion: *Sur la théologie blanche de Descartes* (Presses Universitaires de France, París 1981).

[220] Cf. Jean-Luc Marion: *Dieu sans l'Être* (Communio / FAYARD, París 1982), pp. 51-58. Cf. también la crítica a esta visión realizada por Kenneth Winkler: «Descartes and the Names of God», *Amer. Cath. Phil. Quart.* 67, 4 (otoño 1993) 451-465, así como por Philip Clayton: «Descartes and Infinite Perfection», *Proc. Cath. Phil. Ass.* 66 (1992) 137-147. Me puedo adherir en lo esencial a esta crítica de las tesis de Marion en la que se pone de relieve la compatibilidad interna entre estos tres atributos divinos, si bien no comparto en modo alguno el rechazo de las pruebas cartesianas expresado por el autor nombrado en último lugar.

entre sí, como opina Marion[221], sino que más bien se complementan recíprocamente; más aún, sólo pueden poseer su pleno ser propio en la más perfecta unidad con las demás.

Con Kalinowski, aunque por motivos en parte diferentes, rechazaría también la tesis sostenida por Marion[222] de que la concepción metafísica sobre Dios en Tomás de Aquino tiende a la ideología porque atribuye a Dios el ser absoluto; considero que el intento de Marion de querer aferrarse exclusivamente al amor como perfección pura resulta en sí contradictorio, ya que el amor sin ser, vida, conocimiento, libertad, felicidad, etc. resultaría imposible.[223]

B. La repercusión de las imágenes clásicas y modernas de Dios en la asunción de una ética pura de ponderación de bienes (consecuencialismo) y el reproche de antropomorfismo dirigido por Josef Fuchs contra las perfecciones puras como atributos divinos

El teólogo moral católico Josef Fuchs S. J. ha suscitado la cuestión de si a la comprensión clásica de Dios, recién esbozada, no subyace en teología moral y ética –pero también en las pruebas morales de la existencia divina– una «imagen antropomórfica de Dios» que deberíamos arrojar por la borda para fundamentar una nueva ética.

Fuchs trata la pregunta fundamental sobre el influjo de la respectiva imagen de Dios en la ética y en la teología moral. Se pregunta por la relación entre metafísica (teología filosófica y dogmática) y ética. En todo ello expresa un grave reproche contra algunos documentos magisteriales del Papa Juan Pablo II y de la Congregación

[221] Cf. la crítica a esta visión realizada por Kenneth Winkler: «Descartes and the Names of God», *Amer. Cath. Phil. Quart.* 67, 4 (otoño 1993) 451-465, así como por Philip Clayton: «Descartes and Infinite Perfection», *Proc. Cath. Phil. Ass.* 66 (1992) 137-147.

[222] Cf. Jean-Luc Marion: *L'idole et la distance. Cinq études* (Grasset, París 1977).

[223] Cf. Georges Kalinowski: «Discours de louange et discours metaphysique. Denys l'Areopagite et Thomas d'Aquin», *Riv. Filosof. Neo-Scolas.* 73 (AP-JE 1981) 399-404.

para la doctrina de la fe, así como contra los desarrollos teológico-morales de Tettamanzi y Caffarra (e, implícitamente, contra la tradición ética y teológico-moral en su globalidad). ¿En qué consiste este reproche? En que todos esos enfoques éticos se harían culpables de sostener una imagen antropomórfica de Dios – o, dado que en su opinión no existe otra, una imagen de Dios excesiva o «súper-antropomórfica». Una tal imagen de Dios, antropomórfica y falsa, la ve Fuchs encarnada en particular en dos planteamientos básicos que los documentos eclesiásticos citados y los desarrollos teológicos –pero también las pruebas morales de la existencia de Dios– tienen en común, a saber: la idea del Dios-legislador, de ese Dios santo que se manifiesta en la voz de la conciencia moral y en la consciencia de ser siempre responsables ante Él, y la del Dios-soberano, que sería el único señor sobre vida y muerte.[224] En el transcurso de sus argumentaciones caracteriza además la idea de un Creador que intervendría directamente en el mundo y crearía el alma (la persona) como una tercera representación antropomórfica.[225]

Una representación trascendente de Dios, como Fuchs la preconiza, dejaría el mundo secular totalmente abandonado a sí mismo y no interferiría con el «dominio humano del mundo» que habría sido confiado por igual a todo hombre. Sólo en un sentido trascendente se entendería aquí a Dios como «legislador» y no como si los mandatos divinos y los imperativos morales –que no se desprenderían de la consideración inmanente del mundo y de las consecuencias de las acciones– apareciesen en el mundo como un «factor adicional».

Una consideración del mundo puramente inmanente, liberada del antropomorfismo de un Dios-legislador así falsamente entendido,

---

[224] Cf. Josef Fuchs S. J.: «Das Gottesbild und die Moral innerweltlichen Handelns», *Stimmen der Zeit* 202, 109, 6 (junio 1984) 363-382, pp. 364ss., 373ss.

[225] Cf. Josef Fuchs S. J.: «Das Gottesbild und die Moral innerweltlichen Handelns», op. cit.; Cf. también, para una crítica, Josef Seifert: «Gott und die Sittlichkeit innerweltlichen Handelns. Kritische philosophische Reflexionen über den Einfluß anthropomorpher und agnostischer Gottesvorstellungen auf Ethik und Moraltheologie», *Forum Katholische Theologie*, I, 1 (1985).

conduciría entonces a la fundamentación puramente teleológica de las normas, que se seguiría de la consideración racional y responsable del mundo y de las consecuencias de las acciones humanas. Tal ética teleológica abandonaría la concepción de un derecho natural y de un mandato divino rígidos y –sostiene Fuchs– aceptaría el dato de hecho de que el actuar humano e inmanente al mundo ha de proceder en concreto y exclusivamente sobre la base de una consideración de las consecuencias de las acciones a la luz del principio de la ponderación de bienes.[226]

El segundo rasgo de una imagen de Dios antropomórfica –la imagen del Dios-soberano– se haría notar especialmente

> en que a menudo Dios es entendido como soberano en el sentido de que, aun siendo trascendente, interviene en el mundo categorial de los hombres y *por medio de sus exigencias y de su acción efectiva se reserva derechos particulares dentro de nuestro mundo humano o incluso los delega en nosotros.*[227]

De esta representación de Dios, pretendidamente súper-antropomórfica, dependería también la opinión de que Dios fuese soberano sobre vida y muerte; eutanasia, muerte voluntaria, aborto, etc. serían por ello inmorales en sí mismos y de manera absoluta. A la vista del carácter supuestamente antropomórfico y erróneo de la asunción de los citados atributos divinos, la teología moral debería

---

226 Sobre esta tesis, sostenida por B. Schüller, F. Böckle, A. Auer, J. Fuchs y muchos otros autores, Cf. por ejemplo B. Schüller: *Die Begründung sittlicher Urteile, Typen ethischer Argumentation in der katholischen Moraltheologie* (Düsseldorf, 1980², edición revisada y aumentada). Entre los autores de estudios críticos sobre dicha tesis citaremos aquí a Andreas Laun: *Das Gewissen, Oberste Norm sittlichen Handelns* (Innsbruck / Viena 1984), junto a C. Caffarra y Dionigi Tettamanzi, Germain Grisez, J. Finnis y R. Spaemann como críticos prominentes. Para discusión y ulteriores referencias bibliográficas, v. J. Seifert: «Absolute moral Obligations towards finite Goods», *Anthropos*, I, 1 (Roma, abril 1985), así como íd.: *The Philosophical Diseases of Medicine and Their Cure. Philosophy and Ethics of Medicine*, vol. 1: *Foundations. Philosophy and Medicine* (Springer, Nueva York 2004; Kluwer online e-book, 2005), caps. 1-4.

227 Josef Fuchs S. J.: «Das Gottesbild und die Moral innerweltlichen Handelns», *Stimmen der Zeit* 202, 109, 6 (junio 1984) 363-382, p. 373.

desvincularse de esa concepción. Toda acción humana inmanente al mundo habría de ser enjuiciada en sus circunstancias y a la luz de sus consecuencias.

Fuchs introduce una tercera concepción de Dios –por él reputada como antropomórfica– bajo cuya presuposición él mismo parece dispuesto a hallar aceptable la idea de un derecho soberano de Dios sobre vida y muerte que se manifestaría de forma concreta en la moralidad inmanente al mundo, a saber: la tesis creacionista, según la cual el nuevo individuo no procedería de un proceso evolutivo en cuyo seno también la persona espiritual del ser humano («alma») fuera explicable a partir de las causas segundas (por ejemplo bajo la forma, aceptada por Rahner, de la «autotrascendencia» de éstas). Según la imagen de Dios, teísta y antropomórfica –que subyacería, según Fuchs, por ejemplo, a la fundamentación de la esencial inmoralidad de la contracepción llevada a cabo por Juan Pablo II o el teólogo Caffarra–, el acto procreativo vendría a establecer una cooperación de la pareja con Dios, en cuyo contexto sólo Dios podría producir la «animación» y creación del alma espiritual de la persona a partir de la nada. De ahí se derivaría el veredicto absoluto contra la contracepción. Esto presupondría igualmente una representación divina conforme a la cual Dios, creador inmediato del alma humana, poseería también un derecho único sobre vida y muerte. Ahora bien, Fuchs opina que siguiendo esta concepción «la efectiva actuación mundana (por lo tanto 'categorial') de Dios sería causa originaria junto a la causalidad (igualmente categorial) de los progenitores».[228] Toda idea acerca de una tal intervención inmediata de Dios en el mundo debería ser rechazada por antropomórfica.

Parece que, según la concepción de Fuchs, lo que Dios sea realmente y en sí no lo sabemos en absoluto. El radical agnosticismo que parece implicar la postura de Fuchs se hace manifiesto cuando introduce el concepto de un absoluto o de un misterio del cual dice

[228] Íd., p. 378.

que viene denominado 'Dios' por nosotros, como si este misterio absoluto no fuese Dios de modo objetivo y en sí mismo sino que sólo fuese llamado de maneras diferentes por el cristiano, el ateo o el creyente de otras religiones.

¿No asumen de este modo todas las afirmaciones sobre Dios el mero carácter de símbolos de un «circunscribible» absolutamente inexpresable? Así ha caracterizado por ejemplo Jaspers el Absoluto, al que concibe como algo situado más allá de toda oposición (incluida la que se da entre ser y no ser). Fuchs sugiere que toda imagen divina que atribuya a Dios propiedades determinadas y determinables es ya «antropomórfica» o «súper-antropomórfica». La crítica a la imagen del Dios-legislador y del Dios-soberano sería, pues, tan solo parte de una crítica mucho más comprehensiva y radical al concepto clásico de Dios que estaría en el propósito de Fuchs (y que se encuentra igualmente en Jean-Luc Marion, aunque éste no extrae en modo alguno las consecuencias éticas sostenidas por Fuchs).[229]

No sólo el relativismo histórico y cultural que resuena en Fuchs –y que parece considerar todo lenguaje humano sobre Dios como relativo respecto del hombre y de particulares condiciones de consciencia histórica e historiográfica– conduce a un agnosticismo: también el reproche de que todo humano pensar y hablar sobre Dios sea necesariamente antropomórfico significa en última instancia, ni

---

[229] A ello apuntan expresiones de Fuchs como las que siguen: «Sabemos del misterio que nos fundamenta y nos sostiene: lo llamamos 'Dios'. (...) También el habla de la Revelación que nos ha sido regalada llega a nosotros en lenguaje humano y en representaciones humanas, incluso en la lengua y las representaciones de una determinada época y una determinada cultura de la Humanidad – no, pues, en una lengua supratemporal. Todo hablar sobre Dios es –puesto que lo es nuestro lenguaje– necesariamente antropomórfico y, por ello, simbólico (…) El trasfondo histórico de nuestro lenguaje actual sobre el misterio divino es un lenguaje sobre Dios extremadamente antropomórfico y mitologizante. Proviene fuertemente del Antiguo Testamento (…) [y] se prolonga en parte en el Nuevo Testamento y a lo largo de varios siglos cristianos.» Josef Fuchs S. J.: «Das Gottesbild und die Moral innerweltlichen Handelns», *Stimmen der Zeit* 202, 109, 6 (junio 1984) 363-382, p. 379. Cf. también Jean-Luc Marion: *Dieu sans l'Être*, op. cit.; íd.: *L'idole et la distance. Cinq étude*, op. cit.

más ni menos, que no sabemos para nada qué es Dios en sí mismo. ¿No podría ser perfectamente que Dios no fuese nada – cosa que a duras penas podemos excluir, dado que no conoceríamos perfecciones puras que pertenecerían a Dios en sí mismo, ni siquiera el mismo ser?

A una tal imagen de Dios corresponde de hecho, tal y como Fuchs pone de relieve, otra imagen del mundo.[230]

---

[230] Tal y como hizo Karl Rahner antes que él, Fuchs propone una forma moderna de deísmo –distinta del deísmo antiguo– conforme a la cual Dios sería, sí, causa del mundo, «pero es causa interna al mundo sólo *a través de causas segundas creadas*, tal y como la teología actual acepta comúnmente». Cf. Fuchs, op. cit., p. 378. V. también P. Overhage / K. Rahner: *Das Problem der Hominisation* (Friburgo 1961).

Esta tesis pone en tela de juicio no sólo la creación inmediata de nuevas personas espirituales (almas) y toda otra forma de inmediata intervención divina en el mundo, sino también –aunque esto suceda sólo como consecuencia última y contra la intención declarada de Rahner y Fuchs– el sentido de la Creación en general y su continuación gracias al *concursus divinus*. En efecto, la creación en sentido clásico incluye precisamente una intervención radical, libre, inmediata y *constante* de Dios en el mundo, que fundamenta metafísicamente y hace comprensible toda otra actuación inmediata y personal por parte de Dios (caracterizada por Fuchs y Rahner, de forma engañosa, como «intramundana»). De ahí que la Creación –por Fuchs o Rahner considerada probablemente en sentido trascendental kantiano– deba ser reinterpretada del todo si se la ha de concebir en oposición a ulteriores actuaciones directas de la primera causa en el mundo (creadoras, providenciales o de otro tipo) y no como su fundamento inteligible.

No obstante, el reproche de antropomorfismo realizado por Fuchs no se dirige contra la producción y mantenimiento del mundo, con carácter inmediato y creativo, por parte de Dios, sino que se entiende en el sentido de que toda forma de inmediata intervención actual de Dios en el mundo queda excluida. De ahí que el ser humano se encuentre en un Universo radicalmente secularizado, inmanente y sin Dios, tal y como lo han visto en particular Rahner y Metz –no sin influjo de Kant y Bultmann– como efecto del Cristianismo, que ha desterrado los dioses inmanentes al mundo. Todo lo que sucede aquí debería ser explicado de manera puramente natural-histórica, la aparición del ser humano a través de la evolución, etc.

Bajo estos presupuestos, Dios sólo puede ser concebido como «fundamento trascendental del mundo» radicalmente trascendente, lleno de misterio y, por supuesto, en última instancia desconocido. Ahora bien, ¿qué imagen del ser humano corresponde a esta imagen de Dios y del mundo?

Se sigue una imagen del hombre notablemente próxima a la de un evolucionismo materialista y radical, dado que, coherentemente con una imagen tal de Dios y del mundo, el ser humano ha de ser producto de la materia y de la evolución biológica. Que la tesis rahneriana de la «autotrascendencia de las causas secundarias» –por

C. ¿Qué quiere decir 'antropomorfismo'? Criterios para la distinción entre imágenes de Dios antropomórficas y no antropomórficas

Bajo la denominación «forma de hablar antropomórfica» o «representaciones antropomórficas de Dios» nos referimos a aquéllas en las que a Dios se le adjuntan atributos que en cuanto tales aparecen en el hombre y en el mundo pero que *no* se dan objetivamente en Dios. Así, cuando el presocrático Jenófanes critica las representaciones griegas de Dios porque le atribuyen piel clara y diferentes tropelías, está criticando un modo falso de hablar de Dios y de representárselo. Cuando, en cambio, él y Platón (en el segundo libro de *La república*) le atribuyen bondad, espíritu, etc. están queriendo decir unívocamente que estos atributos no son antropomórficos, sino que corresponden a Dios de hecho en un sentido metafísico objetivo. Está claro que, también en su opinión, entendemos estas propiedades divinas objetivas sólo en un modo limitado y humano; ahora bien, no por ello se da en absoluto el caso de que la afirmación de que Dios posee estos atributos haya de ser «antropomórfica» o incluso «súper-antropomórfica». Sin entrar aquí en la pregunta por la corrección de esta interpretación historiográfica, según la cual ya Jenófanes habría diferenciado las perfecciones puras de las mixtas, la distinción entre una predicación antropomórfica y

---

otra parte, altamente confusa en lo que respecta a su sentido– no puede cambiar nada esencial de lo anterior se muestra, en particular, en la imagen prometeica del ser humano que Fuchs colige de esta teología y de esta cosmología filosófica. Los argumentos de Fuchs culminan en su tesis de que la imagen convencional del ser humano –que presume en Caffarra y en otros autores– es «una imagen del hombre no semejante a Dios» (probablemente, a su juicio, una repercusión de una imagen de Dios «extremadamente antropomórfica»). Esta imagen del ser humano –que contempla a Dios como señor soberano sobre vida y muerte y le atribuye derechos absolutos sobre ámbitos intramundanos, como la vida y la muerte, así como autoría originaria respecto de los mandamientos y presencia legisladora en todas las obligaciones morales– desconocería que a la esencia del ser humano pertenece precisamente aquello que ateos como Nietzsche (que en última instancia rechazó sólo una «imagen de Dios súper-antropomórfica») le quisieron atribuir en el ideal del superhombre, a saber: el derecho a la soberanía sobre la configuración del mundo, a la creación de normas y a la autonomía de la conciencia. Este aspecto de la ética teleológica pura ha sido objeto de un importante estudio crítico por parte de Laun.

una no antropomórfica respecto de Dios habrá de ser discutida en lo que sigue. ¿Resulta posible deslindar una comprensión humanamente limitada de Dios de un pensamiento antropomórfico sobre Dios?

El antropomorfismo no se halla fundamentado en que el ser humano conozca un atributo de Dios por medio de un conocimiento meramente humano y no divino y omnicomprensivo –cosa que va de suyo–, sino más bien en que el propio atributo conocido es una perfección limitada y, por ello, no puede ser atribuido al ser absoluto excepto metafóricamente (cosa a la que ya hemos aludido al realizar la central distinción entre perfecciones puras y mixtas).

A partir de estos planteamientos, de la distinción evidente entre perfecciones puras y mixtas y de una distinción precisa entre las afirmaciones antropomórficas sobre el Absoluto (acerca de atributos esencialmente finitos) y la comprensión humanamente limitada (y aun así verdadera) de una perfección pura, así como de la distinción central entre limitación y delimitación[231], logra-

---

[231] Para un examen más profundo de la distinción entre perfecciones esencialmente limitadas y perfecciones puras y de la doctrina de Rahner acerca de Dios sería muy importante trabajar esta decisiva distinción. Junto a esto, se debería confrontar además la infinitud absoluta como perfección pura con todos los tipos de infinitud finita (de las cifras, del espacio, etc.) que óntica y axiológicamente están limitados y poseen predicados esenciales en general distintos de aquella absoluta infinitud. Acto seguido se debería mostrar que, pese a que todo ser finito está limitado, ello no proviene de que tiene una esencia y no es un *esse* puro sin esencia (Gilson), sino de que los respectivos seres son limitados. Aun cuando todo ser esté por antonomasia *de*limitado en sí y frente a otros seres, no por ello está necesariamente *limitado*. K. Rahner y J. Fuchs parecen presuponer precisamente esta infundada identificación entre delimitación esencial y limitación; probablemente por este motivo, sólo salvaguardan la omniabarcabilidad de Dios por medio de la negación de determinados atributos y contenidos trascendentales divinos enjuiciados como categoriales (como la intervención causal de Dios en el mundo y su relación personal con sendas personas individuales), que consideran como limitaciones.

Para una confrontación crítica con esta tesis, v. J. Seifert: *Sein und Wesen* (Philosophie und Realistische Phänomenologie / Philosophy and Realist Phenomenology. Studien der Internationalen Akademie für Philosophie im mos los criterios básicos para deslindar claramente las teologías e imágenes de Dios antropomórficas de las no antropomórficas.

D. La tesis de que toda afirmación sobre Dios sea antropomórfica como agnosticismo

Si es así, debemos plantear ahora la cuestión de si la argumentación de Fuchs –colocada en el lugar de la doctrica clásica sobre Dios– acerca de la «trascendencia absoluta», sobre cuyo contenido no podríamos conocer nada, no implica un radical agnosticismo. A la vez, ¿no encierra tal agnosticismo una contradicción con la crítica que Fuchs dirige al antropomorfismo atribuido a Juan Pablo II y a Caffarra –crítica que sólo es posible gracias al conocimiento de las perfecciones puras– así como con las afirmaciones sobre Dios admitidas aún por Fuchs? Con este sentido de la trascendencia divina, a la cual no se podría aplicar de manera objetiva ningún concepto (ninguna categoría) del pensamiento humano, ¿no se perdería incluso más que la absolutez de las normas y el concepto de un *intrinsece malum*?

En efecto, que no exista un Dios en absoluto o que, si existe, sea del todo incognoscible puede ser deducido sólo si podemos afirmar de Dios propiedades trascendentales y perfecciones puras que le corresponden verdaderamente (más aún, que sólo a Él corresponden en su forma infinita en la que ser, conocer, beatitud, etc. son propiamente ellos mismos). Incluso el modo de hablar significativamente sobre Dios de forma metafórica (y, en este sentido vago, antropomórfica) y toda crítica dirigida al antropomorfismo en nombre de una «imagen de Dios trascendente» tienen sentido sólo si hay también

Fürstentum Liechtenstein / Studies of the International Academy of Philosophy in the Principality Liechtenstein, serie coordinada por Rocco Buttiglione y Josef Seifert, vol. 3, Universitätsverlag C. Winter, Heidelberg 1996); íd.: «Esse, Essence, and Infinity: A Dialogue with Existentialist Thomism», The New Scholasticism, LVIII, 1 (invierno 1984) 84-98.

perfecciones puras que pueden ser atribuidas a Dios en sentido literal – si es, pues, objetivo que Dios existe, que vive, que es personal, que conoce, etc.

Por tanto, de la tesis del carácter antropomórfico de *todo* discurso humano sobre Dios se sigue no sólo el antiguo deísmo sino un más radical agnosticismo que, a causa de su renuncia a toda pretensión de conocimiento objetivo sobre Dios, no puede deslindarse con claridad del ateísmo y para el cual toda afirmación sobre Dios no sólo puede tener un valor meramente simbólico sino que puede ser, en general, completamente engañosa, ya que no habría ningún atributo puro que correspondiese de hecho a Dios y respecto del cual los atributos «antropomórficos» fuesen semejantes. En efecto, sólo cuando existe una analogía entre las perfecciones mixtas, atribuidas a Dios en clave metafórica, y las perfecciones puras, que posee en sentido literal, se puede afirmar el valor del lenguaje simbólico-alegórico sobre Dios. Partiendo, pues, de su tesis de que toda afirmación sobre Dios haya de ser antropomórfica, Fuchs no puede fundamentar la analogía (al menos, si emplea un concepto preciso de 'antropomórfico').

Junto a varias consecuencias y contradicciones puramente filosóficas (gnoseológicas, antropológicas, éticas y epistemológicas), de la concepción de Dios como radical trascendencia y de la negación de toda intervención divina inmediata en el mundo (intervención que Fuchs reputa como expresión de una «imagen de Dios antropomórfica») se sigue también que los conceptos teológicos fundamentales se tornan carentes de sentido. En efecto, con la creación se instaura ciertamente, «al principio», una intervención inmediata de Dios, lo cual presupone necesariamente que Dios actúa en el mundo de manera continua y no exclusivamente a través de «causas segundas», sino de forma inmediata. Esto resulta válido, en especial, respecto de la creación inmediata de los ángeles y del alma humana.[232]

---

[232] Permitiéndonos un pequeño escarceo en la especialidad teológica de Josef Fuchs, podemos decir lo siguiente:

A raíz de la afirmación de un mundo en el que sólo las causas segundas actúan de forma inmediata se pone en tela de juicio la redención y los efectos por gracia de los sacramentos, la fundación y la guía divina de la Iglesia, la inspiración de la Escritura y, con ello, los contenidos básicos de la fe. En efecto, ¿cómo se podrá fundamentar su aceptación, si no existe una intervención libre e inmediata de Dios en el mundo histórico?

También la salida implícita de esta dificultad intentada por K. Rahner y P. Overhage en *Das Problem der Hominisation* (op. cit., III, 2a), a saber, que una intervención inmediata de Dios en el mundo estuviera reservada exclusivamente para la esfera de la súper-Naturaleza (por lo cual, su afirmación respecto de la Naturaleza nivelaría la diferencia entre Naturaleza y súper-Naturaleza), plantea una escurridiza contradicción más que una solución de estos problemas. En efecto, y en primer lugar, ¿cómo ha de ser posible en el orden de la súper-Naturaleza aquello que fue excluido en general y por razones de principio (por la absoluta trascendencia de Dios), a saber: una intervención inmediata de Dios en el mundo? ¿Cómo se puede afirmar por un lado (Cf. íd., III 3a) que Dios «realice *todo* a través de causas secundarias» y, por otro, mantener una intervención inmediata en el reino de la súper-Naturaleza? En segundo lugar, una inmediata intervención divina en el orden de la súper-Naturaleza (milagros, encarnación, efecto de la gracia en la vida y en los actos de los hombres, etc.) trae consigo también una influencia inmediata en el orden de la Naturaleza (por medio de la curación, la resurrección del cuerpo, los actos corporales, etc.); resulta imposible conciliar esto con el principio de que Dios actuaría en la Naturaleza y en la Historia exclusivamente a través de causas secundarias. Tal dualismo radical entre Naturaleza y súper-Naturaleza es inaceptable también desde fundamentos puramente filosóficos.

Bajo la presuposición de que el ser humano sea en su totalidad el producto de causas segundas materiales, que en virtud de sus potencialidades intrínsecas pueden dar más de lo que hay en ellas, también la espiritualidad de la persona ha de ser puesta en tela de juicio. En efecto, ¿cómo podrá la materia, esencialmente divisible y extensa, producir desde sí misma una sustancia simple, indivisible y espiritual? Es imposible explicar esto por medio de la «autotrascendencia» de las causas segundas materiales. Sobre esta base, así como a partir de una serie de observaciones explícitas de Rahner sobre el espíritu y la materia, resulta evidente que Rahner y Overhage consideran el espíritu como una especie de epifenómeno de la materia.

Con la afirmación de Fuchs y Rahner de que también el alma humana es producto de las causas segundas y del más elevado desarrollo evolutivo de la vida, explicado a través de la autotrascendencia, caen junto a la substancialidad espiritual del alma (persona) también la libertad y la responsabilidad personales. ¿Cómo podrá ser caracterizado seriamente como libre un producto de procesos biológico-evolutivos? Ahora bien, si viene involucrada la carencia de libertad de la persona –como consecuencia insoslayable de la aparición evolutiva de la entera persona a partir de un desarrollo inmanente de la materia y de la vida no personal–, caen también seguidamente el pecado, la redención, la justificación, la responsabilidad, el juicio, los novísimos.

E. Revisión crítica de la tesis de que la imagen del Dios-legislador, del Dios-soberano y del Dios-creador sea antropomórfica

Del resultado de la sección precedente se sigue ya que no todo hablar o pensar sobre Dios es «antropomórfico». Hemos de corroborar esto precisamente por medio de los ejemplos que Fuchs trae a colación como ilustración de su tesis, a saber: que la idea del Dios-legislador –que subyace también a la prueba filosófico-moral de la existencia de Dios, de la que nos ocuparemos más extensamente– es puramente antropomórfica.

Es, sin duda, cierto que la idea del Dios-legislador amenaza con incorporar con facilidad elementos antropomórficos. Ante todo, esto se manifiesta en aquella idea positivista –que Fuchs ataca en primera instancia y de manera completamente justificada– de que, por una parte, los mandamientos divinos del Decálogo quedarían impuestos totalmente desde fuera de las cosas, en el sentido de unos reglamentos positivos puramente arbitrarios; y de que, por otra parte, el conocimiento ético sería posible exclusivamente por medio de un acto de fe y, por lo tanto, debería ser interpretado en clave fideística. Igualmente injusta es la opinión de que la actuación racional moral sería posible sólo por medio de una rígida aplicación de los mandamientos positivos que nos han sido comunicados a través de la Escritura, con independencia de todo conocimiento natural y a espaldas de cualquier situación y circunstancia concreta. En representaciones semejantes se hallan, ciertamente, proyecciones

¿Se ha entender, pues, que los defensores de la ética teleológica y de una cosmovisión radicalmente secular niegan todos estos contenidos del conocimiento filosófico humano y de la Revelación, o que quieren reinterpretarlos radicalmente? En absoluto ha de ser sostenida aquí esta postura: en estos autores (cuando menos de forma verbal, pero ciertamente también según su intención) encontramos la aseveración de lo contrario; más bien habrá que establecer sólo que estas consecuencias se siguen objetivamente de la tesis de Fuchs de que sobre Dios sólo serían posibles afirmaciones antropomórficas y de que la representación de una creación inmediata del alma por parte de Dios sería súper-antropomórfica. En el caso de que las consecuencias y las contradicciones que hemos discutido no hayan de seguirse de dicha tesis, las posiciones que las fundamentan habrán de ser radicalmente revisadas o retiradas.

infantiles y antropomórficas de Dios, como la del padre de un niño pequeño que no entiende nada y al que todo le debe ser prescrito desde fuera; la de un soberano arbitrario y dictatorial, que legisla a expensas de la realidad concreta; y otras similares representaciones humanas, demasiado humanas. De tales representaciones, en efecto, es preciso liberarse como de elementos antropomórficos y falsos. También damos plenamente la razón a Fuchs en que no son muchas sólo las circunstancias y las situaciones que ha de tomar en consideración la virtud de la prudencia, sino también las universales leyes esenciales de la ética (desoídas incluso) que no se dejan reducir a un par de reglas estrechas.

Por cuanto sigamos a Fuchs en este análisis y en su crítica –en la medida en que no excluye la posibilidad de que, junto a las exigencias morales que se siguen de la naturaleza de los valores y de los bienes, Dios pueda dar *también* leyes o preceptos positivos (como el sacrificio de Abraham o las reglas transmitidas en el Levítico, que describían la clase de sacrificios animales y ceremonias queridas por Dios, o los concretos encargos y preceptos de Dios a Moisés y Josué)–, no podemos secundar su propia solución del problema antropomórfico.

Fuchs, en efecto, parece sugerir que una reflexión no fideística sobre el mundo, tal y como éste nos viene dado, no nos permitiría jamás arribar al conocimiento de una naturaleza esencial del ser humano y de las cosas desde el cual –de manera racional autónoma, es decir, sin recurso a positivas indicaciones divinas– se pudiera reconocer imperativos éticos absolutos que prescribiesen actos intramundanos esencialmente buenos y que excluyesen otros esencialmente malos. Un uso honesto de la razón humana conduciría, más bien, a desechar tanto unas leyes divinas que intervendrían violentamente en la configuración del mundo y en el dominio de sí por parte del hombre como unas exigencias absolutas y válidas *en toda situación* (*ut in omnibus*) junto con la idea de la revelación divina en la moralidad.

No existiría por encima de esto ninguna revelación natural de Dios como soberano, legislador o juez.

Ahora bien: estas tesis no contradicen en modo alguno la experiencia moral más elemental y el conocimiento metafísico de la razón natural, tal y como exponemos más detalladamente en la presentación y defensa de las pruebas personales de la existencia de Dios. Cuando el ser humano capta la voz de su conciencia y se halla confrontado con los fenómenos éticos de la responsabilidad moral y de la culpa, ve y experimenta que a las exigencias morales subyace un categórico deber ser y, con ello –a la vista de la contingencia del sujeto moral y de su posible desviación de las debidas relaciones éticas absolutas–, un carácter de mandamiento objetivo. Sin entender esto no resulta posible experimentar ni aprehender la moralidad en su singularidad y estructura esencial fenomenológicamente accesibles. Este dato, penetrantemente analizado por Newman[233] y por Scheler[234] y expuesto por nosotros en el contexto de la presentación de las pruebas morales de la existencia de Dios, implica ya el trato con un señor y juez de la conciencia y de la persona finita –ante la cual se responsabiliza–, ser que es personal y existe absolutamente. Es evidente cómo, pese a su deformación inmanentística de este hecho, también Kant percibió que ninguna proyección de personas humanas basta para explicar ese Dios que viene concebido como juez o como retribuidor de acciones éticamente buenas. En efecto, éste es reconocible –por una parte, tanto en la propia experiencia ética fundamental como también en la reflexión metafísica sobre la contingencia del ser humano; por otra, en la reflexión sobre la infinitud de la perfección de Dios en su omnipotencia, omnisciencia

[233] Cf. J. H. Newman: *The Grammar of Assent* (Nueva York 1958²), pp. 303ss.

[234] Cf. Max Scheler: «Reue und Wiedergeburt», en *Vom Ewigen im Menschen* (edición de Maria Scheler, Francke Verlag, Berna / Múnich 1968⁵), pp. 27-59; así como John F. Crosby (ed.): «Max Scheler», *American Catholic Philosophical Quarterly*, 79, 1 (invierno 2005) y Josef Seifert: «Scheler on Repentance», en John F. Crosby (ed.): «Max Scheler», *American Catholic Philosophical Quarterly*, 79, 1 (invierno 2005) 183-202.

y bondad absoluta– como el *único posible* destinatario metafísico de la responsabilidad moral última y como el único retribuidor y penalizador legítimo de los méritos y culpas puramente éticos. Así pues, en la idea de Dios como supremo soberano y legislador moral –como personificación del orden moral del mundo– se trata justamente de lo contrario de la transmisión antropomórfica de atributos humanos a un mundo divino; más bien se muestra en ella la comprensión de propiedades exclusivamente divinas, que jamás podrían seguirse de una elevación de las cualidades humanas.

También en el ser cognoscible de los bienes finitos y de la adhesión moral que éstos –en un modo no arbitrario– requieren se desvela un personal fundamento originario y legislador que en esa exigencia nos está llamando. El yo se despierta en la relación con el Tú absoluto.[235]

---

[235] La falsa concepción, que resulta decisiva para el concepto kantiano de la autonomía moral –conforme a la cual toda fuente del deber moral que se halle fuera del ser humano enajena al hombre respecto de sí mismo y lo somete a una heteronomía ética–, parece ser interpretada von Fuchs en un nuevo sentido, lejano a Kant. Mientras que Kant considera que toda fuente del deber moral fuera del principio formal del imperativo categórico dado a sí mismo (también, pues, el bien del ser humano) es incapaz de preservar la integridad y autonomía de la moral, Fuchs ve una amenaza sólo en la dependencia del hombre respecto de un Dios o de un bien más allá del mundo y de sí mismo. (En esta observación sobre el formalismo ético kantiano prescindimos de aquellas formulaciones que fundamentan el imperativo moral en la persona y en el respeto que se le debe por mor de sí misma así como en su «valor absoluto», independiente de toda inclinación, puesto que Kant delinea ahí –en contradicción con su formalismo– una ética personalista y material de los valores que también para la ética de Wojtyła resultó decisiva.)

Fuchs interpreta la afirmación de Tomás de Aquino de que el hombre peca sólo cuando daña su propio bien en el sentido antropocéntrico citado. Ignora así lo que Kierkegaard expuso con profundidad en sus reflexiones sobre el *yo* de la persona: que éste crece exclusivamente gracias a su relación con Dios, que el hecho de que la persona sea requerida por bienes y valores objetivos hace posible una genuina trascendencia y, a la vez, su despertar en cuanto persona. Esta idea se halla en el centro de la filosofía de Hildebrand y también de Wojtyła, que divisa la realización del encuentro de la persona consigo misma en el acto de libre donación de una persona a otra porque ésta merece amor por mor de sí misma. De este modo, el amor a Dios y la obediencia a Él –cuando su fuente axiológica es hecha propia en el conocimiento ético-metafísico– no serían, en modo alguno, una alienación de la persona, sino más bien su más profundo encuentro consigo misma y su superabundante realización, puesto que a través del «perderse el alma» y del

El objeto no antropomórfico de esta experiencia es accesible a la comprensión metafísico-ética.

En este conocimiento puro de Dios como señor y legislador no se halla, pues, antropomorfismo o positivismo alguno que pudiese llevar a interpretar los imperativos morales en clave de dictados positivos de la voluntad divina.

Tampoco se puede rechazar como interpretación equivocadamente antropomórfica que la causa eficiente de un ente finito *libre* y *espiritual* pueda ser sólo una causa primera libre y espiritual –por lo tanto, Dios– y que Dios posea la legitimidad, gracias a su autoridad suprema, de dictar preceptos de forma positiva (y que, por ejemplo, haya podido ordenar a Abraham mandatos positivos). En efecto, el conocimiento de la perfección infinita y de la absolutez de Dios nos permite tanto conocer su autoridad para prescribir mandatos positivos como desechar las representaciones antropomórficas que confunden la autoridad divina con una arbitrariedad dictatorial o su conexión metafísica y necesaria respecto de exigencias éticas (que brotan de la esencia de bienes finitos) con la relación entre un legislador y unos preceptos positivos.

También el creacionismo –y, en particular, la creación del alma humana–, que Fuchs rechaza por antropomórfico, puede ser fundamentado de modo filosófico y es exactamente lo contrario de una explicación antropomórfica del origen del alma, ya que ninguna causa intramundana puede producir una sustancia personal espiritual (cosa que no puede ser desarrollada aquí con más detalle).[236]

«buscar primero la justicia» el alma se gana a sí misma y toda realización propia es «dada por añadidura».

[236] Cf. *supra*, cap. 4.

F. Observaciones conclusivas: ¿eran todos nuestros razonamientos metafísicos y morales sobre Dios antropomórficos y humanos, demasiado humanos?

Puede que a algún lector le haya parecido que en nuestras tesis nos hemos aventurado demasiado, puesto que todo lo que sabemos sobre Dios sería en última instancia pura negación, puro no-conocimiento. En efecto, no podría existir un conocimiento positivo sobre Dios. Partiendo de esta tesis –defendida también por el filósofo francés Jean-Luc Marion–, todo lo que hemos dicho al respecto sería falso, blasfemo incluso, dado que habríamos dejado de ser conscientes del puro carácter negativo del conocimiento humano sobre Dios.[237]

A estos reparos podemos objetar, en parte con Franz Brentano, lo siguiente.[238] Toda prueba de la existencia de Dios (pero, sobre todo, la ontológica)[239] presupone un cierto tipo de conocimiento de la esencia divina. Para adecuarse a un tal conocimiento deben tener lugar numerosas distinciones en el marco del conocimiento sobre Dios y sobre las esencias en general. En todo ello desempeña un importante papel la expresión «*via negativa*» como camino del conocimiento humano en torno a Dios. Ahora bien, esta expresión resulta muy equívoca. A menudo, con ella se alude a un socrático «saber sobre el propio no-saber» que, a la vista de la infinitud divina, juega un papel especial dentro del conocimiento *humano* sobre

---

[237] Cf. Jean-Luc Marion: «The Idea of God», in Daniel Garber (ed.): *The Cambridge History of Seventeenth-Century Philosophy* (Cambridge University Press, Nueva York 1998); íd.: *Dieu sans l'Être* (Communio / FAYARD, París 1982); *God Without Being* (traducción de Thomas A. Carlson, University of Chicago Press, Chicago 1991).

[238] Franz Brentano: *Vom Dasein Gottes* (edición de A. Kastil, Felix Meiner, Hamburgo 1980).

[239] La prueba de la existencia de Dios defendida por Anselmo de Canterbury. Cf. *Proslogion* y *Ad Proslogion*, en Anselmo de Canterbury (Aosta): *S. Anselmi Opera Omnia* (edición de Franciscus Salesius Schmitt, 2 vols., Friedrich Frommann / Günter Holzboog, Stuttgart / Bad Cannstatt 1968), vol. I, pp. 89-139. Cf. también Josef Seifert: *Gott als Gottesbeweis* (Universitätsverlag C. Winter, Heidelberg 1996), sobre todo los caps. 6-9.

Dios y que respecto del conocimiento de toda criatura sobre Dios resulta inevitable para toda la eternidad, puesto que sólo Dios se conoce a sí mismo de forma ilimitada, perfecta e irrestricta (y, en este sentido, positiva); de ahí que toda sabiduría humana encierre el conocimiento de que Él es infinitamente más grande de lo que somos capaces de captar. Así pues, con *via negativa* a menudo se quiere significar un conocimiento de Dios por medio de la aparición precursora de aquello que no es Dios. En este sentido, todo conocimiento terreno de Dios es «negativo» – no, en cambio, aquél de la *visio beatifica* que esperamos.

El sentido lógico y ontológico de la *via negativa*, en cuanto conocimiento de estados de cosas negativos, es muy otro: se trata del conocimiento de lo que Dios no es (como, por ejemplo: no es temporal, no es finito, etc.). Esto no tiene nada que ver con los límites del conocimiento humano, aunque Dios conoce estos estados de cosas negativos (su distinción respecto del mundo, del mal, etc.) mucho más claramente que nosotros. Este «conocimiento negativo» presupone también el conocimiento positivo de estados de cosas sobre Dios, también en el saber humano. Otra distinción importante dentro del conocimiento de Dios es la que se halla entre el positivo darse empírico de un ente en la experiencia y un conocimiento esencial indirecto o mediato en el que conocemos un ser, por ejemplo, «a partir de sus opuestos» o a partir de sus efectos. Aún otra distinción significativa entre tipos de conocimiento esencial atañe a las diferencias dentro del conocimiento mediato, a saber, entre conocimiento «mediato positivamente» y «mediato negativamente». En algunos casos un ente se nos da a conocer a través de su opuesto contradictorio o también a través de su opuesto contrario. Esto vale por ejemplo para el caso en el que concebimos la justicia por medio de la experiencia de la injusticia, la belleza y el orden a través de la fealdad y el caos o el ser sobre el trasfondo del posible no ser. Tal aprehensión por medio de los opuestos, como ha mostrado William

Marra[240], desempeña un papel relevante en nuestro conocimiento: si no como único camino para el conocimiento, sí como complemento y plenificación de otros caminos para el conocimiento de un objeto.

Un tal conocimiento «a partir del opuesto» posee una relevancia fundamental, particularmente, para el conocimiento de Dios; por ejemplo, en el conocimiento de lo necesario a través de lo no necesario, de lo infinito a través de lo finito, de lo eterno a través del ser temporal. Se halla aquí una singular presencia y una lograda apertura del opuesto –en virtud de una necesaria relación esencial– a lo dado de forma inmediata. En ello podemos atisbar un determinado sentido de la *via negativa*: «primero el conocer» lo que sea «no divino» y opuesto al ser divino – después, por su medio, Dios. En este sentido, un momento de negatividad acompaña a todo conocimiento humano sobre Dios.

No obstante, el saber humano acerca de Dios no se restringe sólo a un acceso «a partir del opuesto». Más bien se trata, sobre todo, de conocimiento de «perfecciones puras» tal y como éstas se nos revelan en el mundo, un conocimiento ciertamente mediado, pero positivo, de la «cima del ser» y de la «cima de la esencia» de estas perfecciones puras, de modo que la «justicia misma», el «ser mismo», etc. no se nos abren desde su opuesto contradictorio o contrario, sino más bien desde su trasunto, desde realizaciones imperfectas, desde semejanzas con el origen del cual son imagen.

Con estas consideraciones sobre el conocimiento de la infinita perfección de Dios y de las perfecciones puras hemos abierto el camino para la presentación y defensa de la más profunda entre todas las pruebas de la existencia divina.

---

240 Cf. William A. Marra: «Creative Negation».

Capítulo 9
DIOS COMO PRUEBA DE SU EXISTENCIA. UNA PRUEBA DE LA EXISTENCIA DE DIOS A PARTIR DE LA ESENCIA DIVINA: EL ARGUMENTO ONTOLÓGICO COMO «OCTAVA VÍA» DEL CONOCIMIENTO FILOSÓFICO DE DIOS, PRESUPUESTA A TODAS LAS DEMÁS Y MÁS PERFECTA

A modo de conclusión de nuestro desarrollo de las pruebas filosóficas de la existencia de Dios nos dirigimos aún al argumento ontológico, que considero la prueba más profunda y el fundamento último de todas las demás y que podría ser caracterizado como *octava via* del conocimiento de Dios.[241] En el así denominado 'argumento ontológico' partimos, en efecto, de ese ser singular que llamamos Dios y que en última instancia viene presupuesto por todas las demás pruebas. A este particular ser divino lo caracterizamos con la expresión «algo por encima de lo cual nada mayor o mejor puede ser pensado» (*id quo maius / melius nihil cogitari possit*)[242] o

[241] Cf. Josef Seifert: *Gott als Gottesbeweis* (Universitätsverlag C. Winter, Heidelberg 2000²).

[242] Esta caracterización de la esencia divina se encuentra ya en Platón. En el *Fedón* platónico y en el *Fedro* hallamos la idea de Dios como un ser necesariamente existente, en el que el ser y la esencia son inseparablemente uno. Platón subraya en particular el carácter infinito del valor de Dios, en el que caen todas las restricciones de valor y todo mal. Así, en el segundo libro de la *República* (381c) llama a Dios κάλλιστος καὶ ἄριστος ὢν εἰς τὸ δυνατόν, «tan hermoso y bueno como es posible» (literalmente, «siendo el más hermoso y el mejor hasta el extremo», «hermoso y bueno en suma medida, tanto como posible»). Agustín de Hipona habla a menudo de Dios y de las propiedades divinas como un *id quo maius nihil (esse) cogitari possit.* Así, por ejemplo: «Nihil certe maius est deo» (MA 1, p. 632/23, *Corpus Augustinianum Gissense a C. Mayer editum*); también en *De civitate Dei*, 22, 30: «Praemium virtutis *erit* ipse, qui virtutem dedit eique se ipsum, quo melius et maius nihil possit esse, promisit». Cf. también íd.: *De doctrina christiana*, I, 7, 7, donde Agustín dice que «el pensamiento», cuando piensa en Dios, «roza algo por encima del cual no existe nada mejor ni más excelente»; Cf. también id.:

también con otras expresiones (como «lo infinitamente perfecto»,

---

De libero arbitrio, II, vi, 14, 56: «E. Hunc plane fatebor deum quo nihil superius esse constiterit» («A Éste llamo abiertamente Dios, del que es seguro que no hay nada más alto» (CCL 48, pp. 864/65, *Corpus Augustinianum Gissense a C. Mayer editum*). De este atributo divino del *id quo maius nihil cogitari possit* y respecto del amor, en la medida en que es Dios y el Espíritu santo, dice Agustín (en *De Trinitate* 15, 37) lo siguiente:

(...) ipse spiritus eius est deus caritas.
(...) in donis dei nihil maius est caritate et nullum est
maius donum dei quam spiritus sanctus

(CCL 50A, pp. 514/155, *Corpus Augustinianum Gissense a C. Mayer editum*). En *div. qu.* 28 afirma que nada es más grande que la causalidad y la voluntad divinas:

(...) omne autem efficiens maius est quam id quod efficitur. Nihil autem
maius est voluntate dei; non ergo eius causa quaerenda est.

(CCL 44A, p. 36/5, Corpus Augustinianum Gissense a C. Mayer editum).

En su lucha contra los maniqueos dice lo mismo (en *Gn. Adv. Man.* 1, 4): «Maius aliquid quaerit quam est voluntas dei: nihil autem maius inveniri potest» (PL 34, p. 176/5, *Corpus Augustinianum Gissense a C. Mayer editum*). En Anselmo culmina este desarrollo, que más tarde se prolonga con Descartes y Leibniz. Dios debe ser «algo, por encima de lo cual nada mayor puede ser pensado», *aliquid quo maius nihil cogitari potest*, y precisamente por ello resulta incomprensible a los hombres en su sublimidad. Anselmo de Canterbury: *Proslogion* y *Ad Proslogion*, en Anselmo de Canterbury (Aosta): *S. Anselmi Opera Omnia* (edición de Franciscus Salesius Schmitt, 2 vols., Friedrich Frommann / Günter Holzboog, Stuttgart / Bad Cannstatt 1968), vol. I, pp. 89-139; íd., cap. II, 8, p. 101. Poco antes afirma: «[Credimus te esse aliquid] quo maius nihil cogitari possit» (cap. II, p. 101, 5); poco después modifica el orden de las palabras y dice: «Aliquid quo nihil maius cogitari potest» (cap. II, p. 101, línea 18); igualmente, en el cap. IV, p. 104, 2 caracteriza a Dios como «id quo maius cogitari non potest»; en las líneas 18-19 emplea la fórmula del «id ipsum quo quo maius cogitari non potest»; en el cap. II, p. 102, 2-3 dice de Dios: «Aliquid quo maius cogitari non valet»; en el cap. III, p. 102, 8-9 llama a Dios «id quo maius nequit cogitari» y en las líneas 9-10 «id ipsum quo maius cogitari nequit»; en el cap. 5, p. 104, 11 llama a Dios «quo nil maius valet cogitari» y en las líneas 15-16 habla de Dios en forma personal y le atribuye ante todo predicados de valor: «Tu es itaque iustus, verax, beatus, et quidquid melius esse quam non esse»; similarmente en *Proslogion*, cap. IX, p. 107, líneas 7-8, «totus summe bonus es», y en p. 108, 6: «Es summe bonus». En el mismo capítulo, p. 108, 12, aparece la fascinante expresión «iustum est te sic esse bonum, ut nequis intelligi melior»; una versión ética similar aparece en *Proslogion*, cap. XI, p. 109, 11: «Justum quippe est te sic esse iustum, ut iustior nequis cogitari». En el cap. XIV, p. 111, 9-10 llama a Dios «quiddam summum omnium, quo nihil melius cogitari possit». Cf. también Josef Seifert: *Gott als Gottesbeweis. Eine phänomenologische Neubegründung des ontologischen Arguments* (Universitätsverlag C. Winter, Heidelberg 1996, 20002).

También Descartes y aún más claramente Leibniz y otros prolongan esta línea argumentativa. Cf. en este sentido Leibniz: *Meditationes de cognitione, veritate et ideis*, II, en G. W. Leibniz: *Die philosophischen Schriften* (edición de C. J.

«lo mejor posible» o «el ser más real y perfecto»), en todo lo cual debemos entender siempre que estos términos no aluden aquí a «predicados» aislados sino que apuntan a un único ser, que posee y reúne *todas las perfecciones puras en plenitud infinita.*[243] Tanto las perfecciones comunes a todos los seres o trascendentales (como el ser mismo) así como aquéllas que sólo poseen algunos seres finitos (como la vida, el conocimiento y la libertad) junto con las perfecciones exclusivamente divinas (como omnipotencia, infinita bondad y ser necesario) se incluyen unas a otras necesariamente en su plenitud infinita, motivo por el cual en el argumento ontológico se puede partir de este singular ser (se le nombre con un atributo u otro) que, como Bossuet correctamente percibe, no sólo es la primera causa sino que se halla «infinitamente elevado por encima de la primera causa y de aquel primer motor que los filósofos han conocido sin adorarlo»; en ello resulta decisivo ver que es *el mismo* Dios el que existe en necesaria conexión interna del bien increado e infinito, necesariamente y siendo por sí mismo, sin que entre estos atributos divinos exista esa contradicción que Jean-Luc Marion dice haber avistado.[244] Anselmo caracteriza globalmente esta particular

---

Gerhardt, reimpresión en Olms, Hildesheim / Nueva York 1978), vol. IV, pp. 422-426, en particular pp. 424s.: «Existentia ex Dei (sive Entis perfectissimi, vel quo majus cogitari non potest) idea sequitur. (Ens enim perfectissimum includit omnes perfectiones, in quarum numero est etiam existentia) – ergo existentia de DEO potest praedicari.» Cf. también el siguiente texto: «Ce degré de grandeur et de perfection, ou bien cette perfection, qui consiste dans l'existence est dans cet Être supreme, tout grand, tout parfait: car autrement quelque degré luy manqueroit, contre sa definition. Et par consequent cet Être supreme existe.» *Nouveaux essais sur l'entendement humain*, en G. W. Leibniz: *Die philosophischen Schriften* (edición en 7 vols. de C. J. Gerhardt, Olms, Hildesheim 1965), vol. V, p. 418 (30).

[243] Por ello, entre estos atributos divinos y las citadas «denominaciones» de Dios no se puede establecer una incompatibilidad objetiva ni meramente pensada, tal como hace Jean-Luc Marion.

[244] Cf. Jean-Luc Marion: *Sur la théologie blanche de Descartes* (Presses Universitaires de France, París 1981); íd.: *Dieu sans l'Être* (Communio / FAYARD, París 1982) / *God Without Being* (traducción de Thomas A. Carlson, University of Chicago Press, Chicago 1991).

esencialidad divina desde su núcleo esencial más íntimo[245], desde su irrestricta perfección de ser y de valor, como «algo por encima de lo cual nada mayor puede ser pensado». En este particular «algo» se halla la existencia real y necesaria. En efecto, si este *id quo maius nihil cogitari possit* no fuese real, sino sólo un objeto de mi espíritu, no sería él mismo. Aun cuando sólo *pudiese* no existir, perdería con ello su carácter esencial como lo absoluta e insuperablemente perfecto. Dios existe, pues, de modo necesario y real simplemente sobre la base de su ser como «algo por encima de lo cual nada mayor puede ser pensado».

En este argumento no se trata meramente de un cierto significado conceptual, de un determinado nombre o de un término del cual extraeríamos propiedades –lo que de hecho sería un truco de prestidigitación sofista de la peor clase, un juicio analítico o una pura definición nominal incluso–, sino de la «cosa misma» significada por ese nombre o por el concepto por él expresado –del *id ipsum quod res est*, tal y como dice Anselmo de Canterbury–, que posee un contenido mucho más concreto de lo que del nombre abstracto se puede presumir a primera vista. Y esta «cosa misma», este ser infinitamente perfecto, existe necesariamente. Apenas comprendemos esto, lo sabemos: ¡Dios es!

Ahora bien: para fundamentar este a la postre simple argumento (que nos invita a reparar en lo siguiente: «Fíjate en aquello a lo que llamas Dios, y verás que Él, el más perfecto, existe necesariamente en la realidad, sencillamente porque es Dios»), el «algo por encima de lo cual nada mayor puede ser pensado» ha de demostrarse no sólo libre de contradicciones sino también como esencialidad necesaria en sí misma, que existe de modo del todo independiente de nuestro arbitrio y del nombre que le demos, exactamente igual que la naturaleza del triángulo posee determinadas propiedades

245 Sobre el concepto del núcleo esencial, v. Jean Hering: *Bemerkungen über das Wesen, die Wesenheit und die Idee*; Roman Ingarden: «Essentiale Fragen», pp. 125-304, así como Josef Seifert: *Sein und Wesen*, cap. 1.

con independencia de si la aprehendemos y la entendemos correctamente o no. El argumento ontológico puede ser válido y quedar fundamentado sólo si tiene su fundamento en la esencialidad divina, no inventada ni susceptible de invención por parte del espíritu humano y, sobre todo, necesaria en sí misma.

El núcleo del argumento ontológico consiste en mostrar que la existencia real y necesaria no sólo viene expresada lingüística o conceptualmente en estas fórmulas y «nombres» que *designan* a Dios y que no integra un mero concepto contradictorio, sino que pertenece tan esencialmente al ser que llamamos Dios que en una consideración más profunda dicho ser se muestra como «existiendo necesariamente», que ni siquiera puede ser pensado como no existiendo, *porque* ES esencial y necesariamente de forma absoluta. Pues bien, ¿dónde reside lo particular –y, a la vez, lo fenomenológicamente mostrable y plausible– de este argumento?

En el argumento ontológico se trata, básicamente, de una idea simple, así como de un planteamiento sencillo: entre todas las esencialidades necesarias (como las de los números y sus leyes, la persona, la libertad, la justicia e incontables otras) en las que se fundamentan rasgos *esenciales* necesarios hay tan solo una única esencialidad en la cual se fundamenta, de modo igualmente necesario, la *necesaria existencia real* así como otros atributos y propiedades *esenciales* que se hallan también en otras esencialidades necesarias.

Todos los demás seres poseen de hecho los rasgos que pertenecen a su ser necesario *sólo cuando* existen. En el «caso» singular de Dios, en cambio, la existencia *real*, sumamente real y absolutamente necesaria, pertenece de modo igualmente necesario a la esencialidad divina, como todos los demás atributos esenciales de Dios. Así, en el triángulo los tres lados traen consigo necesariamente que la suma interna de los ángulos sea igual a dos ángulos rectos, y los tres ángulos iguales del triángulo equilátero implican que también los tres lados deban tener igual longitud. Sin embargo, la existencia real de un triángulo cualquiera, dibujado en concreto, se halla más allá de su esencia y no es necesaria.

Por lo que respecta a las esencialidades significativas y no necesarias, e incluso para su auténtico conocimiento esencial, nos remitimos a la observación empírica y al conocimiento efectivo y evitamos así entregarnos a lo que posiblemente sean sólo quimeras. Ahora bien, aquellas esencialidades de cosas finitas –como el ser del triángulo– que *aprehendemos* en una intuición esencial *pura* y por cuyo medio logramos conocimiento esencial válido sin observación de ejemplares reales son «indiferentes respecto de su existencia» o, mejor dicho, su existencia cae fuera de su esencia y se encuentra más allá de ella. En estos seres, la existencia real no se sigue jamás de su esencia. Ningún ser existe porque tenga la naturaleza de un ciervo o de un ser humano, de un triángulo o de una persona finita. La decisiva existencia, que de miembro de uno de los infinitamente numerosos mundos posibles lo convierte en un ser humano o en un animal real y vivo, y sin la cual nada de lo que es y de cómo es sería tal, no brota nunca de la esencia en cuanto tal ni es una parte de ésta, sino que debe ser añadida o regalada al ser –a pesar del carácter profundamente íntimo de la existencia– como desde fuera, desde una fuente que se halla fuera de sí mismo y de su esencia, puesto que no existe necesariamente ni en virtud de su propio ser.

Tomás de Aquino ofrece copiosas pruebas de la contingencia y no necesidad de la existencia de todas las cosas del mundo: entre otras, que puesto que pueden existir nuevos individuos con la misma esencia de otros individuos de la misma clase, sin ser así de hecho, la existencia de estos seres no puede ser necesaria en ningún caso.[246] De ahí que

[246] Cf. Tomás de Aquino: *De Ente et Essentia*, en *Opera Omnia (ut sunt in indice thomistico additis 61 scriptis ex aliis medii aevi auctoribus)*, 7 vols. (edición de Roberto Busa S. J., Stuttgart / Bad Cannstatt 1980), vol. 3, pp. 583-587. Cf. también Josef Seifert: *Essere e persona. Verso una fondazione fenomenologica di una metafisica classica e personalistica* (Vita e Pensiero, Milán 1989), caps. 11 y 12, donde desarrollo ulteriores argumentos al respecto; íd.: *Sein und Wesen* (Philosophie und Realistische Phänomenologie / Philosophy and Realist Phenomenology, Studien

también aquí –en el caso de que se trate de esencialidades reales, que (a diferencia del conocimiento de la naturaleza de los diferentes géneros y especies de seres vivos) no requieren conocimiento efectivo e inducción[247]– tenga perfecto sentido el método, puesto de relieve por Husserl, de la *epojé* (entendida aquí como puesta entre paréntesis de la existencia real) a la hora de aprehender la esencia pura.[248]

En el «caso» particular de Dios, en cambio, todo es distinto. Aquí –y sólo aquí– la necesidad de la esencia alcanza a la existencia y la incluye totalmente. Aquí, y sólo aquí, encontramos por ello una esencial necesidad del ser o una existencial necesidad de la esencia. Tal y como a la esencia del triángulo en cualquier mundo posible

---

der Internationalen Akademie für Philosophie im Fürstentum Liechtenstein / Studies of the International Academy of Philosophy in the Principality Liechtenstein, serie coordinada por Rocco Buttiglione y Josef Seifert, vol. 3, Universitätsverlag C. Winter, Heidelberg 1996); íd.: «Essence and Existence. A New Foundation of Classical Metaphysics on the Basis of 'Phenomenological Realism' and a Critical Investigation of 'Existentialist Thomism', *Aletheia* I (1977) 17-157; I, 2 (1977) 371-459. Esto se halla en una relación de profunda dependencia mutua respecto de la temporalidad y del carácter extrínseco del ser de los entes finitos. Cf. en este sentido Tomás de Aquino: *On Being and Essence* (traducción, introducción y notas de Armand Maurer, The Pontifical Institute of Mediaeval Studies, Toronto 19682). Cf. también la formulación de Tomás de Aquino: «Esse autem nostrum habet aliquid sui extra se: deest enim aliquid quod iam de ipso praeteriit, et quod futurum est» (*In I. Sent.*, d. 8, q. 1, a. 1, sol.).

247 Sobre esta distinción, decisiva para los métodos de la filosofía, v. Dietrich von Hildebrand: *Che cos'è la filosofia? / What Is Philosophy?* (Bompiani Testi a fronte, Milán 2001); *¿Que es Filosofía?* (traducción de Araceli Herrera, Ediciones Encuentro, colección «Ensayos», 167, Madrid 2000); Josef Seifert: *Discurso de los métodos de la filosofía y la fenomenología realista* (Ediciones Encuentro, Madrid 2008); *Discours des Méthodes. The Methods of Philosophy and Realist Phenomenology* (Ontos-Verlag, Fráncfort / París / Ebikon / Lancaster / New Brunswick 2009).

248 Cf. Edmund Husserl: *Ideen zu einer reinen Phänomenologie und phänomenologischen Philosophie,* I (en *Husserliana*, vol. 3, edición de H. L. Van Breda / W. Biemel, La Haya 1950); Cf. también Josef Seifert: *Back to Things in Themselves. A Phenomenological Foundation for Classical Realism* (Routledge, Londres 1987); íd.: «Phänomenologie und Philosophie als strenge Wissenschaft. Zur Grundlegung einer realistischen phänomenologischen Methode – in kritischem Dialog mit Edmund Husserls Ideen über die Philosophie als strenge Wissenschaft», en *Filosofie, Pravda, Nesmrtlenost / Philosophie, Wahrheit, Unsterblichkeit. Drei Prager Vorlesungen,* op. cit., pp. 14-50; versión rusa: «Философия как строгая наука», Logos 211, 9 (1997) 54-76.

pertenece que la suma de los ángulos internos sea de 180° o a la esencia de los valores éticos corresponde el presuponer la libertad, así pertenece a la necesaria esencia divina, por encima de todas sus propiedades esenciales, el existir real y necesariamente. Así pues, la esencialidad «absolutamente necesaria» incluye aquí, y sólo aquí, la existencia absolutamente necesaria, mientras que *en todas las demás esencialidades necesarias* la existencia real se halla *fuera* de ellas y a sus correspondientes seres reales se les añade «desde fuera» (desde «fuera de la esencia»).

En efecto, si intentamos imaginarnos el verdadero ser de un existente infinitamente perfecto –el *aliquid quo maius nihil cogitari potest* que el ateo rechaza– como dado sólo en nuestra mente, vemos de forma inmediata que un tal «ser» ya no sería objetivamente aquél por encima del cual nada mayor puede ser pensado y mayor que el cual nada puede existir. No tendría ya, en este caso, ninguno de sus restantes atributos esenciales y necesarios que en él están necesariamente conectados entre sí y con la existencia real. Apenas nos representamos ese «algo por encima de lo cual nada mayor puede ser pensado» como existiendo de forma real e independiente de nuestro pensamiento rozamos, pensando, algo mayor que un ser meramente pensado, a saber: un ser que es real tanto en nuestro pensamiento (*in intellectu*) como en sí mismo (*in re*).

Que esto no sólo lo afirma Anselmo de Canterbury, sino que es así, y que un ser sumamente perfecto y realmente existente es infinitamente más perfecto que toda perfeccion meramente pensada o representada, no son afirmaciones sobre algo que nosotros produzcamos en nuestro entendimiento, sino sobre algo que encontramos. Es objetiva y esencialmente necesario que un ser meramente pensado no pueda ser infinitamente perfecto, que no pueda ser tan existente y bueno como nosotros mismos, en cuyo caso, al ser sólo objeto de nuestro pensamiento, nosotros mismos, aun siendo seres finitos, estaríamos por encima del absoluto infinitamente perfecto – lo cual es absurdo, ya que resulta evidente que somos muy imperfectos y en modo alguno infinitamente perfectos.[249] De ahí que la esencialidad objetiva de la perfección, por encima de la cual nada mayor puede ser pensado o existir o ya sólo ser posible, haya de darse en la realidad y no únicamente en el pensamiento, de modo que pueda ser y permanecer ella misma – y no ya sólo para existir realmente, sino también para tener y conservar su propia esencia y para mantener su identidad esencial, para constituir este ser en su necesaria unidad de ser y esencia.

Por otra parte, tal y como Anselmo de Canterbury desarrolla en el tercer capítulo de su *Proslogion*, a la esencia divina pertenece no sólo la existencia real sino aquella particular existencia real y *necesaria* que hace imposible el no existir, de forma que tampoco sería Dios si existiera de hecho pero pudiese igualmente tanto existir como no existir. Podemos afirmar también lo siguiente: para que este ser sea un ser y no un anti-ser o un constructo en sí contradictorio, Dios debe existir necesaria y a la vez realmente. Dicho de otra manera: sólo existe aquí la alternativa entre un ateísmo radical, que implica la *imposibilidad de la existencia de Dios*, o la verdad: que la existencia real de Dios pertenece de modo objetivo y necesario a su esencia y que Él, ya sólo por este motivo, ES necesariamente.

Leibniz –y, antes que él, Duns Escoto– es conocido por su añadido a la prueba anselmiana: «Si Dios es posible, entonces es también real», cosa que expresa de este modo: «Si el ser necesario es posible, existe, puesto que el ser necesario y el ser en virtud de la esencia son una y la misma cosa». Con «posibilidad» no se alude aquí, naturalmente, a una contingencia en el ser divino (que podría no ser también), característica que en el Medievo era denominada a menudo «ser posible», sino simplemente a la no contradictoriedad de la idea de Dios y de la esencialidad divina misma. Que esto es así, se colige del principio formulado por Leibniz: «Nada cuyo opuesto sea posible es necesario».

---

[249] Anselmo de Canterbury pone de relieve esta contradicción en el capítulo 4 del *Proslogion*.

Incluso se podría formular de este modo: si Dios fuese «posible» en el sentido de la contingencia, sería imposible y no podría existir en absoluto; puesto que contradiría completamente a la esencia divina el ser posible en este sentido. Lo que Leibniz y ya antes que él Duns Escoto quieren decir cuando afirman «si Dios es posible, es real» es, sin duda alguna, que o Dios existe o entonces ha de ser imposible, una idea contradictoria.

En este caso único y particular, a saber, en el Dios realmente existente, no se trata de algo distinto de este ser, de una existencia que esta esencia perfecta podría poseer y también no poseer. Más bien se trata de la necesidad interna de esta esencialidad, de la necesidad de ser y esencia de Dios mismo, que incluye la existencia necesariamente real, de manera que sin esa existencia real y necesaria no existiría *como esencialidad* o se desintegraría. Si no poseyera e incluyera necesariamente dicho ser real y necesario en grado sumo, este ser necesario no sería ya él mismo – no sólo no sería aquello por encima de lo cual nada mayor puede ser pensado, sino que tampoco sería eterno, no sería desde sí mismo, no sería aquel ser que tiene exclusivamente en sí mismo el fundamento suficiente de su ser y que por ello ha de existir aun cuando no exista nada más; no poseería ninguno de los atributos esenciales que presuponen e implican la existencia necesaria. También el fenomenólogo Max Scheler subraya esto allí donde habla de los primeros conocimientos evidentes. El dato de hecho que Max Scheler considera como primera y más inmediata evidencia –y que objetivamente lo es, junto con el planteamiento del principio de contradicción, el conocimiento de la propia existencia y consciencia y otros– es que hay algo en lugar de nada.[250]

[250] V. Max Scheler: «Vom Wesen der Philosophie und der moralischen Bedingung des philosophischen Erkennens», pp. 93-94. El texto que habría que citar comienza con una frase digna de atención: «De ahí que toda exposición de la esencia de la filosofía deba empezar con este problema del *orden de las evidencias más fundamentales*. Ahora bien, la primera y más inmediata evidencia –que a la vez se halla presupuesta en la constitución de la expresión «duda de algo» (del ser de

Scheler alcanza aún una segunda conclusión, que se halla en el punto de partida de la prueba ontológica: el único ser que resulta comprensible por sí mismo, el único ser que posee un fundamento racional para su ser y es por ello plenamente inteligible, es precisamente el «ser por antonomasia», increado, eterno y absoluto. Y este ser posee, como todas las demás esencialidades necesarias, una necesidad interna, una comprensibilidad cuyo objeto no es ideado arbitrariamente por el sujeto humano en modo alguno sino que es dada con anterioridad a todo razonamiento nuestro. Si hay algo –así podemos formular el núcleo de este planteamiento–, entonces ha de existir el ser necesario y absoluto:

algo, de la verdad de una proposición, etc.)– es la percepción evidente de que hay algo o, dicho aún más tajantemente, de que «hay no-nada» (donde la palabra 'nada' no significa exclusivamente ni el no-algo ni el no-existir de algo, sino aquella nada absoluta cuya negación de ser en el ser negado no escinde aún el ser-así o esencia y el existir). El dato de hecho de que haya no-nada es al mismo tiempo el objeto de la primera y más inmediata constatación, así como objeto de la más intensa y última admiración filosófica – si bien, este último movimiento emocional a la vista del dato de hecho sólo puede aparecer cuando, entre los actos del ánimo que predisponen la actitud filosófica, le ha precedido aquél de la actitud de humildad que cancela la evidencia pacífica (...) del dato de hecho del ser. Así pues, sea cual sea el asunto al que me dirija y la cuestión (determinada ya más precisamente según subordenadas categorías de ser) que tome en consideración –como, por ejemplo, ser así / existir; ser consciente / ser Naturaleza; ser real o ser objetivamente no-real; ser objeto / ser acto, e igualmente ser objeto / ser resistencia; ser valor o ser «existencial» indiferente al valor; ser substancial, atributivo, accidental o relacional; ser posible (...) o real; ser no temporal, temporal sin más o presente, pasado o futuro; ser verdadero (por ejemplo, en una proposición), ser válido o ser prelógico; ser exclusivamente mental o ficticio (por ejemplo, la «montaña de oro» sólo imaginada o el sentimiento sólo representado) o ser el respectivo y bilateral ser extramental–: en cualquiera de los ejemplos que tome a placer dentro de una de las denominadas clases de ser o de varias que se entrecruzan, así como a su vez en todos estos tipos mismos, esta constatación me resulta clara con evidencia incontestable: tan clara, que traspasa de claridad todo aquello que puede ser cotejado con ella en el pensamiento. Ahora bien: quien no ha mirado en el abismo de la nada absoluta, ése pasará completamente por alto la positividad eminente del contenido de la constatación de que hay algo en lugar de nada. Comenzará entonces con alguno de los planteamientos quizá no menos evidentes, pero subordinados a la evidencia del anterior (...)».

> Entonces, la idea de que existe un ser absoluto (...)[251] es la *segunda en evidencia*.[252]

Si no existiera, el *id quo maius nihil cogitari possit* (Dios) no tendría su propia y perfecta esencialidad, más aún: esta esencialidad divina vendría a ser contradicha no sólo por la no-existencia de hecho sino también por la no-existencia meramente posible. Con esto rozamos ya el citado punto decisivo.

---

[251] La frase relativa introducida aquí por Scheler –«o un ser por medio del cual todo otro ser no absoluto posee el ser que le corresponde»– expresa un pensamiento que nos llevaría más allá de este marco. En el texto original, antes de la frase citada aparece la siguiente explicación de la fórmula «ser absoluto»: «Denominaremos 'ser absoluto' –sea como fuere que quede determinado conforme a las restantes distinciones en el ser– a un ser que, si existe, es exclusivo, posee su ser en sí mismo y sólo en sí y por lo tanto no precisa tomar prestado de ninguno».

[252] Y Scheler añade: «Y sólo cuando hayamos aprendido a maravillarnos *de que nosotros mismos no no-somos* podremos recibir plenamente toda la plenitud de claridad de la luz de ambas constataciones citadas y captar su primacía en evidencia sobre todos los demás planteamientos (...) Así pues, el brillo de la luz de esta *segunda* constatación depende de que de todo ser relativo y dependiente (y, en primer lugar, de sí mismo) se perciba no sólo el ser sino también el *no*-ser relativo – y de que, por lo tanto, no se identifique solapadamente, sin darse cuenta de ello y sin saberlo, algún ser relativo con el ser absoluto.

En efecto, tanto la «pacífica evidencia» del ser (que es justamente la que bloquea la clara percepción de la inmensurable positividad del dato de hecho *de que hay algo en lugar de nada*) como la *negación del relativo no-ser* de las cosas, de su relativa «nulidad» (negación que tiene lugar de forma variada en los distintos sujetos y en diferentes zonas del respectivo ser), constituyen una función dependiente de aquel «orgullo natural», de aquella sobrevaloración natural-instintiva de sí mismo (de carácter biológicamente teleológico) y de la consiguiente seguridad de sí mismo que, por ejemplo, lleva a negar también ante la conciencia, de forma tan llamativa, la muerte y el tiempo inmensurable en el que no estábamos y en el que no estaremos.»

El propio Scheler –si bien, en profunda contradicción con su doctrina sobre el segundo dato de hecho en evidencia– rechazó el argumento ontológico. Cf. Josef Seifert: «Schelers Denken des absoluten Ursprungs: Zum Verhältnis von Schelers Metaphysik und Religionsphilosophie zum ontologischen Gottesbeweis», en Christian Bermes / Wolfhart Henckmann / Heinz Leonardy y la Sociedad de Filosofía de Turingia (eds.): *Denken des Ursprungs – Ursprung des Denkens. Schelers Philosophie und ihre Anfänge in Jena. Kritisches Jahrbuch der Philosophie* 3 (Jena, 1998) 34-53.

En un viraje modal-ontológico del argumento ontológico, incluso en su configuración anselmiana[253], constatamos que un ser cuya no-existencia es *posible* es menos perfecto que un existente *cuya no-existencia* es *absolutamente imposible*.[254] Ahora bien, de ello se sigue que todo aquél que pretenda que este último ser *pudiera* no existir no está pensando ni concibiendo en absoluto el ser perfecto (el *id quo maius cogitari nequit*), que no entiende la quididad de este ser y su única y singular necesidad de ser y esencia, sino que lo trata como cualquier otra naturaleza de la cual puede darse perfectamente que sea real como también que no exista y sea sólo posible.

Éste es precisamente el caso de la «isla más perfecta»: contra Anselmo, el monje Gaunilo objetó que también a dicho concepto le correspondería la existencia, ya que una isla realmente existente en el mar sería más perfecta que una meramente pensada. Así pues, si Anselmo tuviera razón, podríamos deducir del mero concepto de la isla más perfecta que existiría realmente, lo cual es absurdo. Gaunilo y otros filósofos que le siguieron (entre ellos, incluso Tomás de Aquino) pasaron no obstante por alto que esta «isla más perfecta» no sólo no *in*cluye necesariamente, conforme a la cosa misma, la necesaria existencia real —a pesar de toda necesidad puramente conceptual de su ser en el sentido de un juicio analítico tautológico que, sin embargo, no es necesariamente verdadero ni puede serlo, puesto que se fundamenta en el concepto (esencialmente imposible) de una «isla necesariamente existente»— sino que precisamente

[253] Cf. junto al tercer capítulo del *Proslogion* de Anselmo de Canterbury la discusión de esta tesis en el libro *Gott als Gottesbeweis* (Universitätsverlag C. Winter, Heidelberg 2000²), cap. 12.

[254] Se ha afirmado que la aceptación de la validez de este argumento lógico-modal (propriamente hablando, modal-ontológico), que Anselmo desarrolla en *Proslogion* III, contradiría e invalidaría el argumento de *Proslogion* II, en el que se habla sólo de la existencia como perfección. Sólo cabría asentir a ello si en *Proslogion* II fuese presupuesta la existencia contingente –tal y como Allinson equivocadamente presupone–, lo cual sin embargo no es en modo alguno el caso. Cf. Robert E. Allinson: «Anselm's One Argument», *Phil. Inq.* 15, 1-2 (invierno-primavera 1993) 16-19.

sobre la base de su esencia *ex*cluye estrictamente la existencia real y necesaria. También esto se halla implícito en el ser necesario de la finitud, del ser finito: que objetivamente *no puede ser* real de un modo necesario, cosa que podemos *pensar* en el concepto arbitrario de la «isla más perfecta». Así pues, se trata aquí –y esto es lo absolutamente decisivo–, tanto en la esencia del ser finito como en la del ser infinitamente perfecto del «algo por encima de lo cual nada mayor puede ser pensado», de una necesidad esencial irreducible y no susceptible de invención por parte del espíritu humano, que se distingue de toda necesidad conceptual meramente analítica y que resulta completamente independiente de ésta. Es propio de todos los existentes finitos que *no puedan* existir de modo necesario, mientras que lo es de la esencia del singular existente infinito que él, y sólo él, *deba* existir *de modo necesario (a saber, realmente).*

Que la isla más perfecta o el «cuerpo más perfecto» no existe ni *puede* existir jamás necesariamente (aun cuando definamos la isla cien veces como «isla necesariamente existente») muestra además que la necesidad de la esencialidad divina absoluta no reside en concepto alguno o en una definición. En efecto, incluso el juicio analítico «una isla perfecta, necesariamente existente, existe necesariamente» es, en cierto sentido, no necesariamente verdadero sino necesariamente falso, puesto que el concepto del sujeto (la «isla necesariamente existente») enlaza la isla con un atributo del que en la verdad de su esencia y en la realidad necesariamente carece y que no le *puede* corresponder, razón por la cual una «isla necesariamente existente» es en sí misma una noción ontológicamente contradictoria. De ahí que desde el punto de vista ontológico una isla «definida como necesariamente existente» sea un absurdo, ya que toda isla existente en la realidad existe *no necesariamente*; en efecto, el concepto de un sujeto «necesariamente existente» es una contradicción absoluta respecto de la esencia de la isla y de todo existente real finito.

Sólo en el darse originario y último y en la esencialidad irreducible del ser *absoluta* e infinitamente perfecto –que, junto con la necesidad, posee también todas las demás perfecciones puras– se fundamenta la existencia necesaria y real con una necesidad tan fuerte como la que en el caso de la isla queda objetivamente excluida.

Así pues, en el argumento ontológico no se trata de un juego de conceptos, sino del conocimiento de una absoluta necesidad esencial – si bien, este término recibe una significación completamente nueva por medio de su «ampliación existencial». Se podría hablar de una necesidad absoluta de ser y esencia, o de «esencia existencialmente ampliada.»

Con 'necesidad esencial absoluta' no se alude aquí —donde se trata no sólo de la esencia divina, que sería distinta de la existencia, sino también de la «existencia real en grado sumo *como necesaria propiedad esencial*»— a una necesidad puramente ideal-eidética y, por ello, para el mundo real meramente *condicional*, que hallaría su realización sólo *bajo la condición* de que existiera un ser de este tipo. Así sucede con todos los demás seres: en ellos, una necesidad esencial puede tener *sólo* un carácter *puramente eidético*, cuya realización por medio de la existencia permanece siempre contingente y, por ello, le llega desde fuera al ser necesario. En cambio, sólo en la esencialidad divina no se trata únicamente de la absolutez de la necesidad *esencial* misma, en virtud de la cual, por ejemplo, «todo dios concreto» debería poseer determinados atributos en cualquier mundo posible (entre ellos, también la existencia necesaria), *si* existiera un ser de este tipo —es decir, un dios. No: aquí se trata de una absoluta necesidad de ser y esencia y de la unidad entre ser y esencia, en el sentido de una necesidad esencial no conectada a condiciones contingentes ni a contingentes factores existenciales – por lo tanto, de una necesidad de ser y esencia absoluta por antonomasia y, con ello, de una necesidad que incluye también la incondicionada existencia real.

Que no se puede tratar aquí de una necesidad esencial condicionada en el sentido apenas descrito se muestra también, por otra parte, a partir del carácter por excelencia «único» de Dios, que impide toda necesidad esencial condicionada (como si pudieran aparecer en la existencia una y otra vez dioses nuevos). Allí donde una esencia existe real y necesariamente no puede darse –tal y como puso de relieve Tomás de Aquino en su escrito de juventud *De ente et essentia*– una multiplicación de una especie y de un género en distintos individuos existentes.[255] Por ello, de todos los seres de los que se dice que «*si* existen (ellos o individuos del mismo tipo), tienen estas propiedades y aquellas» se afirma que su existencia no puede ser necesaria. La contingencia de la existencia se ilumina precisamente a partir de esta condicionalidad en la posesión de propiedades y es su fundamento ontológico.

De ahí que la proposición «si Dios existe, existe necesariamente» no tenga sentido alguno cuando viene entendida ontológicamente.[256] Esto es justamente lo singular de Dios, a lo que se dirige el argumento ontológico. La necesaria existencia divina se fundamenta, pues, en una esencialidad objetivamente necesaria, que ha de ser hallada por nuestro espíritu.

Aquí y sólo aquí –y con esto tocamos la consecuencia gnoseológica de esta constatación metafísica– el conocimiento esencial puro basta para el conocimiento real. En cambio, en todo lo demás debemos establecer la existencia real desde fuera y empíricamente: por

---

[255] Tomás de Aquino: *De Ente et Essentia*, en *Opera Omnia (ut sunt in indice thomistico additis 61 scriptis ex aliis medii aevi auctoribus)*, 7 vols. (edición de Roberto Busa S. J., Stuttgart / Bad Cannstatt 1980), vol. 3, pp. 583-587, IV, 6: «Cuanto no pertenece al concepto de esencia o quididad es algo que proviene de fuera del concepto y que forma composición con la esencia; porque ninguna esencia puede ser entendida sin aquellas cosas que forman parte de ella. Toda esencia o quididad puede ser entendida sin conocer nada sobre su existencia de hecho. Puedo entender, pues, qué es el hombre o el fénix e ignorar si tienen existencia en la naturaleza. Por tanto, resulta evidente que la existencia (*esse*) es una cosa distinta de la esencia o quididad, *a no ser alguna cosa cuya quididad sea su propio existir.*» El subrayado es mío. [N. del T.: traducción castellana de Manuel Fuentes: *El ente y la esencia*, Aguilar, Buenos Aires 1974^2, p. 58.]

[256] Aun cuando según Brentano –en su superficial crítica de la prueba ontológica– esto solo fuese lo que conociésemos *a priori* sobre la existencia de Dios. Cf. Franz Brentano: *Vom Dasein Gottes* (edición de A. Kastil, Felix Meiner, Hamburgo 1980).

medio de la percepción sensorial y de otras formas de percepción inmediata –como la que se halla en la interna conciencia ejecutiva del propio ser–, o bien a través de inferencias a partir de percepciones y observaciones repetidas, o también por medio del testimonio de fuentes historiográficas. Sola y exclusivamente en la esencialidad divina la necesaria existencia real se encierra en la esencialidad necesaria misma; por eso puede ser inteligida en ella de modo intelectual, como cualquier otro atributo esencial divino comprensible o como toda propiedad esencial *pura* de otras esencialidades necesarias.

Así pues, la necesaria existencia real y los demás atributos divinos se iluminan sólo desde la dación originaria de la esencia de lo absolutamente perfecto, desde la esencialidad divina, la cual —sola y única entre todas las naturalezas— incluye la existencia real y necesaria.

Podemos formular aún de otro modo la idea fundamental del argumento ontológico. Para ello, volveremos al ya expuesto principio ontológico de razón suficiente, que subyace a todas las pruebas filosóficas de la existencia de Dios y que hemos formulado como sigue:

> Todo ser debe poseer un fundamento suficiente tanto para su ser (existencia) como para su ser así (esencia) y cualquier otra determinación (relación, etc.), que explique por qué el ser es en lugar de no ser y por qué es tal y como es en lugar de ser de otra forma. Este fundamento suficiente puede hallarse tanto *en* el ser en cuestión como también *fuera* de éste.

Cuando accedemos al ser a la luz de este principio reconocemos claramente que todo ser que tiene el fundamento suficiente de su existencia en una meta o en una causa fuera de sí mismo presupone necesariamente un ser que posee el fundamento suficiente de su existencia y de su ser-así en sí mismo. Sobre esta base hemos inferido la existencia de Dios a partir del mundo en las pruebas existenciales y personalistas. En cambio, en el argumento ontológico el principio de razón suficiente encuentra una aplicación más directa y perfecta, a saber: comprendemos que el único ser que tiene en sí mismo el fundamento (o sea, la razón suficiente) *es sólo Dios*. No hay ser alguno cuya existencia pueda ser más evidente que la de Dios, como el solo y único que en nuestra búsqueda de razón suficiente no nos conduce más allá de sí mismo.

Así pues, en este argumento no conocemos la existencia de Dios a lo largo de un rodeo por la existencia del mundo a través de silogismos, sino a partir de un conocimiento más simple: el saber relativo a la necesaria esencia divina, que no corresponde a alguna otra cosa sino sólo a Dios. Sólo lo más perfecto —y no ya la esencia de hecho más perfecta en una serie, sino la esencia infinitamente perfecta, por encima de la cual nada mayor y mejor existe o es posible o pensable– existe necesariamente, y sólo en este caso el conocimiento de la esencia basta para el conocimiento de la existencia.

Por ello, el argumento ontológico presupone necesariamente que poseemos un conocimiento auténtico de esta singular esencialidad divina, que si bien no es por supuesto adecuado o completo (en cuyo caso, como humorísticamente señala Tomás de Aquino, sólo sería comprensible por los bienaventurados en el cielo), sí es verdadero y evidente. En efecto, si no tuviéramos un tal conocimiento de la singular dación originaria y esencialidad de la suma perfección divina, tampoco podríamos reconocer —o sólo de manera muy indirecta— la citada necesidad esencial y lo haríamos de un modo que no permitiría fundamentar el argumento ontológico (y, en última instancia, ninguna de las demás pruebas de la existencia de Dios).

Para reconocer que este argumento no parte, como la teología, de la fe en Dios y de la revelación divina, y que no es un truco de prestidigitación sofística ni tampoco un argumento primitivo con numerosos fallos lógicos, sino que presenta la más profunda prueba filosófica de la existencia de Dios, se ha de clarificar —como en otro lugar ha sido llevado a cabo[257]— cuatro fundamentos decisivos

[257] Cf. Josef Seifert: *Gott als Gottesbeweis* (Universitätsverlag C. Winter, Heidelberg 2000^2).

de la prueba: (1) que no parte de una idea subjetiva o incluso de un concepto posiblemente contradictorio, sino de una esencialidad objetiva; (2) que esta objetiva esencialidad divina resulta cognoscible en su necesidad por parte de nuestro espíritu; (3) que la existencia real y necesaria es un predicado real y que no se halla fuera de la esencia divina, sino fundamentada en ella; y (4) que sólo la objetiva perfección infinita de valor de este ser, sin la cual no sería Dios —y no un absoluto neutral o incluso malvado, como una maligna voluntad cósmica schopenhaueriana– incluye el ser necesario. Aun cuando careciese de uno solo de estos presupuestos, el argumento se vendría abajo.

Puesto que sin él, hablando en abstracto, no sería posible la prueba de un absoluto necesariamente existente, el cuarto presupuesto desempeña aquí un papel especial: sólo cuando lo conocemos reconocemos la determinación axiológica de contenido del singular ser de un «algo por encima de lo cual nada mayor puede ser pensado» y, con ello, que no puede tratarse de cualquier ser absoluto —quizá impersonal o maligno— con tal de que exista por sí mismo, sino que es el Dios «infinitamente elevado por encima de la primera causa y aquel primer motor que los filósofos han conocido sin adorarlo» y también aquel «algo más allá de lo cual nada mayor puede ser pensado»; o, tal y como también Anselmo lo expresa, «[Tú eres] lo más elevado de todo, por encima de lo cual nada mejor puede ser pensado»: Dios – que, ante todo, es infinitamente bueno, «Aquél por encima del cual nada mejor y más sublime es posible», como Anselmo formula en sus versiones del argumento determinadas por el valor: «Por eso Tú eres justo, veraz, bienaventurado y todo lo que es mejor ser que no serlo (...) [eres] bueno en sumo grado y de tal manera, que nadie mejor puede ser imaginado (...) [y] tan justo, que ni siquiera puedes ser pensado siendo más justo».[258]

[258] «Tu es itaque iustus, verax, beatus, et quidquid melius esse quam non esse»; similarmente en *Proslogion*, cap. IX, p. 107, líneas 7-8, «totus summe bonus es», y en p. 108, 6: «Es summe bonus». En el mismo capítulo, p. 108, 12: «Iustum

Podemos concluir esta breve presentación de la prueba ontológica y este entero libro con una frase de Agustín de Hipona que muestra cómo todas las pruebas de la existencia de Dios –pero, en primera instancia, la ontológica– sólo poseen y conservan su base y su fundamentación racional cuando se nos concede la intuición de que las perfecciones puras son ellas mismas únicamente si existen en plenitud infinita, de que se hallan conectadas entre sí en unidad última y son una. Y el corazón y a la vez la fuente de todas las perfecciones puras es el valor –la bondad–, cuya suprema realidad infinita es el mismo Dios, de manera que con Agustín podemos decir lo que en un pasaje formula audazmente:

> Bueno es esto y aquello: prescinde de *esto* y *aquello* y contempla el Bien mismo, si puedes; entonces verás a Dios, no bien a través de otro bien, sino bien de todo bien.[259]

---

est te sic esse bonum, ut nequis intelligi melior»; una versión ética similar aparece en *Proslogion*, cap. XI, p. 109, 11: «Justum quippe est te sic esse iustum, ut iustior nequis cogitari». En el cap. XIV, p. 111, 9-10 llama a Dios «quiddam summum omnium, quo nihil melius cogitari possit».

[259] Agustín de Hipona: *De Trinitate* VIII, 3 (CCL 50 p. 273/44, *Corpus Augustinianum Gissense a C. Mayer editum*): «Bonum hoc et bonum illud: tolle hoc et illud, et vide ipsum bonum si potes; ita deum videbis, non alio bono bonum, sed bonum omnis boni.» [N. del T.: para la traducción me he servido tanto del texto original latino como de la versión alemana de J. Seifert y de la traducción castellana de Luis Arias: *La Trinidad*, BAC, Madrid 1985, p. 430.]

ÍNDICE ANALÍTICO

Absoluto: 84-85
Agnosticismo: 20-27
Agradecimiento: ver 'gratitud'
Alma: 59-82
Amor, esencia del: 117, 155-158ss.
Amor y fe: 169-174
Amor y esperanza: 174-175
Análisis lingüístico: 22, 27-28
Analogía: 89, 91-94
Angustia: 43
Anhelo de plenitud: 104-105
Antropocentrismo: 24-26
Argumento ontológico: ver 'prueba ontológica'
Arrepentimiento: 118, 228
Autonomía moral: 108-109, 117, 221, 227, 229
Ateísmo: 20-27
Azar: 47-50

Belleza: 50-51
Bien absoluto: 53, 99, 105, 147, 152, 253
Biología: 50-51

Causa sui: 214
Causalidad divina: 84-86
Causas segundas: 218, 220, 224
Cerebro: 67-70, 74
Círculo de Viena: 26, 28
Crisis de la metafísica: 17-29
Conciencia (moral): 52, 103-104
Conciencia (cognitiva): 59-76
Conocimiento de esencialidades: ver 'esencialidades'
Contingencia: 43-45
Crítica de la religión: 20-27, 91

Deber incondicionado: 101-102
Desmitologización: 24, 221-223

Empirismo: 22-23
Esencialidades: 72-74, 96
Espejismo trascendental: 23, 95
Espíritu humano: 59-82
Eternidad: 40-42

Ética del discurso: 27
Eudemonismo: 126, 157-158, 207
Evolucionismo ateo: 25, 47-50

Filosofía analítica: 26-28
Final de la metafísica: 20-27

Gratitud: 119-135
Gratitud y ser divino: 135-146

Imagen de Dios antropomórfica: 24, 215-233
Intentio benevolentiae: 117, 147, 175-176
Intentio unionis: 147, 176-177
Irreductibilidad del espíritu a la materia cerebral: 59-82
Islam: 15, 16, 142, 182

Judaísmo: 16, 17, 182
Juegos del lenguaje: 27-28
Justicia: 100ss.

Libertad: 35-36, 76-79
Lógica del corazón: 124, 166

Mal: 53-54, 90; ver también 'problema del mal'
Marxismo: 27
Materia: 61-62
Materialismo: 25, 47-50, 77
Nada: 38-39
Neohegelianismo: 21
Neopositivismo: 26-27

Perfecciones puras: 114-118, 189-213
Persona: 64, 79-81
Personalismo polaco: 21, 110, 203
Personalismo ruso: 55, 94, 95
Postulados kantianos: 20, 88, 95, 101, 105-110, 113-117
Principio antrópico: 52
Principio de razón suficiente: 33-37, 250-251
Problema del mal: 180-185; ver también 'mal'
Propiedades exclusivas de Dios: 115, 190-212
Prueba desde la temporalidad [primer argumento]: 37-42
Prueba desde las causas [segundo argumento]: 42
Prueba desde la contingencia [tercer argumento]: 43-45
Prueba causal-teleológica [cuarto argumento]: 46-55
Prueba causal-cosmológico-personalista [quinto argumento]: 56-86
Pruebas personalistas [sexto argumento], a partir del orden moral: 87-118
Pruebas personalistas [sexto argumento], a partir de la gratitud y del amor: 119-179

Prueba a partir de las perfecciones puras [séptimo argumento]: 186-233
Prueba ontológica [octavo argumento]: 15, 111, 234-253

Responsabilidad: 99-100

Santidad moral: 105-110
Ser: 190-191, 238ss.
Ser contingente: 43-45, 239, 243-245
Subjetivización de la idea de Dios: 20-27, 115
Sumo bien kantiano: 105-110
Supremo bien kantiano: 113-114
Sustancia personal espiritual: 79-82

Temporalidad: 39-42
Teleología: 46-53
Teodicea: 55; ver también 'problema del mal'
Trinidad: 15, 16, 141-142

Vía negativa: 231-233
Vía, primera: 37-42
Vía, segunda: 42
Vía, tercera: 43-45
Vía, cuarta: 186-189
Vía, quinta: 46-53
Visio beatifica: 2324

ÍNDICE ONOMÁSTICO

Anselmo de Canterbury: 15, 43, 44, 72, 150, 151, 152, 172, 178, 190, 194, 197, 207, 231, 235-237, 241, 242, 246, 252
Aristóteles: 16, 17, 34, 38, 40, 41, 60, 62, 76, 77, 79, 80, 88, 92, 112, 128, 129, 157, 189, 207, 210
Auer, Alfons: 217
Agustín de Hipona: 30, 35, 38, 39, 42, 63, 65, 66, 76, 104, 161, 165, 166, 234, 235, 253

Beethoven, Ludwig van: 53, 133, 167
Berdiaev, Nicolai: 94
Böckle, Franz: 217
Boecio: 40
Bossuet, Jacques Bénigne: 213, 236
Brecht, Bertolt: 26
Brentano, Franz: 19, 231, 249
Buber, Martin: 156

Caffarra, Carlo: 216, 217, 218, 221, 223
Chisholm, Roderick M.: 62
Claudius, Matthias: 143
Cohen, Hermann: 155
Comte, Auguste: 23
Crespo, Mariano: 33

Darwin, Charles R.: 25
Descartes: 65, 94, 95, 180, 197, 214, 215, 235
Diógenes: 24
Duns Escoto: 157, 191, 192, 193, 194, 195, 188, 200, 242

Eccles, John: 61, 68, 69, 70, 73

Fabro, Cornelio: 31
Ferrari, Donald: 76
Feuerbach, Ludwig: 21, 24
Fichte, Johann Gottlieb: 18

Finnis, John: 217
Florenski, Pavel: 55, 94
Frank, Simon Ludvigovitch: 84, 85, 94, 95, 207
Freud, Sigmund: 24, 25, 91
Fuchs, Josef: 215-220, 221, 222, 223, 224, 225, 226, 227, 229, 230

Gaunilo: 246
Grisez, Germain: 217

Haldane, John: 71
Hegel, Georg Friedrich Wilhelm: 20, 21, 27, 28, 211
Heidegger, Martin: 34
Heráclito: 38, 81
Hildebrand, Dietrich von: 29, 66, 96, 99, 103, 105, 110, 111, 117, 129, 130, 131, 135, 147, 148, 149, 157, 160, 164, 166, 169, 173, 174, 176, 178, 205, 207, 208, 211, 229, 240
Hölscher, Ludger: 64, 66, 76, 84
Hopkins, Gerard Manley: 80
Hoy, Ronald C.: 69

Heer, Friedrich: 25
Hume, David: 18, 81
Husserl, Edmund: 22, 75, 76, 127, 240

Jaspers, Karl: 219
Jenófanes: 189, 221
Jonas, Hans: 77, 183
Jung, Carl G.: 25

Kalinowski, Georges: 215
Kant, Immanuel: 18, 21, 22, 23, 26, 27, 42, 82, 88, 95, 100, 106, 107-109, 112, 114-117, 142, 155, 185, 220, 228, 229
Kierkegaard, Søren: 83, 85, 133, 134, 174, 229

Laun, Andreas: 169, 217, 221
Leibniz, Gottfried Wilhelm: 17, 18, 28, 33-37, 62, 194, 235, 236, 242, 243
Lévinas, Emmanuel: 214
Lubac, Henri de: 21
Lübbe, Hermann: 25, 26
Lütterfelds, Wilhelm: 17, 29

Marcel, Gabriel: 97, 105
Marion, Jean-Luc: 213-215, 219, 231, 236
Marra, William A.: 233
Marx, Karl: 21
Mortensen, Chris: 69
Newman, John Henry: 52, 101, 103, 185, 228

Nietzsche, Friedrich: 21, 22, 91, 107, 110, 161, 162, 221

Overhage, Paul: 220, 225

Palacios, Juan Miguel: 96, 103, 120, 138
Pascal, Blaise: 124, 166, 187, 188
Parsons, Terence: 81
Pieper, Josef: 96, 133
Platón: 15, 17, 28, 38, 51, 53, 54, 55, 65, 78, 79, 102, 106, 112, 118, 145, 146, 165, 189, 202, 209, 211, 212, 221, 234
Popper, Karl: 61, 70, 71, 73, 90

Rahner, Karl: 218, 220, 222, 225
Reale, Giovanni: 38, 51, 178, 184, 211
Recktenwald, Engelbert: 106
Reinach, Adolf: 95, 127
Rovira, Rogelio: 43, 63, 185

Sartre, Jean-Paul: 32
Scheler, Max: 96
Schiller, Friedrich: 53
Schmoller, H.: 49
Schopenhauer, Arthur: 34, 90
Schrödinger, Erwin: 59
Schüller, Bernhard: 217
Schwarz, Balduin: 96, 120, 130, 138, 139, 162, 166, 170
Schwartz, W.: 49
Séneca: 121-123
Sève, Bernard: 26
Shakespeare, William: 180, 209
Sócrates: 78, 102, 145, 202
Spaemann, Robert: 64, 207, 217
Stein, Edith: 194
Styczeń, Tadeusz: 107, 126, 143, 157, 203
Szostek, Andrzej: 107, 126, 157, 203

Tettamanzi, Dionigi: 216, 217
Tomás de Aquino: 30, 31, 33, 37-38, 42-45, 46, 53, 58, 88, 93, 96, 118, 127, 129, 130, 132, 150, 157, 158, 164, 186-188, 191, 207, 215, 229, 239, 240, 246, 249, 251

Uexküll, Jakob von: 47, 49
Voltaire (François-Marie Arouet): 35, 36, 90

Wachter, Daniel von: 193
Wenisch, Fritz: 42, 121
White, John R.: 26
Winkler, Kenneth: 214, 215
Wittgenstein, Ludwig: 28
Wojtyła, Karol: 66, 107, 126, 132, 146, 157, 164; como Juan Pablo II: 17, 165, 184, 215, 218, 223
Wolff, Christian: 17
Wolter, Alan: 191, 192, 198

Made in United States
North Haven, CT
10 November 2026

22084222R00143